TRANZLATY

El idioma es para todos

Dil herkes içindir

El llamado de lo salvaje

Vahşetin Çağrısı

Jack London

Español / Türkçe

Hacia lo primitivo
İlkelliğe Doğru

Buck no leía los periódicos.
Buck gazete okumazdı.
Si hubiera leído los periódicos habría sabido que se avecinaban problemas.
Gazeteleri okusaydı başının dertte olduğunu anlardı.
Hubo problemas, no sólo para él sino para todos los perros de la marea.
Sadece kendisi için değil, tüm su köpekleri için sorun vardı.
Todo perro con músculos fuertes y pelo largo y cálido iba a estar en problemas.
Kaslı ve sıcak, uzun tüylü her köpek başını belaya sokacaktı.
Desde Puget Bay hasta San Diego ningún perro podía escapar de lo que se avecinaba.
Puget Körfezi'nden San Diego'ya kadar hiçbir köpek yaklaşan felaketten kaçamadı.
Los hombres, a tientas en la oscuridad del Ártico, encontraron un metal amarillo.
Arktik karanlığında el yordamıyla dolaşan adamlar sarı bir metal bulmuşlardı.
Las compañías navieras y de transporte iban en busca del descubrimiento.
Vapur ve nakliye şirketleri bu keşfin peşindeydi.
Miles de hombres se precipitaron hacia el norte.
Binlerce adam Kuzey'e doğru akın ediyordu.
Estos hombres querían perros, y los perros que querían eran perros pesados.
Bu adamlar köpek istiyordu ve istedikleri köpekler ağır köpeklerdi.
Perros con músculos fuertes para trabajar.
Çalışmak için güçlü kaslara sahip köpekler.
Perros con abrigos peludos para protegerlos de las heladas.
Dondan korunmak için tüylü kürklere sahip köpekler.

Buck vivía en una casa grande en el soleado valle de Santa Clara.

Buck, güneşli Santa Clara Vadisi'ndeki büyük bir evde yaşıyordu.

El lugar del juez Miller, se llamaba su casa.

Yargıç Miller'ın yeri, evi deniyordu.

Su casa estaba apartada de la carretera, medio oculta entre los árboles.

Evi yoldan uzakta, ağaçların arasında yarı yarıya gizlenmişti.

Se podían ver destellos de la amplia terraza que rodeaba la casa.

Evin etrafını çevreleyen geniş verandayı görebiliyorduk.

Se accedía a la casa mediante caminos de grava.

Eve çakıllı araba yollarından ulaşılırdı.

Los caminos serpenteaban a través de amplios prados.

Yollar geniş çimenliklerin arasından kıvrılarak geçiyordu.

Allá arriba se veían las ramas entrelazadas de altos álamos.

Üstümüzde uzun kavakların iç içe geçmiş dalları vardı.

En la parte trasera de la casa las cosas eran aún más espaciosas.

Evin arka tarafında her şey daha da genişti.

Había grandes establos, donde una docena de mozos de cuadra charlaban.

Bir düzine seyisin sohbet ettiği büyük ahırlar vardı

Había hileras de casas de servicio cubiertas de enredaderas.

Asmalarla kaplı hizmetçi kulübelerinin sıraları vardı

Y había una interminable y ordenada serie de letrinas.

Ve sonsuz ve düzenli bir dizi tuvalet vardı

Largos parrales, verdes pastos, huertos y campos de bayas.

Uzun üzüm bağları, yemyeşil otlaklar, meyve bahçeleri ve dut tarlaları.

Luego estaba la planta de bombeo del pozo artesiano.

Daha sonra artezyen kuyusu için pompaj tesisi vardı.

Y allí estaba el gran tanque de cemento lleno de agua.

Ve orada suyla dolu büyük bir beton tank vardı.

Aquí los muchachos del juez Miller dieron su chapuzón matutino.

Burada Yargıç Miller'ın çocukları sabah dalışlarını yaptılar.
Y allí también se refrescaron en la calurosa tarde.
Ve öğleden sonra sıcağında oralar da serinliyordu.
Y sobre este gran dominio, Buck era quien lo gobernaba todo.
Ve bu büyük toprakların tamamına Buck hükmediyordu.
Buck nació en esta tierra y vivió aquí todos sus cuatro años.
Buck bu topraklarda doğdu ve dört yılını burada yaşadı.
Efectivamente había otros perros, pero realmente no importaban.
Başka köpekler de vardı ama onların pek önemi yoktu.
En un lugar tan vasto como éste se esperaban otros perros.
Bu kadar geniş bir yerde başka köpeklerin de olması bekleniyordu.
Estos perros iban y venían, o vivían dentro de las concurridas perreras.
Bu köpekler gelip gittiler ya da kalabalık kulübelerin içinde yaşadılar.
Algunos perros vivían escondidos en la casa, como Toots e Ysabel.
Toots ve Ysabel gibi bazı köpekler evde saklanarak yaşıyordu.
Toots era un pug japonés, Ysabel una perra mexicana sin pelo.
Toots bir Japon pug cinsi, Ysabel ise tüysüz bir Meksika köpeğiydi.
Estas extrañas criaturas rara vez salían de la casa.
Bu garip yaratıklar nadiren evin dışına çıkıyorlardı.
No tocaron el suelo ni olieron el aire libre del exterior.
Ne yere dokundular, ne de dışarıdaki açık havayı kokladılar.
También estaban los fox terriers, al menos veinte en número.
Ayrıca en az yirmi tane olan tilki terrier'ler de vardı.
Estos terriers le ladraron ferozmente a Toots y a Ysabel dentro de la casa.
Bu terrierler içeride Toots ve Ysabel'a şiddetle havlıyorlardı.
Toots e Ysabel se quedaron detrás de las ventanas, a salvo de todo daño.
Toots ve Ysabel pencerelerin arkasında, her türlü zarardan uzak kaldılar.

Toots ve Ysabel tehlikeden uzak, pencerelerin arkasında
kaldılar.
Estaban custodiados por criadas con escobas y trapeadores.
Onları süpürge ve paspaslarla hizmetçiler koruyordu.
Pero Buck no era un perro de casa ni tampoco de perrera.
Ama Buck ne bir ev köpeğiydi ne de bir kulübe köpeği.
Toda la propiedad pertenecía a Buck como su legítimo reino.
Tüm mülk Buck'ın yasal alanıydı.
**Buck nadaba en el tanque o salía a cazar con los hijos del
juez.**
Buck tankta yüzüyor ya da Hakim'in oğullarıyla ava
çıkıyordu.
Caminaba con Mollie y Alice temprano o tarde.
Sabahın erken veya geç saatlerinde Mollie ve Alice ile
yürüyüşe çıkıyordu.
**En las noches frías yacía junto al fuego de la biblioteca con
el juez.**
Soğuk gecelerde Hakim'le birlikte kütüphane ateşinin başında
yatardı.
Buck llevaba a los nietos del juez en su fuerte espalda.
Buck, Yargıç'ın torunlarını güçlü sırtında gezdiriyordu.
Se revolcó en el césped con los niños, vigilándolos de cerca.
Çocuklarla birlikte çimenlerin üzerinde yuvarlanıyor, onları
sıkı sıkıya koruyordu.
**Se aventuraron hasta la fuente e incluso pasaron por los
campos de bayas.**
Çeşmeye doğru ilerlediler, hatta meyve bahçelerinin yanından
bile geçtiler.
**Entre los fox terriers, Buck caminaba siempre con orgullo
real.**
Fox terrier'ler arasında Buck her zaman asil bir gururla
yürürdü.
Él ignoró a Toots y Ysabel, tratándolos como si fueran aire.
Toots ve Ysabel'i görmezden geldi, onlara hava gibi davrandı.
**Buck reinaba sobre todas las criaturas vivientes en la tierra
del juez Miller.**

Buck, Yargıç Miller'ın topraklarındaki tüm canlılara hükmediyordu.

Él gobernaba a los animales, a los insectos, a los pájaros e incluso a los humanos.

Hayvanlara, böceklere, kuşlara ve hatta insanlara hükmediyordu.

El padre de Buck, Elmo, había sido un San Bernardo enorme y leal.

Buck'ın babası Elmo çok büyük ve sadık bir St. Bernard'dı.

Elmo nunca se apartó del lado del juez y le sirvió fielmente.

Elmo, Hakim'in yanından hiç ayrılmadı ve ona sadakatle hizmet etti.

Buck parecía dispuesto a seguir el noble ejemplo de su padre.

Buck babasının asil örneğini izlemeye hazır görünüyordu.

Buck no era tan grande: pesaba ciento cuarenta libras.

Buck o kadar büyük değildi, 140 kilo ağırlığındaydı.

Su madre, Shep, había sido una excelente perra pastor escocesa.

Annesi Shep, iyi bir İskoç çoban köpeğiydi.

Pero incluso con ese peso, Buck caminaba con presencia majestuosa.

Ama Buck, o kiloda bile görkemli bir duruşla yürüyordu.

Esto fue gracias a la buena comida y al respeto que siempre recibió.

Bu, güzel yemeklerden ve her zaman gördüğü saygıdan kaynaklanıyordu.

Durante cuatro años, Buck había vivido como un noble mimado.

Buck dört yıl boyunca şımarık bir asilzade gibi yaşamıştı.

Estaba orgulloso de sí mismo y hasta era un poco egoísta.

Kendisiyle gurur duyuyordu, hatta biraz da egoistti.

Ese tipo de orgullo era común entre los señores de países remotos.

Bu tür bir gurur, uzak ülke beyleri arasında yaygındı.

Pero Buck se salvó de convertirse en un perro doméstico mimado.

Ama Buck, şımartılan bir ev köpeği olmaktan kurtuldu.

Se mantuvo delgado y fuerte gracias a la caza y el ejercicio.

Avcılık ve egzersiz sayesinde zayıf ve güçlü kaldı.

Amaba profundamente el agua, como la gente que se baña en lagos fríos.

Suyu çok severdi, tıpkı soğuk göllerde yıkanan insanlar gibi.

Este amor por el agua mantuvo a Buck fuerte y muy saludable.

Suya olan bu sevgi Buck'ı güçlü ve çok sağlıklı tutuyordu.

Éste era el perro en que se había convertido Buck en el otoño de 1897.

Bu, Buck'ın 1897 sonbaharında dönüştüğü köpekti.

Cuando la huelga de Klondike arrastró a los hombres hacia el gélido Norte.

Klondike saldırısı adamları dondurucu Kuzey'e çektiğinde.

La gente acudió en masa desde todos los rincones del mundo hacia aquella tierra fría.

Dünyanın her yanından insanlar soğuk topraklara akın ediyordu.

Buck, sin embargo, no leía los periódicos ni entendía las noticias.

Ancak Buck gazete okumuyor ve haberlerden anlamıyordu.

Él no sabía que Manuel era un mal hombre con quien estar.

Manuel'in etrafında bulunması kötü bir adam olduğunu bilmiyordu.

Manuel, que ayudaba en el jardín, tenía un problema profundo.

Bahçede yardım eden Manuel'in derin bir sorunu vardı.

Manuel era adicto al juego de la lotería china.

Manuel, Çin piyangosuna kumar oynamaya bağımlıydı.

También creía firmemente en un sistema fijo para ganar.

Ayrıca kazanmak için sabit bir sisteme inanıyordu.

Esa creencia hizo que su fracaso fuera seguro e inevitable.

Bu inanç onun başarısızlığını kesin ve kaçınılmaz kılıyordu.

Jugar con un sistema exige dinero, del que Manuel carecía.

Sistemli bir oyun oynamak para gerektiriyordu ve Manuel'de bu yoktu.

Su salario apenas alcanzaba para mantener a su esposa y a sus numerosos hijos.

Maaşı karısının ve çok sayıda çocuğunun geçimini ancak sağlıyordu.

La noche en que Manuel traicionó a Buck, las cosas estaban normales.

Manuel'in Buck'a ihanet ettiği gece her şey normaldi.

El juez estaba en una reunión de la Asociación de Productores de Pasas.

Hakim, Kuru Üzüm Yetiştiricileri Derneği toplantısındaydı.

Los hijos del juez estaban entonces ocupados formando un club atlético.

O sıralarda Hakim'in oğulları bir spor kulübü kurmakla meşguldüler.

Nadie vio a Manuel y Buck salir por el huerto.

Manuel ve Buck'ın meyve bahçesinden ayrıldıklarını kimse görmedi.

Buck pensó que esta caminata era simplemente un simple paseo nocturno.

Buck bu yürüyüşün sıradan bir gece gezintisi olduğunu düşünüyordu.

Se encontraron con un solo hombre en la estación de la bandera, en College Park.

College Park'taki bayrak istasyonunda yalnızca bir adamla karşılaştılar.

Ese hombre habló con Manuel y intercambiaron dinero.

O adam Manuel'le konuştu ve para alışverişinde bulundular.

"Envuelva la mercancía antes de entregarla", sugirió.

"Malları teslim etmeden önce paketleyin" diye önerdi.

La voz del hombre era áspera e impaciente mientras hablaba.

Adam konuşurken sesi sert ve sabırsızdı.

Manuel ató cuidadosamente una cuerda gruesa alrededor del cuello de Buck.

Manuel, Buck'ın boynuna kalın bir ipi dikkatlice bağladı.

"Si retuerces la cuerda, lo estrangularás bastante"

"İpi bükersen onu bol bol boğarsın"

El extraño emitió un gruñido, demostrando que entendía bien.

Yabancı, onu iyi anladığını gösteren bir homurtu çıkardı.

Buck aceptó la cuerda con calma y tranquila dignidad ese día.

Buck o gün ipi sakin ve sessiz bir vakarla kabul etti.

Fue un acto inusual, pero Buck confiaba en los hombres que conocía.

Sıra dışı bir davranıştı ama Buck tanıdığı adamlara güveniyordu.

Él creía que su sabiduría iba mucho más allá de su propio pensamiento.

Onların bilgeliğinin kendi düşüncelerinin çok ötesinde olduğuna inanıyordu.

Pero entonces la cuerda fue entregada a manos del extraño.

Ama sonra ip yabancının eline geçti.

Buck emitió un gruñido bajo que advertía con una amenaza silenciosa.

Buck, sessiz bir tehditle uyaran alçak bir homurtu çıkardı.

Era orgulloso y autoritario y quería mostrar su descontento.

Gururlu ve buyurgandı, hoşnutsuzluğunu göstermek istiyordu.

Buck creyó que su advertencia sería entendida como una orden.

Buck, uyarısının bir emir olarak anlaşılacağına inanıyordu.

Para su sorpresa, la cuerda se tensó rápidamente alrededor de su grueso cuello.

Şaşkınlıkla, ipin kalın boynunu daha da sıkı sardığını gördü.

Se quedó sin aire y comenzó a luchar con una furia repentina.

Nefesi kesildi ve aniden öfkelenerek kavga etmeye başladı.

Saltó hacia el hombre, quien rápidamente se encontró con Buck en el aire.

Adamın üzerine atıldı, adam da hemen Buck'la havada buluştu.

El hombre agarró la garganta de Buck y lo retorció hábilmente en el aire.

Adam Buck'ın boğazını yakaladı ve onu ustalıkla havaya kaldırdı.

Buck fue arrojado al suelo con fuerza, cayendo de espaldas.

Buck sert bir şekilde yere fırlatıldı ve sırt üstü yere düştü.

La cuerda ahora lo estrangulaba cruelmente mientras él pateaba salvajemente.

İp artık onu acımasızca boğuyordu, o ise çılgınca tekmeliyordu.

Se le cayó la lengua, su pecho se agitó, pero no recuperó el aliento.

Dili dışarı çıktı, göğsü inip kalktı ama nefes alamadı.

Nunca había sido tratado con tanta violencia en su vida.

Hayatında hiç bu kadar şiddetle karşılaşmamıştı.

Tampoco nunca antes se había sentido tan lleno de furia.

Daha önce hiç bu kadar derin bir öfkeye kapılmamıştı.

Pero el poder de Buck se desvaneció y sus ojos se volvieron vidriosos.

Ama Buck'ın gücü azaldı ve gözleri donuklaştı.

Se desmayó justo cuando un tren se detuvo cerca.

Yakınlarda bir trenin durdurulduğu sırada bayıldı.

Luego los dos hombres lo arrojaron rápidamente al vagón de equipaje.

Daha sonra iki adam onu hızla bagaj vagonuna fırlattılar.

Lo siguiente que sintió Buck fue dolor en su lengua hinchada.

Buck'ın hissettiği bir sonraki şey şişmiş dilindeki acıydı.

Se desplazaba en un carro tambaleante, apenas consciente.

Sallanan bir arabada hareket ediyordu, bilinci pek yerinde değildi.

El agudo grito del silbato del tren le indicó a Buck su ubicación.

Bir tren düdüğünün keskin çığlığı Buck'a yerini söyledi.

Había viajado muchas veces con el Juez y conocía esa sensación.

Yargıçla birlikte sık sık yolculuk yapmıştı ve bu duyguyu çok iyi biliyordu.

Fue una experiencia única viajar nuevamente en un vagón de equipajes.

Tekrar bir yük vagonunda seyahat etmenin eşsiz sarsıntısıydı.

Buck abrió los ojos y su mirada ardía de rabia.

Buck gözlerini açtı, bakışları öfkeyle yanıyordu.

Esta fue la ira de un rey orgulloso destronado.

Bu, tahtından indirilen kibirli bir kralın öfkesiydi.

Un hombre intentó agarrarlo, pero Buck lo atacó primero.

Bir adam onu yakalamak için uzandı ama önce Buck saldırdı.

Hundió los dientes en la mano del hombre y la sujetó con fuerza.

Dişlerini adamın eline geçirdi ve sıkıca tuttu.

No lo soltó hasta que se desmayó por segunda vez.

İkinci kez bayılıncaya kadar bırakmadı.

—Sí, tiene ataques —murmuró el hombre al maletero.

"Evet, kriz geçiriyor," diye mırıldandı adam bagaj görevlisine.

El maletero había oído la lucha y se acercó.

Yükçü boğuşma sesini duymuş ve yaklaşmıştı.

"Lo llevaré a Frisco para el jefe", explicó el hombre.

"Onu patron için Frisco'ya götürüyorum" diye açıkladı adam.

"Allí hay un buen veterinario que dice poder curarlos".

"Orada onları iyileştirebileceğini söyleyen iyi bir köpek doktoru var."

Más tarde esa noche, el hombre dio su propio relato completo.

Aynı gece adam tüm ayrıntısıyla anlattı.

Habló desde un cobertizo detrás de un salón en los muelles.

Rıhtımda bir meyhanenin arkasındaki kulübeden konuşuyordu.

"Lo único que me dieron fueron cincuenta dólares", se quejó al tabernero.

"Bana sadece elli dolar verildi," diye şikayet etti meyhaneciye.

"No lo volvería a hacer ni por mil dólares en efectivo".

"Bin dolar nakit verilse bile bir daha bunu yapmam."

Su mano derecha estaba fuertemente envuelta en un paño ensangrentado.

Sağ eli kanlı bir bezle sıkıca sarılmıştı.

La pernera de su pantalón estaba abierta de par en par desde la rodilla hasta el pie.

Pantolon paçası dizinden ayağına kadar yırtılmıştı.

—¿Cuánto le pagaron al otro tipo? —preguntó el tabernero.

"Diğer züppe ne kadar maaş aldı?" diye sordu barmen.

"Cien", respondió el hombre, "no aceptaría ni un centavo menos".

"Yüz," diye cevapladı adam, "bir kuruş bile aşağısını kabul etmez."

—Eso suma ciento cincuenta —dijo el tabernero.

"Bu da yüz elli ediyor," dedi meyhaneci.

"Y él lo vale todo, o no soy más que un idiota".

"Ve o her şeye değer, yoksa ben bir aptaldan daha iyi değilim."

El hombre abrió los envoltorios para examinar su mano.

Adam elini incelemek için ambalajı açtı.

La mano estaba gravemente desgarrada y cubierta de sangre seca.

Eli çok kötü yırtılmış ve kurumuş kanla kaplanmıştı.

"Si no consigo la hidrofobia..." empezó a decir.

"Kuduz olmazsam..." diye söze başladı.

"Será porque naciste para la horca", dijo entre risas.

"Çünkü asılmak için doğmuşsun," diye bir kahkaha duyuldu.

"Ven a ayudarme antes de irte", le pidieron.

"Yola çıkmadan önce bana yardım et," diye rica ettiler.

Buck estaba aturdido por el dolor en la lengua y la garganta.

Buck, dilindeki ve boğazındaki acıdan sersemlemişti.

Estaba medio estrangulado y apenas podía mantenerse en pie.

Yarı boğulmuş haldeydi ve ayakta durmakta zorlanıyordu.

Aún así, Buck intentó enfrentar a los hombres que lo habían lastimado.

Yine de Buck, kendisine bu kadar zarar veren adamlarla yüzleşmeye çalışıyordu.

Pero lo derribaron y lo estrangularon una vez más.

Ama onu yere attılar ve bir kez daha boğazladılar.

Sólo entonces pudieron quitarle el pesado collar de bronce.

Ancak o zaman ağır pirinç yakasını kesebildiler.

Le quitaron la cuerda y lo metieron en una caja.
İpi çözüp onu bir sandığa ittiler.
La caja era pequeña y tenía la fórma de una tosca jaula de hierro.
Sandık küçüktü ve kaba bir demir kafese benziyordu.
Buck permaneció allí toda la noche, lleno de ira y orgullo herido.
Buck bütün gece orada yattı, öfke ve incinmiş gururla doluydu.
No podía ni siquiera empezar a comprender lo que le estaba pasando.
Kendisine ne olduğunu bir türlü anlayamıyordu.
¿Por qué estos hombres extraños lo mantenían en esa pequeña caja?
Bu garip adamlar onu neden bu küçük kafeste tutuyorlardı?
¿Qué querían de él y por qué este cruel cautiverio?
Ondan ne istiyorlardı ve bu zalim esaret nedendi?
Sintió una presión oscura; una sensación de desastre que se acercaba.
Karanlık bir baskı hissediyordu; yaklaşan bir felaket duygusu.
Era un miedo vago, pero que se apoderó pesadamente de su espíritu.
Bu belirsiz bir korkuydu ama ruhuna ağır bir şekilde yerleşmişti.
Saltó varias veces cuando la puerta del cobertizo vibró.
Birkaç kez kulübenin kapısı gıcırdadığında yerinden sıçradı.
Esperaba que el juez o los muchachos aparecieran y lo rescataran.
Hakimin ya da çocukların gelip kendisini kurtarmasını bekliyordu.
Pero cada vez sólo se asomaba el rostro gordo del tabernero.
Ama her seferinde içeriye yalnızca meyhanecinin şişman yüzü bakıyordu.
El rostro del hombre estaba iluminado por el tenue resplandor de una vela de sebo.
Adamın yüzü, don yağından yapılmış bir mumun soluk ışığıyla aydınlanıyordu.

Cada vez, el alegre ladrido de Buck cambiaba a un gruñido bajo y enojado.

Her seferinde Buck'ın neşeli havlaması, yerini alçak, öfkeli bir homurtuya bırakıyordu.

El tabernero lo dejó solo durante la noche en el cajón.

Bar sahibi onu gece boyunca sandıkta yalnız bıraktı

Pero cuando se despertó por la mañana, venían más hombres.

Fakat sabah uyandığında daha fazla adamın geldiğini gördü.

Llegaron cuatro hombres y recogieron la caja con cuidado y sin decir palabra.

Dört adam gelip tek kelime etmeden dikkatlice sandığı aldılar.

Buck supo de inmediato en qué situación se encontraba.

Buck, içinde bulunduğu durumun farkına hemen vardı.

Eran otros torturadores contra los que tenía que luchar y a los que tenía que temer.

Bunlar onun savaşması ve korkması gereken başka işkencecilerdi.

Estos hombres parecían malvados, andrajosos y muy mal arreglados.

Bu adamlar kötü, perişan ve çok kötü bakımlı görünüyorlardı.

Buck gruñó y se abalanzó sobre ellos ferozmente a través de los barrotes.

Buck hırladı ve parmaklıkların arasından onlara doğru sertçe atıldı.

Ellos simplemente se rieron y lo golpearon con largos palos de madera.

Sadece gülüyorlardı ve uzun tahta sopalarla ona vuruyorlardı.

Buck mordió los palos y luego se dio cuenta de que eso era lo que les gustaba.

Buck çubukları ısırdı, sonra bunun hoşlarına gittiğini anladı.

Así que se quedó acostado en silencio, hosco y ardiendo de rabia silenciosa.

Bu yüzden sessizce yattı, surat asmıştı ve sessiz bir öfkeyle yanıyordu.

Subieron la caja a un carro y se fueron con él.

Sandığı bir arabaya kaldırıp onu alıp uzaklaştılar.

La caja, con Buck encerrado dentro, cambiaba de manos a menudo.

İçinde Buck'ın kilitli olduğu sandık sık sık el değiştiriyordu.

Los empleados de la oficina exprés se hicieron cargo de él y lo atendieron brevemente.

Ekspres büro memurları devreye girdi ve kısa bir süre onunla ilgilendiler.

Luego, otro carro transportó a Buck a través de la ruidosa ciudad.

Sonra başka bir vagon Buck'ı gürültülü kasabanın içinden taşıdı.

Un camión lo llevó con cajas y paquetes a un ferry.

Bir kamyon onu kutular ve paketlerle birlikte bir feribota bindirdi.

Después de cruzar, el camión lo descargó en una estación ferroviaria.

Geçişten sonra kamyon onu bir tren istasyonuna indirdi.

Finalmente, colocaron a Buck dentro de un vagón expreso que lo esperaba.

Sonunda Buck, bekleyen bir ekspres vagonuna yerleştirildi.

Durante dos días y dos noches, los trenes arrastraron el vagón expreso.

İki gün iki gece trenler ekspres vagonu çekip götürdü.

Buck no comió ni bebió durante todo el doloroso viaje.

Buck, tüm bu acı dolu yolculuk boyunca ne bir şey yedi ne de içti.

Cuando los mensajeros expresos intentaron acercarse a él, gruñó.

Kuryeler kendisine yaklaşmaya çalıştıklarında homurdanıyordu.

Ellos respondieron burlándose de él y molestándolo cruelmente.

Onlar da ona alay ederek ve acımasızca sataşarak karşılık verdiler.

Buck se arrojó contra los barrotes, echando espuma y temblando.

Buck kendini parmaklıklara attı, köpürdü ve titredi
Se rieron a carcajadas y se burlaron de él como matones del patio de la escuela.
yüksek sesle gülüyorlardı ve okul bahçesindeki zorbalar gibi onunla alay ediyorlardı.
Ladraban como perros de caza y agitaban los brazos.
Sahte köpekler gibi havlıyorlar ve kollarını çırpıyorlardı.
Incluso cantaron como gallos sólo para molestarlo más.
Hatta onu daha da üzmek için horoz gibi ötüyorlardı.
Fue un comportamiento tonto y Buck sabía que era ridículo.
Bu aptalca bir davranıştı ve Buck bunun saçma olduğunu biliyordu.
Pero eso sólo profundizó su sentimiento de indignación y vergüenza.
Ama bu, onun öfkesini ve utancını daha da derinleştirdi.
Durante el viaje no le molestó mucho el hambre.
Yolculuk sırasında açlık onu pek rahatsız etmedi.
Pero la sed traía consigo un dolor agudo y un sufrimiento insoportable.
Fakat susuzluk, beraberinde şiddetli ağrıları ve dayanılmaz acıları getiriyordu.
Su garganta y lengua secas e inflamadas ardían de calor.
Kuru, iltihaplı boğazı ve dili sıcaklıkla yanıyordu.
Este dolor alimentó la fiebre que crecía dentro de su orgulloso cuerpo.
Bu acı, gururlu bedeninin içinde yükselen ateşi besliyordu.
Buck estuvo agradecido por una sola cosa durante esta prueba.
Buck, bu dava boyunca tek bir şeye şükretti.
Le habían quitado la cuerda que le rodeaba el grueso cuello.
Kalın boynundaki ip çözülmüştü.
La cuerda había dado a esos hombres una ventaja injusta y cruel.
İp o adamlara haksız ve zalim bir avantaj sağlamıştı.
Ahora la cuerda había desaparecido y Buck juró que nunca volvería.

Artık ip gitmişti ve Buck onun asla geri dönmeyeceğine yemin etti.

Decidió que nunca más volvería a pasarle una cuerda al cuello.

Bir daha asla boynuna ip dolanmayacağına karar verdi.

Durante dos largos días y noches sufrió sin comer.

İki uzun gün ve gece boyunca aç kaldı.

Y en esas horas se fue acumulando en su interior una rabia enorme.

Ve o saatler içinde içinde büyük bir öfke biriktirdi.

Sus ojos se volvieron inyectados en sangre y salvajes por la ira constante.

Gözleri sürekli öfkeden kan çanağına dönmüş, çılgına dönmüştü.

Ya no era Buck, sino un demonio con mandíbulas chasqueantes.

Artık Buck değildi, çeneleri şakırdayan bir iblisti.

Ni siquiera el juez habría reconocido a esta loca criatura.

Hakim bile bu deli yaratığı tanıyamazdı.

Los mensajeros exprés suspiraron aliviados cuando llegaron a Seattle.

Ekspres kuryeler Seattle'a vardıklarında rahat bir nefes aldılar

Cuatro hombres levantaron la caja y la llevaron a un patio trasero.

Dört adam sandığı kaldırıp arka bahçeye getirdiler.

El patio era pequeño, rodeado de muros altos y sólidos.

Avlu küçüktü, yüksek ve sağlam duvarlarla çevriliydi.

Un hombre corpulento salió con una camisa roja holgada.

Üzerinde kırmızı, bol bir kazak gömleği olan iri yarı bir adam dışarı çıktı.

Firmó el libro de entrega con letra gruesa y atrevida.

Teslimat defterini kalın ve kalın bir el yazısıyla imzaladı.

Buck sintió de inmediato que este hombre era su próximo torturador.

Buck, bu adamın kendisine bir sonraki işkenceci olacağını hemen anladı.

Se abalanzó violentamente contra los barrotes, con los ojos rojos de furia.

Öfkeden kızarmış gözlerle parmaklıklara doğru şiddetle atıldı.

El hombre simplemente sonrió oscuramente y fue a buscar un hacha.

Adam sadece karanlık bir şekilde gülümsedi ve baltayı almaya gitti.

También traía un garrote en su gruesa y fuerte mano derecha.

Ayrıca kalın ve güçlü sağ elinde bir sopa vardı.

"¿Vas a sacarlo ahora?" preguntó preocupado el conductor.

"Onu şimdi mi dışarı çıkaracaksın?" diye sordu şoför endişeyle.

—Claro —dijo el hombre, metiendo el hacha en la caja a modo de palanca.

"Elbette," dedi adam, baltayı kaldıraç olarak kullanarak kasaya sokarken.

Los cuatro hombres se dispersaron instantáneamente y saltaron al muro del patio.

Dört adam anında dağılıp bahçe duvarına atladılar.

Desde sus lugares seguros arriba, esperaban para observar el espectáculo.

Yukarıdaki güvenli noktalarından manzarayı izlemeyi bekliyorlardı.

Buck se abalanzó sobre la madera astillada, mordiéndola y sacudiéndola ferozmente.

Buck parçalanmış tahtaya doğru atıldı, ısırdı ve şiddetle salladı.

Cada vez que el hacha golpeaba la jaula, Buck estaba allí para atacarla.

(Her seferinde balta kafese çarptığında) Buck saldırmak için oradaydı.

Gruñó y chasqueó los dientes con furia salvaje, ansioso por ser liberado.

Özgür bırakılmak için can atarak hırladı ve vahşi bir öfkeyle bağırdı.

El hombre que estaba afuera estaba tranquilo y firme, concentrado en su tarea.

Dışarıdaki adam sakin ve kararlıydı, işine odaklanmıştı.

"Muy bien, demonio de ojos rojos", dijo cuando el agujero fue grande.

"O zaman, kırmızı gözlü şeytan," dedi delik genişlediğinde.

Dejó caer el hacha y tomó el garrote con su mano derecha.

Baltayı bırakıp sopayı sağ eline aldı.

Buck realmente parecía un demonio; con los ojos inyectados en sangre y llameantes.

Buck gerçekten de bir şeytana benziyordu; gözleri kan çanağı gibiydi ve alev alev yanıyordu.

Su pelaje se erizó, le salía espuma por la boca y sus ojos brillaban.

Tüyleri diken diken oldu, ağzından köpükler çıktı, gözleri parladı.

Tensó los músculos y se lanzó directamente hacia el suéter rojo.

Kaslarını kasıp kırmızı kazağa doğru atıldı.

Ciento cuarenta libras de furia volaron hacia el hombre tranquilo.

Sakin adama 140 kiloluk bir öfke saldırdı.

Justo antes de que sus mandíbulas se cerraran, un golpe terrible lo golpeó.

Çenesi kapanmadan hemen önce korkunç bir darbe yedi.

Sus dientes chasquearon al chocar contra nada más que el aire.

Dişleri sadece havada birbirine çarptı

Una sacudida de dolor resonó a través de su cuerpo

acının sarsıntısı vücudunda yankılandı

Dio una vuelta en el aire y se estrelló sobre su espalda y su costado.

Havada takla atarak sırt üstü ve yan tarafına düştü.

Nunca antes había sentido el golpe de un garrote y no podía agarrarlo.

Daha önce hiç sopa darbesi hissetmemiş ve bunu kavrayamamıştı.

Con un gruñido estridente, mitad ladrido, mitad grito, saltó de nuevo.

Kısmen havlama, kısmen çığlık gibi tiz bir hırlamayla tekrar sıçradı.

Otro golpe brutal lo alcanzó y lo arrojó al suelo.

Bir başka vahşi darbe daha ona isabet etti ve yere savruldu.

Esta vez Buck lo entendió: era el pesado garrote del hombre.

Buck bu sefer anladı: Adamın ağır sopasıydı bu.

Pero la rabia lo cegó y no pensó en retirarse.

Fakat öfke onu kör etmişti ve geri çekilmeyi düşünmüyordu.

Doce veces se lanzó y doce veces cayó.

On iki kez kendini fırlattı ve on iki kez düştü.

El palo de madera lo golpeaba cada vez con una fuerza despiadada y aplastante.

Tahta sopa her seferinde acımasız, ezici bir güçle ona çarpıyordu.

Después de un golpe feroz, se tambaleó hasta ponerse de pie, aturdido y lento.

Şiddetli bir darbeden sonra sersemlemiş ve yavaş bir şekilde ayağa kalktı.

Le salía sangre de la boca, de la nariz y hasta de las orejas.

Ağzından, burnundan, hatta kulaklarından kan akıyordu.

Su pelaje, otrora hermoso, estaba manchado de espuma sanguinolenta.

Bir zamanlar güzel olan paltosu kanlı köpüklerle lekelenmişti.

Entonces el hombre se adelantó y le dio un golpe tremendo en la nariz.

Sonra adam öne çıktı ve burnuna sert bir darbe indirdi.

La agonía fue más aguda que cualquier cosa que Buck hubiera sentido jamás.

Buck'ın daha önce hiç hissetmediği kadar şiddetli bir acı vardı.

Con un rugido más de bestia que de perro, saltó nuevamente para atacar.

Bir köpekten çok bir canavarın kükremesini andıran bir sesle tekrar saldırıya geçti.

Pero el hombre se agarró la mandíbula inferior y la torció hacia atrás.

Fakat adam alt çenesini yakaladı ve geriye doğru büktü.
Buck se dio una vuelta de cabeza y volvió a caer con fuerza.
Buck baş aşağı döndü ve tekrar sert bir şekilde yere çakıldı.
Una última vez, Buck cargó contra él, ahora apenas capaz de mantenerse en pie.
Buck son kez ona doğru koştu, artık ayakta durmakta zorlanıyordu.
El hombre atacó con una sincronización experta, dando el golpe final.
Adam ustaca bir zamanlamayla vurarak son darbeyi indirdi.
Buck se desplomó en un montón, inconsciente e inmóvil.
Buck baygın ve hareketsiz bir şekilde yığılıp kaldı.
"No es ningún inútil a la hora de domar perros, eso es lo que digo", gritó un hombre.
"Köpek terbiye etmede hiç de fena değil, ben öyle diyorum," diye bağırdı bir adam.
"Druther puede quebrar la voluntad de un perro cualquier día de la semana".
"Druther, bir tazının iradesini haftanın her günü kırabilir."
"¡Y dos veces el domingo!" añadió el conductor.
"Ve Pazar günü iki kere!" diye ekledi şoför.
Se subió al carro y tiró de las riendas para partir.
Vagona bindi ve dizginleri şaklatarak yola koyuldu.
Buck recuperó lentamente el control de su conciencia.
Buck yavaş yavaş bilincini yeniden kazandı
Pero su cuerpo todavía estaba demasiado débil y roto para moverse.
ama vücudu hâlâ hareket edemeyecek kadar zayıf ve kırıktı.
Se quedó donde había caído, observando al hombre del suéter rojo.
Düştüğü yerde yatıp kırmızı kazaklı adamı izliyordu.
"Responde al nombre de Buck", dijo el hombre, leyendo en voz alta.
"Buck adını kullanıyor," dedi adam yüksek sesle okurken.
Citó la nota enviada con la caja de Buck y los detalles.
Buck'ın sandığı ve detaylarıyla birlikte gönderilen nottan alıntı yaptı.

—Bueno, Buck, muchacho —continuó el hombre con tono amistoso—.

"Eh, Buck, oğlum," diye devam etti adam dostça bir ses tonuyla,

"Hemos tenido nuestra pequeña pelea y ahora todo ha terminado entre nosotros".

"Küçük kavgamızı yaptık ve artık aramızda bitti."

"Tú has aprendido cuál es tu lugar y yo he aprendido cuál es el mío", añadió.

"Sen haddini bildin, ben de haddimi bildim" diye ekledi.

"Sé bueno y todo irá bien y la vida será placentera".

"İyi ol, her şey yoluna girecek, hayat keyifli olacak."

"Pero si te portas mal, te daré una paliza, ¿entiendes?"

"Ama kötü davranırsan seni pataklarım, anladın mı?"

Mientras hablaba, extendió la mano y acarició la cabeza dolorida de Buck.

Konuşurken elini uzatıp Buck'ın yaralı başını okşadı.

El cabello de Buck se erizó ante el toque del hombre, pero no se resistió.

Buck'ın tüyleri adamın dokunuşuyla diken diken oldu ama direnmedi.

El hombre le trajo agua, que Buck bebió a grandes tragos.

Adam ona su getirdi, Buck da onu büyük yudumlarla içti.

Luego vino la carne cruda, que Buck devoró trozo a trozo.

Sonra Buck'ın parça parça mideye indirdiği çiğ et geldi.

Sabía que estaba derrotado, pero también sabía que no estaba roto.

Yenildiğini biliyordu ama kırılmadığını da biliyordu.

No tenía ninguna posibilidad contra un hombre armado con un garrote.

Sopalı bir adama karşı hiçbir şansı yoktu.

Había aprendido la verdad y nunca olvidó esa lección.

Gerçeği öğrenmişti ve bu dersi hiçbir zaman unutmadı.

Esa arma fue el comienzo de la ley en el nuevo mundo de Buck.

Bu silah Buck'ın yeni dünyasında hukukun başlangıcıydı.

Fue el comienzo de un orden duro y primitivo que no podía negar.
İnkar edemeyeceği sert, ilkel bir düzenin başlangıcıydı bu.
Aceptó la verdad; sus instintos salvajes ahora estaban despiertos.
Gerçeği kabul etti; vahşi içgüdüleri artık uyanmıştı.
El mundo se había vuelto más duro, pero Buck lo afrontó con valentía.
Dünya giderek daha acımasız bir hal almıştı ama Buck bununla cesurca yüzleşti.
Afrontó la vida con nueva cautela, astucia y fuerza silenciosa.
Hayata yeni bir dikkatle, kurnazlıkla ve sessiz bir güçle yaklaştı.
Llegaron más perros, atados con cuerdas o cajas como había estado Buck.
Buck'ınki gibi iplere veya kasalara bağlanmış daha fazla köpek geldi.
Algunos perros llegaron con calma, otros se enfurecieron y pelearon como bestias salvajes.
Kimisi sakin sakin gelirken, kimisi de vahşi hayvanlar gibi öfkelenip kavga ediyordu.
Todos ellos quedaron bajo el dominio del hombre del suéter rojo.
Hepsi kırmızı kazaklı adamın yönetimi altına girdi.
Cada vez, Buck observaba y veía cómo se desarrollaba la misma lección.
Buck her seferinde aynı dersin ortaya çıktığını gördü.
El hombre con el garrote era la ley, un amo al que había que obedecer.
Sopa tutan adam kanundu; itaat edilmesi gereken bir efendiydi.
No necesitaba ser querido, pero sí obedecido.
Sevilmeye ihtiyacı yoktu ama itaat edilmeye ihtiyacı vardı.
Buck nunca adulaba ni meneaba la cola como lo hacían los perros más débiles.

Buck asla zayıf köpekler gibi yaltaklanmıyor veya kuyruk sallamıyordu.

Vio perros que estaban golpeados y todavía lamían la mano del hombre.

Dövülmüş olmasına rağmen adamın elini yalayan köpekler gördü.

Vio un perro que no obedecía ni se sometía en absoluto.

Bir köpeğin itaat etmediğini, boyun eğmediğini gördü.

Ese perro luchó hasta que murió en la batalla por el control.

O köpek kontrol mücadelesinde öldürülene kadar savaştı.

A veces, desconocidos venían a ver al hombre del suéter rojo.

Bazen yabancılar kırmızı kazaklı adamı görmeye gelirlerdi.

Hablaban en tonos extraños, suplicando, negociando y riendo.

Garip ses tonlarıyla konuşuyorlardı; yalvarıyor, pazarlık ediyor ve gülüyorlardı.

Cuando se intercambiaba dinero, se iban con uno o más perros.

Para alışverişi yapıldığında bir veya daha fazla köpekle ayrılırlardı.

Buck se preguntó a dónde habían ido esos perros, pues ninguno regresaba jamás.

Buck bu köpeklerin nereye gittiğini merak ediyordu, çünkü hiçbiri geri dönmüyordu.

El miedo a lo desconocido llenaba a Buck cada vez que un hombre extraño se acercaba.

Buck her seferinde yabancı bir adam geldiğinde bilinmeyenin korkusuyla dolar

Se alegraba cada vez que se llevaban a otro perro en lugar de a él mismo.

Kendisi yerine başka bir köpeğin kaçırılmasına her seferinde seviniyordu.

Pero finalmente, llegó el turno de Buck con la llegada de un hombre extraño.

Ama sonunda Buck'ın sırası geldi ve garip bir adam geldi.

Era pequeño, fibroso y hablaba un inglés deficiente y decía palabrotas.

Küçük, zayıftı, bozuk İngilizceyle konuşuyor ve küfürler ediyordu.

—¡Sacredam! —gritó cuando vio el cuerpo de Buck.

"Kutsal!" diye bağırdı Buck'ın vücudunu gördüğünde.

—¡Qué perro tan bravucón! ¿Eh? ¿Cuánto? —preguntó en voz alta.

"Bu lanet olası bir zorba köpek! Ha? Ne kadar?" diye sordu yüksek sesle.

"Trescientos, y es un regalo a ese precio".

"Üç yüz ve o fiyata bir hediye,"

—Como es dinero del gobierno, no deberías quejarte, Perrault.

"Bu devletin parası olduğu için şikayet etmemelisin, Perrault."

Perrault sonrió ante el trato que acababa de hacer con aquel hombre.

Perrault, adamla yaptığı anlaşmaya sırıttı.

El precio de los perros se disparó debido a la repentina demanda.

Aniden oluşan talep nedeniyle köpeklerin fiyatları fırladı.

Trescientos dólares no era injusto para una bestia tan bella.

Böyle güzel bir hayvan için üç yüz dolar hiç de haksız sayılmazdı.

El gobierno canadiense no perdería nada con el acuerdo

Kanada Hükümeti anlaşmada hiçbir şey kaybetmeyecek

Además sus despachos oficiales tampoco sufrirían demoras en el tránsito.

Resmi gönderilerinin ulaştırılmasında da herhangi bir gecikme yaşanmayacak.

Perrault conocía bien a los perros y podía ver que Buck era algo raro.

Perrault köpekleri iyi tanıyordu ve Buck'ın nadir bir tür olduğunu görebiliyordu.

"Uno entre diez diez mil", pensó mientras estudiaba la complexión de Buck.

Buck'ın yapısını incelerken, "On binde bir," diye düşündü.

Buck vio que el dinero cambiaba de manos, pero no mostró
sorpresa.
Buck paranın el değiştirdiğini gördü ama şaşırmadı.
Pronto él y Curly, un gentil Terranova, fueron llevados lejos.
Kısa süre sonra o ve Kıvırcık isimli nazik bir Newfoundland
köpeği götürüldü.
Siguieron al hombrecito desde el patio del suéter rojo.
Kırmızı kazaklının bahçesinden küçük adamı takip ettiler.
Esa fue la última vez que Buck vio al hombre con el garrote
de madera.
Buck, tahta sopalı adamı son kez gördü.
Desde la cubierta del Narwhal vio cómo Seattle se
desvanecía en la distancia.
Narwhal'ın güvertesinden Seattle'ın uzaklaşıp gidişini
izliyordu.
También fue la última vez que vio las cálidas tierras del Sur.
Ayrıca sıcak Güney'i son görüşüydü.
Perrault los llevó bajo cubierta y los dejó con François.
Perrault onları güverte altına aldı ve François'nın yanında
bıraktı.
François era un gigante de cara negra y manos ásperas y
callosas.
François, sert ve nasır elleri olan kara yüzlü bir devdi.
Era oscuro y moreno, un mestizo francocanadiense.
Esmer ve esmerdi; melez bir Fransız-Kanadalıydı.
Para Buck, estos hombres eran de un tipo que nunca había
visto antes.
Buck'a göre bu adamlar daha önce hiç görmediği türden
adamlardı.
En los días venideros conocería a muchos hombres así.
İlerleyen günlerde daha birçok böyle adam tanıyacaktı.
No llegó a encariñarse con ellos, pero llegó a respetarlos.
Onlara karşı sevgisi artmamıştı ama saygı duymaya
başlamıştı.
Eran justos y sabios, y no se dejaban engañar fácilmente por
ningún perro.

Onlar adil ve akıllıydılar ve hiçbir köpek onları kolayca kandıramazdı.

Juzgaban a los perros con calma y castigaban sólo cuando lo merecían.

Köpekleri sakin bir şekilde yargılıyorlar ve sadece hak ettiklerinde ceza veriyorlardı.

En la cubierta inferior del Narwhal, Buck y Curly se encontraron con dos perros.

Narwhal'ın alt güvertesinde Buck ve Kıvırcık iki köpekle karşılaştılar.

Uno de ellos era un gran perro blanco procedente de la lejana y gélida región de Spitzbergen.

Bunlardan biri çok uzaklardaki buzlu Spitzbergen'den gelen büyük beyaz bir köpekti.

Una vez navegó con un ballenero y se unió a un grupo de investigación.

Bir zamanlar bir balina avcısıyla birlikte yelken açmış ve bir araştırma grubuna katılmıştı.

Era amigable de una manera astuta, deshonesta y tramposa.

Sinsi, dolambaçlı ve hileli bir şekilde dost canlısıydı.

En su primera comida, robó un trozo de carne de la sartén de Buck.

İlk yemeklerinde Buck'ın tavasından bir parça et çaldı.

Buck saltó para castigarlo, pero el látigo de François golpeó primero.

Buck onu cezalandırmak için atıldı ama François'nın kırbacı ondan önce vurdu.

El ladrón blanco gritó y Buck recuperó el hueso robado.

Beyaz hırsız ciyakladı ve Buck çalınan kemiği geri aldı.

Esa imparcialidad impresionó a Buck y François se ganó su respeto.

Bu adalet duygusu Buck'ı etkiledi ve François onun saygısını kazandı.

El otro perro no saludó y no quiso recibir saludos a cambio.

Diğer köpek ne selam verdi ne de karşılığında selam istedi.

No robaba comida ni olfateaba con interés a los recién llegados.

Ne yiyecek çaldı, ne de yeni gelenleri ilgiyle kokladı.

Este perro era sombrío y silencioso, melancólico y de movimientos lentos.

Bu köpek asık suratlı ve sessizdi, kasvetli ve yavaş hareket ediyordu.

Le advirtió a Curly que se mantuviera alejada simplemente mirándola fijamente.

Kıvırcık'ye sadece dik dik bakarak uzak durmasını uyardı.

Su mensaje fue claro: déjenme en paz o habrá problemas.

Mesajı açıktı; beni rahat bırakın, yoksa başımıza dert açılır.

Se llamaba Dave y apenas se fijaba en su entorno.

Adı Dave'di ve etrafının pek farkında değildi.

Dormía a menudo, comía tranquilamente y bostezaba de vez en cuando.

Sık sık uyurdu, sessizce yerdi ve ara sıra esnerdi.

El barco zumbaba constantemente con la hélice golpeando debajo.

Geminin altındaki pervane sürekli uğulduyordu.

Los días pasaron con pocos cambios, pero el clima se volvió más frío.

Günler pek bir değişiklik olmadan geçiyordu, ama hava daha da soğudu.

Buck podía sentirlo en sus huesos y notó que los demás también lo sentían.

Buck bunu kemiklerinde hissedebiliyordu ve diğerlerinin de aynı şeyi hissettiğini fark etti.

Entonces, una mañana, la hélice se detuvo y todo quedó en silencio.

Sonra bir sabah pervane durdu ve her şey hareketsiz kaldı.

Una energía recorrió la nave; algo había cambiado.

Gemide bir enerji yayıldı; bir şeyler değişmişti.

François bajó, les puso las correas y los trajo arriba.

François aşağı indi, tasmalarını bağladı ve yukarı çıkardı.

Buck salió y encontró el suelo suave, blanco y frío.

Buck dışarı çıktığında zeminin yumuşak, beyaz ve soğuk olduğunu gördü.

Saltó hacia atrás alarmado y resopló totalmente confundido.

Alarmla geriye sıçradı ve tam bir şaşkınlıkla homurdandı.

Una extraña sustancia blanca caía del cielo gris.

Gri gökyüzünden garip beyaz bir şey düşüyordu.

Se sacudió, pero los copos blancos seguían cayendo sobre él.

Kendini silkeledi ama üzerine beyaz kar taneleri düşmeye
devam etti.

**Olió con cuidado la sustancia blanca y lamió algunos
trocitos helados.**

Beyaz şeyi dikkatle kokladı ve birkaç buzlu parçayı yaladı.

El polvo ardió como fuego y luego desapareció de su lengua.

Barut ateş gibi yandı, sonra da dilinden hemen uçup gitti.

**Buck lo intentó de nuevo, desconcertado por la extraña
frialdad que desaparecía.**

Buck, soğukluğun giderek kaybolması karşısında şaşkınlığını
gizleyemeden tekrar denedi.

**Los hombres que lo rodeaban se rieron y Buck se sintió
avergonzado.**

Çevresindeki adamlar gülüyordu ve Buck utanmıştı.

No sabía por qué, pero le avergonzaba su reacción.

Nedenini bilmiyordu ama tepkisinden utanıyordu.

Fue su primera experiencia con la nieve y le confundió.

Karla ilk kez karşılaşıyordu ve kafası karışmıştı.

La ley del garrote y el colmillo
Sopa ve Diş Yasası

El primer día de Buck en la playa de Dyea se sintió como una terrible pesadilla.

Buck'ın Dyea plajındaki ilk günü korkunç bir kabus gibiydi.

Cada hora traía nuevas sorpresas y cambios inesperados para Buck.

Buck için her geçen saat yeni şoklar ve beklenmedik değişimler getiriyordu.

Lo habían sacado de la civilización y lo habían arrojado a un caos salvaje.

Medeniyetten koparılıp vahşi bir kaosa atılmıştı.

Aquella no era una vida soleada y tranquila, llena de aburrimiento y descanso.

Bu, sıkıcı ve dinlenmeyle dolu, güneşli ve tembel bir hayat değildi.

No había paz, ni descanso, ni momento sin peligro.

Ne huzur, ne dinlenme, ne de tehlikesiz bir an vardı.

La confusión lo dominaba todo y el peligro siempre estaba cerca.

Her şey karmakarışıktı ve tehlike her an yakındı.

Buck tuvo que mantenerse alerta porque estos hombres y perros eran diferentes.

Buck tetikte olmak zorundaydı çünkü bu adamlar ve köpekler farklıydı.

No eran de pueblos; eran salvajes y sin piedad.

Bunlar şehirli değillerdi; vahşi ve acımasızdılar.

Estos hombres y perros sólo conocían la ley del garrote y el colmillo.

Bu adamlar ve köpekler sadece sopa ve diş yasasını biliyorlardı.

Buck nunca había visto perros pelear como estos salvajes huskies.

Buck daha önce hiç bu vahşi Sibirya kurdu köpekleri gibi kavga eden köpekler görmemişti.

Su primera experiencia le enseñó una lección que nunca olvidaría.

İlk deneyimi ona asla unutamayacağı bir ders vermişti.

Tuvo suerte de que no fuera él, o habría muerto también.

Şanslıydı ki o değildi, yoksa o da ölecekti.

Curly fue el que sufrió mientras Buck observaba y aprendía.

Acı çeken Kıvırcık olurken, Buck ise seyredip ders çıkarıyordu.

Habían acampado cerca de una tienda construida con troncos.

Kütüklerden yapılmış bir dükkânın yakınına kamp kurmuşlardı.

Curly intentó ser amigable con un husky grande, parecido a un lobo.

Kıvırcık, kurt benzeri büyük bir Sibirya kurduyla dostça davranmaya çalıştı.

El husky era más pequeño que Curly, pero parecía salvaje y malvado.

Sibirya kurdu Kıvırcık'den daha küçüktü ama vahşi ve acımasız görünüyordu.

Sin previo aviso, saltó y le abrió el rostro.

Hiçbir uyarıda bulunmadan atlayıp yüzünü yardı.

Sus dientes la atravesaron desde el ojo hasta la mandíbula en un solo movimiento.

Dişleri tek bir hareketle gözünden çenesine kadar indi.

Así era como peleaban los lobos: golpeaban rápido y saltaban.

Kurtlar böyle dövüşürdü: Hızlı vurur ve zıplayarak uzaklaşırlardı.

Pero había mucho más que aprender de ese único ataque.

Ancak bu saldırıdan öğrenilecek çok daha fazla şey vardı.

Decenas de huskies entraron corriendo y formaron un círculo silencioso.

Onlarca Sibirya kurdu içeri daldı ve sessiz bir çember oluşturdu.

Observaron atentamente y se lamieron los labios con hambre.

Dikkatle izliyorlardı ve açlıktan dudaklarını yalıyorlardı.
Buck no entendió su silencio ni sus miradas ansiosas.
Buck onların sessizliğini ya da meraklı bakışlarını
anlamıyordu.
Curly se apresuró a atacar al husky por segunda vez.
Kıvırcık ikinci kez husky'e saldırmak için koştu.
Él usó su pecho para derribarla con un movimiento fuerte.
Güçlü bir hareketle göğsünü kullanarak onu devirdi.
Ella cayó de lado y no pudo levantarse más.
Yan tarafına düştü ve bir daha ayağa kalkamadı.
**Eso era lo que los demás habían estado esperando todo el
tiempo.**
İşte diğerlerinin uzun zamandır beklediği şey buydu.
**Los perros esquimales saltaron sobre ella, aullando y
gruñendo frenéticamente.**
Sibirya kurdu köpekler çılgınca uluyup hırlayarak üzerine
atladılar.
Ella gritó cuando la enterraron bajo una pila de perros.
Köpeklerin altında gömülürken çığlık attı.
**El ataque fue tan rápido que Buck se quedó paralizado por
la sorpresa.**
Saldırı o kadar hızlıydı ki Buck şoktan olduğu yerde donup
kaldı.
**Vio a Spitz sacar la lengua de una manera que parecía una
risa.**
Spitz'in dilini kahkahaya benzer bir şekilde dışarı çıkardığını
gördü.
**François cogió un hacha y corrió directamente hacia el grupo
de perros.**
François bir balta kaptı ve doğruca köpek grubunun içine
koştu.
**Otros tres hombres usaron palos para ayudar a ahuyentar a
los perros esquimales.**
Üç kişi daha sopalarla Sibirya kurdunu uzaklaştırmaya çalıştı.
**En sólo dos minutos, la pelea terminó y los perros
desaparecieron.**

Sadece iki dakika içinde kavga sona erdi ve köpekler ortadan kayboldu.

Curly yacía muerta en la nieve roja y pisoteada, con su cuerpo destrozado.

Kıvırcık, kırmızı, çiğnenmiş karda cansız yatıyordu, vücudu parçalanmıştı.

Un hombre de piel oscura estaba de pie sobre ella, maldiciendo la brutal escena.

Esmer tenli bir adam başında durmuş, bu vahşi sahneye küfürler yağdırıyordu.

El recuerdo permaneció con Buck y atormentó sus sueños por la noche.

Bu anı Buck'ın aklından hiç çıkmıyordu ve geceleri rüyalarına giriyordu.

Así era aquí: sin justicia, sin segundas oportunidades.

Burada yol buydu; adalet yoksa ikinci bir şans da yok.

Una vez que un perro caía, los demás lo mataban sin piedad.

Bir köpek düştüğünde diğerleri onu acımasızca öldürürdü.

Buck decidió entonces que nunca se permitiría caer.

Buck o zaman asla düşmeyeceğine karar verdi.

Spitz volvió a sacar la lengua y se rió de la sangre.

Spitz tekrar dilini çıkarıp kana güldü.

Desde ese momento, Buck odió a Spitz con todo su corazón.

O andan itibaren Buck, Spitz'den bütün kalbiyle nefret etti.

Antes de que Buck pudiera recuperarse de la muerte de Curly, sucedió algo nuevo.

Buck, Kıvırcık'nin ölümünün acısını atlatamadan önce yeni bir şey oldu.

François se acercó y ató algo alrededor del cuerpo de Buck.

François gelip Buck'ın vücuduna bir şey bağladı.

Era un arnés como los que usaban los caballos en el rancho.

Çiftlikteki atlara takılanlara benzer bir koşum takımıydı.

Así como Buck había visto trabajar a los caballos, ahora él también estaba obligado a trabajar.

Buck atların nasıl çalıştığını görmüşse, şimdi de kendisi aynı şekilde çalışmaya zorlanıyordu.

Tuvo que arrastrar a François en un trineo hasta el bosque cercano.

François'yı kızakla yakındaki ormana çekmek zorundaydı.

Después tuvo que arrastrar una carga de leña pesada.

Daha sonra ağır odunları geri çekmek zorunda kaldı.

Buck era orgulloso, por eso le dolía que lo trataran como a un animal de trabajo.

Buck gururluydu, bu yüzden kendisine bir iş hayvanı gibi davranılması onu üzüyordu.

Pero él era sabio y no intentó luchar contra la nueva situación.

Ama o akıllıydı ve yeni duruma karşı koymaya çalışmadı.

Aceptó su nueva vida y dio lo mejor de sí en cada tarea.

Yeni hayatını kabullendi ve her görevi en iyi şekilde yerine getirdi.

Todo en la obra le resultaba extraño y desconocido.

İşin her şeyi ona yabancı ve yabancı geliyordu.

Francisco era estricto y exigía obediencia sin demora.

François çok katıydı ve gecikmeden itaat edilmesini istiyordu.

Su látigo garantizaba que cada orden fuera seguida al instante.

Kırbacı her emrin aynı anda yerine getirilmesini sağlıyordu.

Dave era el que conducía el trineo, el perro que estaba más cerca de él, detrás de Buck.

Dave, kızak sürücüsüydü ve Buck'ın arkasında kızağa en yakın olan köpekti.

Dave mordió a Buck en las patas traseras si cometía un error.

Dave, Buck hata yaptığında onu arka bacaklarından ısırıyordu.

Spitz era el perro líder, hábil y experimentado en su función.

Spitz, rolünde yetenekli ve deneyimli olan baş köpekti.

Spitz no pudo alcanzar a Buck fácilmente, pero aún así lo corrigió.

Spitz, Buck'a kolayca ulaşamadı ama yine de onu düzeltti.

Gruñó con dureza o tiró del trineo de maneras que le enseñaron a Buck.

Sertçe hırlıyor ya da kızakları Buck'a ders verecek şekilde çekiyordu.

Con este entrenamiento, Buck aprendió más rápido de lo que cualquiera de ellos esperaba.

Bu eğitim sayesinde Buck, herkesin beklediğinden daha hızlı öğrendi.

Trabajó duro y aprendió tanto de François como de los otros perros.

Çok çalıştı ve hem François'dan hem de diğer köpeklerden çok şey öğrendi.

Cuando regresaron, Buck ya conocía los comandos clave.

Geri döndüklerinde Buck temel komutları çoktan öğrenmişti.

Aprendió a detenerse al oír la palabra "ho" gracias a François.

François'dan "ho" sesinde durmayı öğrendi.

Aprendió cuando tenía que tirar del trineo y correr.

Kızak çekmesi ve koşması gerektiğini öğrendi.

Aprendió a girar abiertamente en las curvas del camino sin problemas.

Patikanın virajlarında rahatça geniş dönmeyi öğrendi.

También aprendió a evitar a Dave cuando el trineo descendía rápidamente.

Ayrıca kızak hızla aşağı doğru gittiğinde Dave'den kaçınmayı da öğrendi.

"Son perros muy buenos", le dijo orgulloso François a Perrault.

François gururla Perrault'a "Onlar çok iyi köpekler" dedi.

"Ese Buck tira como un demonio. Le enseño rapidísimo".

"Bu Buck çok iyi çekiyor. Ona hemen öğretiyorum."

Más tarde ese día, Perrault regresó con dos perros husky más.

Aynı günün ilerleyen saatlerinde Perrault iki Sibirya kurduyla daha geri geldi.

Se llamaban Billee y Joe y eran hermanos.

İsimleri Billee ve Joe'ydu ve kardeştiler.

Venían de la misma madre, pero no se parecían en nada.

Aynı anneden geliyorlardı ama birbirlerine hiç benzemiyorlardı.

Billee era de carácter dulce y muy amigable con todos.

Billee çok tatlı huylu ve herkese karşı çok arkadaş canlısıydı.

Joe era todo lo contrario: tranquilo, enojado y siempre gruñendo.

Joe ise tam tersiydi; sessiz, öfkeli ve sürekli hırlayan biriydi.

Buck los saludó de manera amigable y se mostró tranquilo con ambos.

Buck onları dostça karşıladı ve ikisine karşı da sakin davrandı.

Dave no les prestó atención y permaneció en silencio como siempre.

Dave onlara aldırış etmedi ve her zamanki gibi sessiz kaldı.

Spitz atacó primero a Billee, luego a Joe, para demostrar su dominio.

Spitz önce Billee'ye, sonra da Joe'ya saldırarak üstünlüğünü gösterdi.

Billee movió la cola y trató de ser amigable con Spitz.

Billee kuyruğunu salladı ve Spitz'e dostça davranmaya çalıştı.

Cuando eso no funcionó, intentó huir.

Bu işe yaramayınca kaçmayı denedi.

Lloró tristemente cuando Spitz lo mordió fuerte en el costado.

Spitz onu sertçe yan tarafından ısırdığında hüzünle ağladı.

Pero Joe era muy diferente y se negaba a dejarse intimidar.

Ama Joe çok farklıydı ve zorbalığa boyun eğmedi.

Cada vez que Spitz se acercaba, Joe giraba rápidamente para enfrentarlo.

Spitz her yaklaştığında Joe hızla ona doğru dönüyordu.

Su pelaje se erizó, sus labios se curvaron y sus dientes chasquearon salvajemente.

Tüyleri diken diken oldu, dudakları kıvrıldı ve dişleri çılgınca birbirine çarptı.

Los ojos de Joe brillaron de miedo y rabia, desafiando a Spitz a atacar.

Joe'nun gözleri korku ve öfkeyle parlıyordu, Spitz'e saldırmaya cesaret ediyordu.

Spitz abandonó la lucha y se alejó, humillado y enojado.
Spitz mücadeleyi bıraktı ve aşağılanmış ve öfkelenmiş bir şekilde arkasını döndü.

Descargó su frustración en el pobre Billee y lo ahuyentó.
Sinirini zavallı Billee'den çıkardı ve onu kovaladı.

Esa noche, Perrault añadió un perro más al equipo.
O akşam Perrault ekibe bir köpek daha ekledi.

Este perro era viejo, delgado y cubierto de cicatrices de batalla.
Bu köpek yaşlıydı, zayıftı ve savaş yaralarıyla kaplıydı.

Le faltaba un ojo, pero el otro brillaba con poder.
Gözlerinden biri yoktu ama diğeri güçle parlıyordu.

El nombre del nuevo perro era Solleks, que significaba "el enojado".
Yeni köpeğin adı Solleks'ti; bu da Öfkeli anlamına geliyordu.

Al igual que Dave, Solleks no pidió nada a los demás y no dio nada a cambio.
Dave gibi Solleks de başkalarından hiçbir şey istemedi ve karşılığında hiçbir şey vermedi.

Cuando Solleks entró lentamente al campamento, incluso Spitz se mantuvo alejado.
Solleks yavaşça kampa doğru yürürken Spitz bile uzak duruyordu.

Tenía un hábito extraño que Buck tuvo la mala suerte de descubrir.
Buck'ın şanssız bir şekilde keşfettiği garip bir alışkanlığı vardı.

A Solleks le disgustaba que se acercaran a él por el lado donde estaba ciego.
Solleks, kendisine kör olduğu taraftan yaklaşılmasından nefret ediyordu.

Buck no sabía esto y cometió ese error por accidente.
Buck bunu bilmiyordu ve bu hatayı kazara yaptı.

Solleks se dio la vuelta y cortó el hombro de Buck profunda y rápidamente.
Solleks arkasını dönüp Buck'ın omzunu sert ve derin bir şekilde kesti.

A partir de ese momento, Buck nunca se acercó al lado ciego de Solleks.

O andan sonra Buck, Solleks'in kör noktasına hiç yaklaşmadı.

Nunca volvieron a tener problemas durante el resto del tiempo que estuvieron juntos.

Birlikte geçirdikleri süre boyunca bir daha asla sorun yaşamadılar.

Solleks sólo quería que lo dejaran solo, como el tranquilo Dave.

Solleks, tıpkı sessiz Dave gibi, sadece yalnız kalmak istiyordu.

Pero Buck se enteraría más tarde de que cada uno tenía otro objetivo secreto.

Ancak Buck daha sonra her birinin gizli bir amacının daha olduğunu öğrenecekti.

Esa noche, Buck se enfrentó a un nuevo y preocupante desafío: cómo dormir.

O gece Buck yeni ve sıkıntılı bir sorunla karşı karşıyaydı: Nasıl uyuyacaktı?

La tienda brillaba cálidamente con la luz de las velas en el campo nevado.

Çadır, karlı tarlada mum ışığıyla sıcacık parlıyordu.

Buck entró, pensando que podría descansar allí como antes.

Buck, daha önce olduğu gibi burada dinlenebileceğini düşünerek içeri girdi.

Pero Perrault y François le gritaron y le lanzaron sartenes.

Fakat Perrault ve François ona bağırıp tava fırlatıyorlardı.

Sorprendido y confundido, Buck corrió hacia el frío helado.

Şok ve şaşkınlık içindeki Buck, dondurucu soğuğa doğru koştu.

Un viento amargo le azotó el hombro herido y le congeló las patas.

Acı bir rüzgâr yaralı omzunu acıttı ve patilerini dondurdu.

Se tumbó en la nieve y trató de dormir al aire libre.

Karların üzerine uzanıp açıkta uyumaya çalıştı.

Pero el frío pronto le obligó a levantarse de nuevo, temblando mucho.

Ancak soğuk onu kısa sürede tekrar ayağa kalkmaya zorladı, çok titriyordu.

Deambuló por el campamento intentando encontrar un lugar más cálido.

Kampın içinde dolaşıp daha sıcak bir yer bulmaya çalışıyordu.

Pero cada rincón estaba tan frío como el anterior.

Ama her köşe bir önceki kadar soğuktu.

A veces, perros salvajes saltaban sobre él desde la oscuridad.

Bazen karanlığın içinden vahşi köpekler ona doğru atlıyordu.

Buck erizó su pelaje, mostró los dientes y gruñó en señal de advertencia.

Buck tüylerini kabarttı, dişlerini gösterdi ve uyarı amaçlı hırladı.

Estaba aprendiendo rápido y los otros perros se alejaban rápidamente.

Hızla öğreniyordu ve diğer köpekler de hemen geri çekiliyordu.

Aún así, no tenía dónde dormir ni idea de qué hacer.

Ama uyuyacak yeri yoktu, ne yapacağını da bilmiyordu.

Por fin se le ocurrió una idea: ver cómo estaban sus compañeros de equipo.

En sonunda aklına bir fikir geldi: Takım arkadaşlarını kontrol etmek.

Regresó a su zona y se sorprendió al descubrir que habían desaparecido.

Onların bulunduğu yere döndüğünde onların gitmiş olduğunu görünce şaşırdı.

Nuevamente buscó por todo el campamento, pero todavía no pudo encontrarlos.

Tekrar kampı aradı, ama yine bulamadı.

Sabía que ellos no podían estar en la tienda, o él también lo estaría.

Onların çadırda olamayacaklarını biliyordu, yoksa kendisi de orada olacaktı.

Entonces ¿a dónde se habían ido todos los perros en este campamento helado?

Peki bu donmuş kamptaki bütün köpekler nereye gitmişti?

Buck, frío y miserable, caminó lentamente alrededor de la tienda.

Buck, üşümüş ve perişan bir halde çadırın etrafında yavaşça daireler çiziyordu.

De repente, sus patas delanteras se hundieron en la nieve blanda y lo sobresaltó.

Bir anda ön ayakları yumuşak karın içine gömüldü ve irkildi.

Algo se movió bajo sus pies y saltó hacia atrás asustado.

Ayaklarının altında bir şey kıpırdandı ve korkuyla geriye sıçradı.

Gruñó y rugió sin saber qué había debajo de la nieve.

Karın altında ne olduğunu bilmeden hırladı, homurdandı.

Entonces oyó un ladrido amistoso que alivió su miedo.

Sonra korkusunu hafifleten dostça bir havlama duydu.

Olfateó el aire y se acercó para ver qué estaba oculto.

Havayı kokladı ve neyin saklı olduğunu görmek için yaklaştı.

Bajo la nieve, acurrucada en una bola cálida, estaba la pequeña Billee.

Karların altında, sıcacık bir top gibi kıvrılmış küçük Billee vardı.

Billee movió la cola y lamió la cara de Buck para saludarlo.

Billee kuyruğunu salladı ve Buck'ın yüzünü yalayarak onu selamladı.

Buck vio cómo Billee había hecho un lugar para dormir en la nieve.

Buck, Billee'nin karda nasıl bir uyku yeri yaptığını gördü.

Había cavado y usado su propio calor para mantenerse caliente.

Isınmak için toprağı kazmış ve kendi ısısını kullanmıştı.

Buck había aprendido otra lección: así era como dormían los perros.

Buck bir ders daha almıştı: Köpekler bu şekilde uyuyordu.

Eligió un lugar y comenzó a cavar su propio hoyo en la nieve.

Bir yer seçip karda kendine bir çukur kazmaya başladı.

Al principio, se movía demasiado y desperdiciaba energía.

İlk başlarda çok fazla hareket ediyordu ve enerjisini boşa harcıyordu.

Pero pronto su cuerpo calentó el espacio y se sintió seguro.

Ama kısa süre sonra vücudu ortamı ısıttı ve kendini güvende hissetti.

Se acurrucó fuertemente y al poco tiempo estaba profundamente dormido.

Sıkıca kıvrıldı ve çok geçmeden derin bir uykuya daldı.

El día había sido largo y duro, y Buck estaba exhausto.

Gün uzun ve zor geçmişti, Buck bitkin düşmüştü.

Durmió profundamente y cómodamente, aunque sus sueños fueron salvajes.

Rüyaları çılgınca olsa da, derin ve rahat bir uyku çekiyordu.

Gruñó y ladró mientras dormía, retorciéndose mientras soñaba.

Uykusunda hırlıyor ve havlıyor, rüyasında kıvranıyordu.

Buck no se despertó hasta que el campamento ya estaba cobrando vida.

Buck, kamp canlanana kadar uyanmadı.

Al principio, no sabía dónde estaba ni qué había sucedido.

İlk başta nerede olduğunu ve ne olduğunu anlayamadı.

Había nevado durante la noche y había enterrado completamente su cuerpo.

Gece boyunca yağan kar, cesedini tamamen gömmüştü.

La nieve lo apretaba por todos lados.

Kar her taraftan onu sıkıştırıyordu.

De repente, una ola de miedo recorrió todo el cuerpo de Buck.

Aniden Buck'ın tüm vücudunu bir korku dalgası sardı.

Era el miedo a quedar atrapado, un miedo que provenía de instintos profundos.

Bu, sıkışıp kalma korkusuydu, derin içgüdülerden gelen bir korku.

Aunque nunca había visto una trampa, el miedo vivía dentro de él.

Hiç tuzak görmemiş olmasına rağmen içinde korku yaşıyordu.

Era un perro domesticado, pero ahora sus viejos instintos salvajes estaban despertando.

Evcil bir köpekti ama artık eski vahşi içgüdüleri uyanıyordu.

Los músculos de Buck se tensaron y se le erizó el pelaje por toda la espalda.

Buck'ın kasları gerildi ve sırtındaki tüm tüyler diken diken oldu.

Gruñó ferozmente y saltó hacia arriba a través de la nieve.

Şiddetle hırladı ve doğruca karın üzerine fırladı.

La nieve voló en todas direcciones cuando estalló la luz del día.

Gün ışığına çıktığında her yöne karlar uçuşuyordu.

Incluso antes de aterrizar, Buck vio el campamento extendido ante él.

Buck, henüz karaya ayak basmadan önce kampın önünde uzandığını gördü.

Recordó todo del día anterior, de repente.

Bir anda önceki günden her şeyi hatırladı.

Recordó pasear con Manuel y terminar en ese lugar.

Manuel'le birlikte yürüyüşlerini ve bu yere geldiklerini hatırladı.

Recordó haber cavado el hoyo y haberse quedado dormido en el frío.

Çukuru kazdığını ve soğukta uyuyakaldığını hatırladı.

Ahora estaba despierto y el mundo salvaje que lo rodeaba estaba claro.

Artık uyanmıştı ve etrafındaki vahşi dünya net bir şekilde görülebiliyordu.

Un grito de François saludó la repentina aparición de Buck.

François, Buck'ın aniden ortaya çıkışını sevinçle karşıladı.

—¿Qué te dije? —gritó en voz alta el conductor del perro a Perrault.

"Ne dedim?" diye bağırdı köpek sürücüsü Perrault'a yüksek sesle.

"Ese Buck sin duda aprende muy rápido", añadió François.

François, "Bu Buck kesinlikle her şeyi çok çabuk öğreniyor," diye ekledi.

Perrault asintió gravemente, claramente satisfecho con el resultado.

Perrault ciddi bir tavırla başını salladı, sonuçtan açıkça memnundu.

Como mensajero del gobierno canadiense, transportaba despachos.

Kanada Hükümeti'nin kuryesi olarak haber taşıyordu.

Estaba ansioso por encontrar los mejores perros para su importante misión.

Önemli görevi için en iyi köpekleri bulma konusunda istekliydi.

Se sintió especialmente complacido ahora que Buck era parte del equipo.

Buck'ın da ekibin bir parçası olmasından dolayı artık kendini daha da mutlu hissediyordu.

Se agregaron tres huskies más al equipo en una hora.

Bir saat içerisinde takıma üç tane daha husky eklendi.

Eso elevó el número total de perros en el equipo a nueve.

Böylece takımdaki toplam köpek sayısı dokuza çıktı.

En quince minutos todos los perros estaban en sus arneses.

On beş dakika içinde bütün köpeklerin tasmaları takılmıştı.

El equipo de trineos avanzaba por el sendero hacia Dyea Cañón.

Kızak takımı patikada Dyea Kanyonu'na doğru ilerliyordu.

Buck se sintió contento de partir, incluso si el trabajo que tenía por delante era duro.

Buck, önünde zorlu bir iş olmasına rağmen, ayrıldığı için mutluydu.

Descubrió que no despreciaba especialmente el trabajo ni el frío.

Çalışmaktan veya soğuktan özellikle nefret etmediğini gördü.

Le sorprendió el entusiasmo que llenaba a todo el equipo.

Tüm ekibi dolduran coşkuyu görünce şaşırdı.

Aún más sorprendente fue el cambio que se produjo en Dave y Solleks.

Daha da şaşırtıcı olanı Dave ve Solleks'te meydana gelen değişimdi.

Estos dos perros eran completamente diferentes cuando estaban enjaezados.

Bu iki köpek koşumlandığında tamamen farklıydı.

Su pasividad y falta de preocupación habían desaparecido por completo.

Pasiflikleri ve umursamazlıkları tamamen ortadan kalkmıştı.

Estaban alertas y activos, y ansiosos por hacer bien su trabajo.

Uyanık ve aktiftiler, işlerini iyi yapmaya istekliydiler.

Se irritaban ferozmente ante cualquier cosa que causara retraso o confusión.

Gecikmeye veya karışıklığa sebep olan her şeyden şiddetle rahatsız oluyorlardı.

El duro trabajo en las riendas era el centro de todo su ser.

Dizginlerdeki sıkı çalışma, tüm varlıklarının merkeziydi.

Tirar del trineo parecía ser lo único que realmente disfrutaban.

Kızak çekmek gerçekten keyif aldıkları tek şey gibi görünüyordu.

Dave estaba en la parte de atrás del grupo, más cerca del trineo.

Dave grubun en arkasında, kızaklara en yakın olan kişiydi.

Buck fue colocado delante de Dave, y Solleks se adelantó a Buck.

Buck, Dave'in önüne yerleştirildi ve Solleks, Buck'ın önüne geçti.

El resto de los perros estaban dispersos adelante, en una sola fila.

Diğer köpekler tek sıra halinde ön tarafa dizilmişlerdi.

La posición de cabeza en la parte delantera quedó ocupada por Spitz.

Öndeki liderliği Spitz doldurdu.

Buck había sido colocado entre Dave y Solleks para recibir instrucción.

Buck, eğitim için Dave ile Solleks'in arasına yerleştirilmişti.

Él aprendía rápido y sus profesores eran firmes y capaces.

O çabuk öğrenen biriydi, onlar ise kararlı ve yetenekli öğretmenlerdi.

Nunca permitieron que Buck permaneciera en el error por mucho tiempo.

Buck'ın uzun süre hata içinde kalmasına asla izin vermediler.

Enseñaron sus lecciones con dientes afilados cuando era necesario.

Gerektiğinde keskin dişlerle derslerini veriyorlardı.

Dave era justo y mostraba un tipo de sabiduría tranquila y seria.

Dave adil biriydi ve sessiz, ciddi bir bilgelik sergiliyordu.

Él nunca mordió a Buck sin una buena razón para hacerlo.

O, hiçbir zaman geçerli bir sebebi olmadan Buck'ı ısırmazdı.

Pero nunca dejó de morder cuando Buck necesitaba corrección.

Ama Buck'ın düzeltilmeye ihtiyacı olduğunda her zaman ısrarcıydı.

El látigo de Francisco estaba siempre listo y respaldaba su autoridad.

François'nın kırbacı her zaman hazırdı ve onların otoritesini destekliyordu.

Buck pronto descubrió que era mejor obedecer que defenderse.

Buck kısa sürede karşılık vermektense itaat etmenin daha iyi olduğunu anladı.

Una vez, durante un breve descanso, Buck se enredó en las riendas.

Bir gün, kısa bir dinlenme sırasında Buck dizginlere takıldı.

Retrasó el inicio y confundió los movimientos del equipo.

Başlangıcı geciktirdi ve takımın hareketini karıştırdı.

Dave y Solleks se abalanzaron sobre él y le dieron una paliza brutal.

Dave ve Solleks ona saldırdılar ve onu sert bir şekilde dövdüler.

El enredo sólo empeoró, pero Buck aprendió bien la lección.

Karmaşa daha da büyüdü ama Buck dersini iyi almıştı.

A partir de entonces, mantuvo las riendas tensas y trabajó con cuidado.

O günden sonra dizginleri sıkı tuttu ve dikkatli çalıştı.

Antes de que terminara el día, Buck había dominado gran parte de su tarea.

Gün bitmeden Buck görevinin çoğunu başarmıştı.

Sus compañeros casi dejaron de corregirlo y morderlo.

Takım arkadaşları neredeyse onu düzeltmeyi veya ısırmayı bırakmışlardı.

El látigo de François resonaba cada vez con menos frecuencia en el aire.

François'nın kırbacının havadaki şakırtısı giderek azaldı.

Perrault incluso levantó los pies de Buck y examinó cuidadosamente cada pata.

Perrault, Buck'ın ayaklarını kaldırıp her bir patisini dikkatle inceledi.

Había sido un día de carrera duro, largo y agotador para todos ellos.

Hepsi için zorlu, uzun ve yorucu bir gün olmuştu.

Viajaron por el Cañón, atravesando Sheep Camp y pasando por Scales.

Kanyon'dan yukarı doğru yol aldılar, Koyun Kampı'ndan geçtiler ve Teraziler'i geçtiler.

Cruzaron la línea de árboles, luego glaciares y bancos de nieve de muchos metros de profundidad.

Orman sınırını geçtiler, sonra da metrelerce derinlikteki buzulları ve kar yığınlarını geçtiler.

Escalaron la gran, fría y prohibitiva divisoria de Chilkoot.

Büyük, soğuk ve ürkütücü Chilkoot Bölgesi'ne tırmandılar.

Esa alta cresta se encontraba entre el agua salada y el interior helado.

O yüksek sırt, tuzlu su ile donmuş iç kısım arasında duruyordu.

Las montañas custodiaban con hielo y empinadas subidas el triste y solitario Norte.

Dağlar, hüzünlü ve yalnız Kuzey'i buzlarla ve dik yokuşlarla koruyordu.

Avanzaron a buen ritmo por una larga cadena de lagos debajo de la divisoria.

Su ayrımının altında uzanan uzun göller zincirinde iyi vakit geçirdiler.

Esos lagos llenaban los antiguos cráteres de volcanes extintos.

Bu göller sönmüş yanardağların eski kraterlerini dolduruyordu.

Tarde esa noche, llegaron a un gran campamento en el lago Bennett.

Aynı gece geç saatlerde Bennett Gölü kıyısındaki büyük bir kampa ulaştılar.

Miles de buscadores de oro estaban allí, construyendo barcos para la primavera.

Binlerce altın arayıcısı oradaydı, bahar için tekneler inşa ediyorlardı.

El hielo se rompería pronto y tenían que estar preparados.

Buzlar yakında çözülecekti ve buna hazır olmaları gerekiyordu.

Buck cavó su hoyo en la nieve y cayó en un sueño profundo.

Buck karda bir çukur kazdı ve derin bir uykuya daldı.

Durmió como un trabajador, exhausto por la dura jornada de trabajo.

Zorlu bir günün yorgunluğuyla, işçi gibi uyuyordu.

Pero demasiado pronto, en la oscuridad, fue sacado del sueño.

Fakat karanlığın çok erken saatlerinde uykudan uyandırıldı.

Fue enganchado nuevamente con sus compañeros y sujeto al trineo.

Tekrar arkadaşlarıyla birlikte koşum takımına bağlandı ve kızaklara bağlandı.

Aquel día hicieron cuarenta millas, porque la nieve estaba muy pisoteada.

O gün kırk mil yol yaptılar, çünkü kar iyice çiğnenmişti.

Al día siguiente, y durante muchos días más, la nieve estaba blanda.

Ertesi gün ve ondan sonraki günler boyunca kar yumuşaktı.

Tuvieron que hacer el camino ellos mismos, trabajando más duro y moviéndose más lento.

Daha çok çalışarak ve daha yavaş hareket ederek yolu kendileri çizmek zorundaydılar.

Por lo general, Perrault caminaba delante del equipo con raquetas de nieve palmeadas.

Perrault genellikle perdeli kar ayakkabılarıyla takımın önünde yürürdü.

Sus pasos compactaron la nieve, facilitando el movimiento del trineo.

Adımları karı sıkıştırıyor, kızak hareketini kolaylaştırıyordu.

François, que dirigía el barco desde la dirección, a veces tomaba el relevo.

Dümeni dümen direğinden yöneten François, bazen dümeni devralıyordu.

Pero era raro que François tomara la iniciativa.

Ancak François'nın öne geçmesi nadirdi

porque Perrault tenia prisa por entregar las cartas y los paquetes.

Çünkü Perrault mektupları ve paketleri ulaştırmak için acele ediyordu.

Perrault estaba orgulloso de su conocimiento de la nieve, y especialmente del hielo.

Perrault kar ve özellikle buz hakkındaki bilgisiyle gurur duyuyordu.

Ese conocimiento era esencial porque el hielo en otoño era peligrosamente delgado.

Bu bilgi çok önemliydi çünkü sonbahar buzları tehlikeli derecede inceydi.

Allí donde el agua fluía rápidamente bajo la superficie, no había hielo en absoluto.

Suyun yüzeyin altında hızla aktığı yerlerde hiç buz yoktu.

Día tras día, la misma rutina se repetía sin fin.

Gün geçtikçe aynı rutin bitmek bilmeden tekrarlanıyordu.

Buck trabajó incansablemente en las riendas desde el amanecer hasta la noche.

Buck, şafak vakti akşama kadar dizginleri elinde durmadan çalıştırdı.

Abandonaron el campamento en la oscuridad, mucho antes de que saliera el sol.

Güneş doğmadan çok önce, karanlıkta kamptan ayrıldılar.

Cuando amaneció, ya habían recorrido muchos kilómetros.

Gün ışıdığında, kilometrelerce yol geride kalmıştı.

Acamparon después del anochecer, comieron pescado y excavaron en la nieve.

Karanlık çöktükten sonra kamp kurup balık yiyorlar ve karın içine gömülüyorlar.

Buck siempre tenía hambre y nunca estaba realmente satisfecho con su ración.

Buck her zaman açtı ve aldığı erzaktan asla tam anlamıyla memnun kalmıyordu.

Recibía una libra y media de salmón seco cada día.

Her gün bir buçuk kilo kurutulmuş somon alıyordu.

Pero la comida parecía desaparecer dentro de él, dejando atrás el hambre.

Ama içindeki yiyecek sanki yok olmuş, geride açlık kalmıştı.

Sufría constantes dolores de hambre y soñaba con más comida.

Sürekli açlık sancıları çekiyordu ve daha fazla yemek hayal ediyordu.

Los otros perros sólo ganaron una libra, pero se mantuvieron fuertes.

Diğer köpeklere sadece yarım kilo yiyecek verildi, ama onlar güçlü kaldılar.

Eran más pequeños y habían nacido en la vida del norte.

Daha küçüklerdi ve kuzey yaşamına doğmuşlardı.

Perdió rápidamente la meticulosidad que había caracterizado su antigua vida.

Eski yaşamına damgasını vuran titizliği hızla yitirdi.

Había sido un comensal delicado, pero ahora eso ya no era posible.

Eskiden çok nazik bir yiyiciydi ama artık bu mümkün değildi.

Sus compañeros terminaron primero y le robaron su ración sobrante.

Arkadaşları ondan önce bitirip, onun yarım kalan tayınını çaldılar.

Una vez que empezaron, no había forma de defender su comida de ellos.

Bir kere başlayınca, yiyeceğini onlara karşı savunmanın bir yolu kalmadı.

Mientras él luchaba contra dos o tres perros, los otros le robaron el resto.

O iki üç köpeği kovalarken diğerleri geri kalanını çaldılar.

Para solucionar esto, comenzó a comer tan rápido como los demás.

Bunu düzeltmek için, diğerleri ne kadar hızlı yiyorsa o da o kadar hızlı yemeye başladı.

El hambre lo empujó tan fuerte que incluso tomó comida que no era suya.

Açlık onu öylesine bunaltmıştı ki, kendisine ait olmayan yiyecekleri bile yiyordu.

Observó a los demás y aprendió rápidamente de sus acciones.

Başkalarını izliyor ve onların davranışlarından hemen ders çıkarıyordu.

Vio a Pike, un perro nuevo, robarle una rebanada de tocino a Perrault.

Yeni köpeği Pike'ın Perrault'dan bir dilim pastırma çaldığını gördü.

Pike había esperado hasta que Perrault se dio la espalda para robarle el tocino.

Pike pastırmayı çalmak için Perrault'un sırtını dönmesini beklemişti.

Al día siguiente, Buck copió a Pike y robó todo el trozo.

Ertesi gün Buck, Pike'ın taklidini yaptı ve tüm parçayı çaldı.

Se produjo un gran alboroto, pero no se sospechó de Buck.

Büyük bir kargaşa yaşandı ama Buck'tan şüphelenilmedi.

Dub, un perro torpe que siempre era atrapado, fue castigado.

Her zaman yakalanan beceriksiz köpek Dub ise cezalandırıldı.

Ese primer robo marcó a Buck como un perro apto para sobrevivir en el Norte.

İlk hırsızlığı Buck'ın Kuzey'de hayatta kalabilecek bir köpek olduğunu kanıtladı.

Demostró que podía adaptarse a nuevas condiciones y aprender rápidamente.

Yeni koşullara uyum sağlayabildiğini ve çabuk öğrenebildiğini gösterdi.

Sin esa adaptabilidad, habría muerto rápida y gravemente.

Bu uyum yeteneği olmasaydı, çok hızlı ve kötü bir şekilde ölürdü.

También marcó el colapso de su naturaleza moral y de sus valores pasados.

Aynı zamanda onun ahlaki yapısının ve geçmiş değerlerinin de çöküşüne işaret ediyordu.

En el Sur, había vivido bajo la ley del amor y la bondad.

Güney'de sevgi ve nezaketin kanunları altında yaşamıştı.

Allí tenía sentido respetar la propiedad y los sentimientos de los otros perros.

Bu noktada, mülkiyete ve diğer köpeklerin duygularına saygı göstermek mantıklıydı.

Pero en el Norte se aplicaba la ley del garrote y la ley del colmillo.

Ama Kuzeyliler sopalı dövüş yasasını ve diş yasasını izliyordu.

Quienquiera que respetara los viejos valores aquí sería un tonto y fracasaría.

Burada eski değerlere saygı gösteren aptaldır ve başarısızlığa uğrayacaktır.

Buck no razonó todo esto en su mente.

Buck bütün bunları kafasında tartıp çözemiyordu.

Estaba en forma y se adaptó sin necesidad de pensar.

Formda olduğu için düşünmeden uyum sağladı.

Durante toda su vida, nunca había huido de una pelea.

Hayatı boyunca hiçbir kavgadan kaçmamıştı.

Pero el garrote de madera del hombre del suéter rojo cambió esa regla.

Ama kırmızı kazaklı adamın tahta sopası bu kuralı değiştirdi.
Ahora seguía un código más profundo y antiguo escrito en su ser.
Artık varlığının derinliklerine yazılmış, daha eski bir kodu izliyordu.
No robó por placer sino por el dolor del hambre.
Zevkten değil, açlık acısından çalıyordu.
Él nunca robaba abiertamente, sino que hurtaba con astucia y cuidado.
Hiçbir zaman açıkça soygun yapmazdı, ama kurnazca ve dikkatlice çalardı.
Actuó por respeto al garrote de madera y por miedo al colmillo.
Tahta sopaya duyduğu saygıdan, dişe duyduğu korkudan dolayı böyle davranmıştı.
En resumen, hizo lo que era más fácil y seguro que no hacerlo.
Kısacası, yapmamaktan daha kolay ve güvenli olanı yaptı.
Su desarrollo —o quizás su regreso a los viejos instintos— fue rápido.
Gelişimi -ya da belki eski içgüdülerine dönüşü- hızlıydı.
Sus músculos se endurecieron hasta sentirse tan fuertes como el hierro.
Kasları demir gibi sertleşti.
Ya no le importaba el dolor, a menos que fuera grave.
Artık acı umurunda değildi, ciddi olmadığı sürece.
Se volvió eficiente por dentro y por fuera, sin desperdiciar nada.
İçeride ve dışarıda verimli oldu, hiçbir şeyi israf etmedi.
Podía comer cosas viles, podridas o difíciles de digerir.
Kötü, çürümüş veya hazmı zor olan şeyleri yiyebilirdi.
Todo lo que comía, su estómago aprovechaba hasta el último vestigio de valor.
Ne yerse midesi onun son zerresini kullanıyordu.
Su sangre transportaba los nutrientes a través de su poderoso cuerpo.
Kanı, besinleri güçlü bedeninin her yanına taşıyordu.

Esto creó tejidos fuertes que le dieron una resistencia increíble.

Bu, ona inanılmaz bir dayanıklılık kazandıran güçlü dokular oluşturdu.

Su vista y su olfato se volvieron mucho más sensibles que antes.

Görme ve koku alma duyusu eskisinden çok daha hassas hale gelmişti.

Su audición se agudizó tanto que podía detectar sonidos débiles durante el sueño.

İşitme duyusu o kadar keskinleşmişti ki, uykusunda hafif sesleri bile duyabiliyordu.

Sabía en sueños si los sonidos significaban seguridad o peligro.

Rüyalarında seslerin güvenlik mi yoksa tehlike mi anlamına geldiğini biliyordu.

Aprendió a morder el hielo entre los dedos de los pies con los dientes.

Ayak parmaklarının arasındaki buzu dişleriyle ısırmayı öğrendi.

Si un charco de agua se congelaba, rompía el hielo con las piernas.

Bir su birikintisi donarsa, bacaklarıyla buzu kırardı.

Se encabritó y golpeó con fuerza el hielo con sus rígidas patas delanteras.

Ayağa kalktı ve sert ön ayaklarıyla buza sertçe vurdu.

Su habilidad más sorprendente era predecir los cambios del viento durante la noche.

En dikkat çekici yeteneği ise gece boyunca rüzgar değişimlerini tahmin etmesiydi.

Incluso cuando el aire estaba quieto, elegía lugares protegidos del viento.

Hava sakin olduğunda bile rüzgârdan korunaklı yerleri seçiyordu.

Dondequiera que cavaba su nido, el viento del día siguiente lo pasaba de largo.

Yuvasını nereye kazdıysa, ertesi günün rüzgârı yanından geçip gidiyordu.

Siempre acababa abrigado y protegido, a sotavento de la brisa.

O her zaman rüzgarın rüzgâraltı tarafında, güvende ve korunaklı bir yerde olurdu.

Buck no sólo aprendió con la experiencia: sus instintos también regresaron.

Buck sadece deneyimle öğrenmedi; içgüdüleri de geri geldi.

Los hábitos de las generaciones domesticadas comenzaron a desaparecer.

Evcilleştirilmiş nesillerin alışkanlıkları azalmaya başladı.

De manera vaga, recordaba los tiempos antiguos de su raza.

Belli belirsiz de olsa, kendi soyunun kadim zamanlarını hatırlıyordu.

Recordó cuando los perros salvajes corrían en manadas por los bosques.

Vahşi köpeklerin sürüler halinde ormanlarda koştuğu zamanları düşündü.

Habían perseguido y matado a su presa mientras la perseguían.

Avlarını kovalarken yakalayıp öldürmüşlerdi.

Para Buck fue fácil aprender a pelear con dientes y velocidad.

Buck için dişle ve hızla dövüşmeyi öğrenmek kolaydı.

Utilizaba cortes, tajos y chasquidos rápidos igual que sus antepasados.

Tıpkı ataları gibi kesme, eğik çizgi çekme ve hızlı fotoğraf çekme tekniklerini kullanıyordu.

Aquellos antepasados se agitaron dentro de él y despertaron su naturaleza salvaje.

İçindeki atalar harekete geçti ve vahşi doğasını uyandırdı.

Sus antiguas habilidades habían pasado a él a través de la línea de sangre.

Eski becerileri ona kan bağıyla geçmişti.

Sus trucos ahora eran suyos, sin necesidad de práctica ni esfuerzo.

Artık onların hileleri onundu, pratik yapmaya veya çaba göstermeye gerek yoktu.

En las noches frías y quietas, Buck levantaba la nariz y aullaba.

Sessiz ve soğuk gecelerde Buck burnunu kaldırıp uluyordu.

Aulló largo y profundamente, como lo hacían los lobos antaño.

Uzun ve derin bir şekilde uluyordu, tıpkı kurtların uzun zaman önce yaptığı gibi.

A través de él, sus antepasados muertos apuntaron sus narices y aullaron.

Onun aracılığıyla ölmüş ataları burunlarını uzatıp uluyorlardı.

Aullaron a través de los siglos con su voz y su forma.

Yüzyıllar boyunca onun sesi ve şekliyle uludular.

Sus cadencias eran las de ellos, viejos gritos que hablaban de dolor y frío.

Onun ahenkleri onlarındı, kederi ve soğuğu anlatan eski çığlıklar.

Cantaron sobre la oscuridad, el hambre y el significado del invierno.

Karanlığın, açlığın ve kışın anlamının şarkılarını söylediler.

Buck demostró cómo la vida está determinada por fuerzas ajenas a uno mismo.

Buck, hayatın kişinin kendi dışındaki güçler tarafından nasıl şekillendirildiğini kanıtladı.

La antigua canción se elevó a través de Buck y se apoderó de su alma.

kadim şarkı Buck'ın içinden yükselip ruhunu ele geçirdi.

Se encontró a sí mismo porque los hombres habían encontrado oro en el Norte.

Kuzey'de altın bulan adamlar sayesinde kendini buldu.

Y se encontró porque Manuel, el ayudante del jardinero, necesitaba dinero.

Ve kendini buldu çünkü bahçıvanın yardımcısı Manuel'in paraya ihtiyacı vardı.

La Bestia Primordial Dominante
Hakim İlkel Canavar

La bestia primordial dominante era tan fuerte como siempre en Buck.

Buck'ın içindeki egemen ilkel canavar her zamanki gibi güçlüydü.

Pero la bestia primordial dominante yacía latente en él.

Ama egemen ilkel canavar onun içinde uykuda kalmıştı.

La vida en el camino era dura, pero fortalecía a la bestia que Buck llevaba dentro.

Patika hayatı zordu ama Buck'ın içindeki canavarı güçlendirdi.

En secreto, la bestia se hacía cada día más fuerte.

Gizlice canavar her geçen gün daha da güçleniyordu.

Pero ese crecimiento interior permaneció oculto para el mundo exterior.

Ama o içsel büyüme dış dünyadan gizli kaldı.

Una fuerza primordial, tranquila y calmada se estaba construyendo dentro de Buck.

Buck'ın içinde sessiz ve sakin bir ilkel güç oluşuyordu.

Una nueva astucia le proporcionó a Buck equilibrio, calma, control y aplomo.

Yeni kurnazlık Buck'a denge, sakinlik ve kontrol kazandırdı.

Buck se concentró mucho en adaptarse, sin sentirse nunca totalmente relajado.

Buck, uyum sağlamaya çok odaklandı, ancak hiçbir zaman tam anlamıyla rahatlayamadığını hissetti.

Él evitaba los conflictos, nunca iniciaba peleas ni buscaba problemas.

Çatışmadan uzak durdu, asla kavga çıkarmadı, sorun yaratmaya çalışmadı.

Una reflexión lenta y constante moldeó cada movimiento de Buck.

Buck'ın her hareketini yavaş, istikrarlı bir düşüncelilik şekillendiriyordu.

Evitó las elecciones precipitadas y las decisiones repentinas e imprudentes.
Aceleci tercihlerden ve ani, pervasız kararlardan kaçındı.
Aunque Buck odiaba profundamente a Spitz, no le mostró ninguna agresión.
Buck, Spitz'den çok nefret etmesine rağmen ona karşı hiçbir saldırganlık göstermedi.
Buck nunca provocó a Spitz y mantuvo sus acciones moderadas.
Buck, Spitz'i hiçbir zaman kışkırtmadı ve hareketlerini sınırladı.
Spitz, por otro lado, percibió el creciente peligro en Buck.
Spitz ise Buck'taki giderek artan tehlikeyi seziyordu.
Él veía a Buck como una amenaza y un serio desafío a su poder.
Buck'ı bir tehdit ve iktidarına karşı ciddi bir meydan okuma olarak görüyordu.
Aprovechó cada oportunidad para gruñir y mostrar sus afilados dientes.
Her fırsatta hırlayıp sivri dişlerini gösteriyordu.
Estaba tratando de iniciar la pelea mortal que estaba por venir.
Gelecek olan ölümcül mücadeleyi başlatmaya çalışıyordu.
Al principio del viaje casi se desató una pelea entre ellos.
Yolculuğun başlarında aralarında neredeyse kavga çıkacaktı.
Pero un accidente inesperado detuvo la pelea.
Ancak beklenmeyen bir kaza mücadeleyi engelledi.
Esa tarde acamparon en el gélido lago Le Barge.
O akşam, dondurucu soğuktaki Le Barge Gölü'nün kıyısına kamp kurdular.
La nieve caía con fuerza y el viento cortaba como un cuchillo.
Kar çok şiddetli yağıyordu, rüzgar bıçak gibi kesiyordu.
La noche había llegado demasiado rápido y la oscuridad los rodeaba.
Gece çok çabuk çökmüştü ve etraflarını karanlık sarmıştı.

Difícilmente podrían haber elegido un peor lugar para descansar.
Dinlenmek için bundan daha kötü bir yer seçemezlerdi.
Los perros buscaban desesperadamente un lugar donde tumbarse.
Köpekler çaresizce yatacak yer arıyorlardı.
Detrás del pequeño grupo se alzaba una alta pared de roca.
Küçük grubun arkasında dik bir kaya duvarı yükseliyordu.
La tienda de campaña había sido abandonada en Dyea para aligerar la carga.
Çadır yükün hafiflemesi için Dyea'da bırakılmıştı.
No les quedó más remedio que hacer el fuego sobre el propio hielo.
Ateşi buzun üzerinde yakmaktan başka çareleri yoktu.
Extendieron sus batas para dormir directamente sobre el lago helado.
Uyku tulumlarını doğrudan donmuş gölün üzerine serdiler.
Unos cuantos palitos de madera flotante les dieron un poco de fuego.
Birkaç dal parçası onlara biraz ateş verdi.
Pero el fuego se construyó sobre el hielo y se descongeló a través de él.
Ama ateş buzun üzerine yakılmıştı ve buzun içinden geçerek eridi.
Al final, estaban comiendo su cena en la oscuridad.
Sonunda akşam yemeklerini karanlıkta yiyorlardı.
Buck se acurrucó junto a la roca, protegido del viento frío.
Buck, soğuk rüzgardan korunmak için kayanın yanına kıvrıldı.
El lugar era tan cálido y seguro que Buck odiaba mudarse.
Orası o kadar sıcak ve güvenliydi ki Buck oradan ayrılmak istemiyordu.
Pero François había calentado el pescado y estaba repartiendo raciones.
Ama François balığı ısıtmıştı ve erzak dağıtıyordu.
Buck terminó de comer rápidamente y regresó a su cama.
Buck yemeğini çabucak bitirip yatağına döndü.

Pero Spitz ahora estaba acostado donde Buck había hecho su cama.

Ama Spitz şimdi Buck'ın yatağını yaptığı yerde yatıyordu.

Un gruñido bajo advirtió a Buck que Spitz se negaba a moverse.

Alçak bir hırlama, Buck'ı Spitz'in hareket etmeyi reddettiği konusunda uyardı.

Hasta ahora, Buck había evitado esta pelea con Spitz.

Buck, şimdiye kadar Spitz'le olan bu kavgadan kaçınmıştı.

Pero en lo más profundo de Buck la bestia finalmente se liberó.

Ama Buck'ın içinde canavar sonunda serbest kaldı.

El robo de su lugar para dormir era algo demasiado difícil de tolerar.

Yattığı yerin çalınması tahammül edilemeyecek kadar büyük bir şeydi.

Buck se lanzó hacia Spitz, lleno de ira y rabia.

Buck öfke ve hiddetle Spitz'e doğru atıldı.

Hasta ahora Spitz había pensado que Buck era sólo un perro grande.

Spitz, o zamana kadar Buck'ın sadece büyük bir köpek olduğunu düşünüyordu.

No creía que Buck hubiera sobrevivido a través de su espíritu.

Buck'ın ruhu sayesinde hayatta kalabildiğini düşünmüyordu.

Esperaba miedo y cobardía, no furia y venganza.

Öfke ve intikam değil, korku ve korkaklık bekliyordu.

François se quedó mirando mientras los dos perros salían del nido en ruinas.

François, iki köpeğin de harap yuvadan fırladığını görünce bakakaldı.

Comprendió de inmediato lo que había iniciado la salvaje lucha.

Vahşi mücadelenin nereden başladığını hemen anladı.

—¡Ah! —gritó François en apoyo del perro marrón.

"Aa-ah!" diye bağırdı François kahverengi köpeğe destek olmak için.

¡Dale una paliza! ¡Por Dios, castiga a ese ladrón astuto!
"Dayak atın şuna! Vallahi o sinsi hırsızı cezalandırın!"
Spitz mostró la misma disposición y un entusiasmo salvaje por luchar.
Spitz de aynı derecede hazır olma ve vahşi bir savaşma isteği gösterdi.
Gritó de rabia mientras giraba rápidamente en busca de una abertura.
Hızla daireler çizerek bir açıklık ararken öfkeyle haykırdı.
Buck mostró el mismo hambre de luchar y la misma cautela.
Buck aynı savaş açlığını ve aynı temkinliliği gösteriyordu.
También rodeó a su oponente, intentando obtener la ventaja en la batalla.
O da rakibini çevreleyerek savaşta üstünlük sağlamaya çalışıyordu.
Entonces sucedió algo inesperado y lo cambió todo.
Sonra beklenmedik bir şey oldu ve her şey değişti.
Ese momento retrasó la eventual lucha por el liderazgo.
İşte o an liderlik mücadelesinin ertelenmesine sebep oldu.
Muchos kilómetros de camino y lucha aún nos esperaban antes del final.
Sonuna kadar daha kilometrelerce patika ve mücadele bizi bekliyordu.
Perrault gritó un juramento cuando un garrote impactó contra el hueso.
Sopanın kemiğe çarpmasıyla Perrault bir küfür savurdu.
Se escuchó un agudo grito de dolor y luego el caos explotó por todas partes.
Ardından keskin bir acı çığlığı duyuldu, ardından her tarafta kaos patlak verdi.
En el campamento se movían figuras oscuras: perros esquimales salvajes, hambrientos y feroces.
Kampta karanlık şekiller hareket ediyordu; aç ve vahşi Sibirya kurtları.
Cuatro o cinco docenas de perros esquimales habían olfateado el campamento desde lejos.

Dört-beş düzine Sibirya kurdu uzaklardan kampın kokusunu almıştı.

Se habían colado sigilosamente mientras los dos perros peleaban cerca.

Yakınlarda iki köpek kavga ederken sessizce içeriye girmişlerdi.

François y Perrault atacaron con garrotes a los invasores.

François ve Perrault, işgalcilere sopalarla saldırdılar.

Los perros esquimales hambrientos mostraron los dientes y contraatacaron frenéticamente.

Açlıktan ölmek üzere olan Sibirya kurtları dişlerini göstererek çılgınca mücadele ettiler.

El olor a carne y a pan les había hecho perder todo miedo.

Et ve ekmek kokusu onları tüm korkularından kurtarmıştı.

Perrault golpeó a un perro que había enterrado su cabeza en el cajón de comida.

Perrault, kafasını yiyecek kutusuna gömen bir köpeği dövdü.

El golpe fue muy fuerte y la caja se volcó, derramándose comida.

Darbe sert oldu ve kutu devrilip içindeki yiyecekler döküldü.

En cuestión de segundos, una veintena de bestias salvajes destrozaron el pan y la carne.

Birkaç saniye içinde onlarca vahşi hayvan ekmeği ve eti parçalamaya başladı.

Los garrotes de los hombres asestaron golpe tras golpe, pero ningún perro se apartó.

Erkeklerin sopaları ardı ardına darbeler indirdi, ancak hiçbir köpek geri dönmedi.

Aullaron de dolor, pero lucharon hasta que no quedó comida.

Acı içinde uluyorlardı, ama yiyecek kalmayana kadar savaşıyorlardı.

Mientras tanto, los perros de trineo habían saltado de sus camas nevadas.

Bu arada kızak köpekleri karlı yataklarından atlamışlardı.

Fueron atacados instantáneamente por los feroces y hambrientos huskies.

Anında vahşi ve aç Sibirya kurtlarının saldırısına uğradılar.

Buck nunca había visto criaturas tan salvajes y hambrientas antes.

Buck daha önce hiç bu kadar vahşi ve aç yaratıklar görmemişti.

Su piel colgaba suelta, ocultando apenas sus esqueletos.

Derileri sarkıyordu, iskeletlerini zar zor gizliyordu.

Había un fuego en sus ojos, de hambre y locura.

Gözlerinde açlıktan ve delilikten bir ateş vardı

No había manera de detenerlos, de resistirse a su ataque salvaje.

Onları durdurmanın, vahşi saldırılarına karşı koymanın bir yolu yoktu.

Los perros de trineo fueron empujados hacia atrás y presionados contra la pared del acantilado.

Kızak köpekleri geriye doğru itilerek uçurum duvarına sıkıştırıldılar.

Tres perros esquimales atacaron a Buck a la vez, desgarrando su carne.

Üç Sibirya kurdu aynı anda Buck'a saldırdı ve etini parçaladı.

La sangre le brotaba de la cabeza y de los hombros, donde había recibido el corte.

Başından ve omuzlarından kesildiği yerden kanlar akıyordu.

El ruido llenó el campamento: gruñidos, aullidos y gritos de dolor.

Gürültü kampı doldurdu; hırlamalar, ciyaklamalar ve acı dolu çığlıklar.

Billee gritó fuerte, como siempre, atrapada en la pelea y el pánico.

Billee her zamanki gibi, kavga ve paniğe kapılarak yüksek sesle ağladı.

Dave y Solleks estaban uno al lado del otro, sangrando pero desafiantes.

Dave ve Solleks yan yana duruyorlardı, kanıyorlardı ama meydan okuyorlardı.

Joe peleó como un demonio, mordiendo todo lo que se acercaba.

Joe şeytan gibi dövüşüyor, yaklaşan her şeyi ısırıyordu.

Aplastó la pata de un husky con un brutal chasquido de sus mandíbulas.

Çenesinin tek bir vahşice şaklamasıyla bir Sibirya kurdunun bacağını ezdi.

Pike saltó sobre el husky herido y le rompió el cuello instantáneamente.

Pike yaralı köpeğin üzerine atladı ve boynunu anında kırdı.

Buck agarró a un husky por el cuello y le arrancó la vena.

Buck, bir Sibirya kurdunun boğazını yakaladı ve damarını parçaladı.

La sangre salpicó y el sabor cálido llevó a Buck al frenesí.

Kan fışkırdı ve sıcak tat Buck'ı çılgına çevirdi.

Se abalanzó sobre otro atacante sin dudarlo.

Hiç tereddüt etmeden diğer saldırgana doğru atıldı.

En ese mismo momento, unos dientes afilados se clavaron en la garganta de Buck.

Aynı anda keskin dişler Buck'ın boğazına saplandı.

Spitz había atacado desde un costado, sin previo aviso.

Spitz, uyarıda bulunmadan yan taraftan saldırmıştı.

Perrault y François habían derrotado a los perros robando la comida.

Perrault ve François, yiyecekleri çalan köpekleri yenmişlerdi.

Ahora se apresuraron a ayudar a sus perros a luchar contra los atacantes.

Şimdi saldırganlara karşı koymak için köpeklerine yardıma koştular.

Los perros hambrientos se retiraron mientras los hombres blandían sus garrotes.

Adamlar sopalarını sallayınca aç köpekler geri çekildi.

Buck se liberó del ataque, pero el escape fue breve.

Buck saldırıdan kurtuldu ancak kaçışı kısa sürdü.

Los hombres corrieron a salvar a sus perros, y los huskies volvieron a atacarlos.

Adamlar köpeklerini kurtarmak için koşuştururken, Sibirya kurdu tekrar üşüştü.

Billee, aterrorizado y valiente, saltó hacia la jauría de perros.

Billee korkudan cesaret bularak köpek sürüsünün içine atladı.
**Pero luego huyó a través del hielo, presa del terror y el
pánico.**
Ama sonra büyük bir korku ve panik içinde buzun üzerinden
kaçmaya başladı.
**Pike y Dub los siguieron de cerca, corriendo para salvar sus
vidas.**
Pike ve Dub da canlarını kurtarmak için hemen arkalarından
koştular.
El resto del equipo se separó y se dispersó, siguiéndolos.
Takımın geri kalanı da dağılıp onları takip etti.
**Buck reunió sus fuerzas para correr, pero entonces vio un
destello.**
Buck koşmak için gücünü topladı ama sonra bir ışık gördü.
**Spitz se abalanzó sobre el costado de Buck, intentando
derribarlo al suelo.**
Spitz, Buck'ın yanına atılarak onu yere sermeye çalıştı.
**Bajo esa turba de perros esquimales, Buck no habría tenido
escapatoria.**
Buck'ın o Sibirya kurdu sürüsü altında kaçması mümkün
değildi.
**Pero Buck se mantuvo firme y se preparó para el golpe de
Spitz.**
Ama Buck, Spitz'in darbesine karşı dik durdu ve kendini
hazırladı.
**Luego se dio la vuelta y salió corriendo al hielo con el
equipo que huía.**
Daha sonra dönüp kaçan takımla birlikte buzun üzerine koştu.

**Más tarde, los nueve perros de trineo se reunieron al abrigo
del bosque.**
Daha sonra dokuz kızak köpeği ormanın sığınağında
toplandılar.
Ya nadie los perseguía, pero estaban maltratados y heridos.
Artık onları kovalayan yoktu ama darp edilmişlerdi,
yaralanmışlardı.

Cada perro tenía heridas: cuatro o cinco cortes profundos en cada cuerpo.
Her köpeğin yaraları vardı; her birinin vücudunda dört veya beş derin kesik vardı.
Dub tenía una pata trasera herida y ahora le costaba caminar.
Dub'ın arka bacağında bir sakatlık vardı ve artık yürümekte zorlanıyordu.
Dolly, la perrita más nueva de Dyea, tenía la garganta cortada.
Dyea'nın en yeni köpeği Dolly'nin boğazı kesilmişti.
Joe había perdido un ojo y la oreja de Billee estaba cortada en pedazos.
Joe bir gözünü kaybetmişti ve Billee'nin kulağı parçalanmıştı
Todos los perros lloraron de dolor y derrota durante toda la noche.
Bütün köpekler gece boyunca acı ve yenilgiyle ağladılar.
Al amanecer regresaron al campamento doloridos y destrozados.
Şafak vakti yaralı ve bitkin bir halde kampa geri döndüler.
Los perros esquimales habían desaparecido, pero el daño ya estaba hecho.
Sibirya kurdu köpekleri kaybolmuştu ama asıl zarar verilmişti.
Perrault y François estaban de mal humor ante las ruinas.
Perrault ve François harabenin başında sinirli sinirli duruyorlardı.
La mitad de la comida había desaparecido, robada por los ladrones hambrientos.
Aç hırsızlar yiyeceklerin yarısını kapmışlardı.
Los perros esquimales habían destrozado las ataduras y la lona del trineo.
Kızak köpekleri kızak bağlarını ve brandaları parçalamıştı.
Todo lo que tenía olor a comida había sido devorado por completo.
Yemek kokusu olan her şey tamamen yenmişti.
Se comieron un par de botas de viaje de piel de alce de Perrault.

Perrault'un geyik derisinden yapılmış seyahat çizmelerinden bir çiftini yediler.

Masticaban correas de cuero y arruinaban las correas hasta dejarlas inservibles.

Deri reisleri çiğnediler ve kayışları kullanılamaz hale getirdiler.

François dejó de mirar el látigo roto para revisar a los perros.

François kopan kirpiğe bakmayı bırakıp köpekleri kontrol etti.

—Ah, amigos míos —dijo en voz baja y llena de preocupación.

"Ah, dostlarım," dedi, sesi alçak ve endişe doluydu.

"Tal vez todas estas mordeduras os conviertan en bestias locas."

"Belki de bütün bu ısırıklar sizi çılgın canavarlara dönüştürecek."

—¡Quizás todos sean perros rabiosos, sacredam! ¿Qué opinas, Perrault?

"Belki de hepsi deli köpekler, sacredam! Sen ne düşünüyorsun, Perrault?"

Perrault meneó la cabeza; sus ojos estaban oscuros por la preocupación y el miedo.

Perrault başını iki yana salladı, gözleri endişe ve korkuyla kararmıştı.

Todavía había cuatrocientas millas entre ellos y Dawson.

Onlarla Dawson arasında hâlâ dört yüz mil mesafe vardı.

La locura canina ahora podría destruir cualquier posibilidad de supervivencia.

Artık köpek çılgınlığı hayatta kalma şansını yok edebilir.

Pasaron dos horas maldiciendo y tratando de arreglar el engranaje.

İki saat küfür edip teçhizatı tamir etmeye çalıştılar.

El equipo herido finalmente abandonó el campamento, destrozado y derrotado.

Yaralı tim sonunda dağılmış ve yenik bir halde kamptan ayrıldı.

Éste fue el camino más difícil hasta ahora y cada paso era doloroso.

Bu şimdiye kadarki en zor parkurdu ve her adımı acı vericiydi.

El río Treinta Millas no se había congelado y su caudal corría con fuerza.

Otuz Mil Nehri donmamıştı ve çılgınca akıyordu.

Sólo en los lugares tranquilos y en los remolinos el hielo logró retenerse.

Buz, yalnızca sakin noktalarda ve girdaplı yerlerde tutunmayı başardı.

Pasaron seis días de duro trabajo hasta recorrer las treinta millas.

Otuz mil tamamlanana kadar altı gün boyunca zorlu bir çalışma yapıldı.

Cada kilómetro del camino traía consigo peligro y amenaza de muerte.

Yolun her bir mili tehlike ve ölüm tehdidi taşıyordu.

Los hombres y los perros arriesgaban sus vidas con cada doloroso paso.

Adamlar ve köpekler her acı dolu adımda hayatlarını tehlikeye atıyorlardı.

Perrault rompió delgados puentes de hielo una docena de veces diferentes.

Perrault ince buz köprülerini bir düzineden fazla kez aştı.

Llevó un palo y lo dejó caer sobre el agujero que había hecho su cuerpo.

Bir sırık alıp vücudunun açtığı deliğin üzerine düşürdü.

Más de una vez ese palo salvó a Perrault de ahogarse.

O direk Perrault'u birçok kez boğulmaktan kurtardı.

La ola de frío se mantuvo firme y el aire estaba a cincuenta grados bajo cero.

Soğuk hava etkisini sürdürüyordu, hava sıfırın altında elli dereceydi.

Cada vez que se caía, Perrault tenía que encender un fuego para sobrevivir.

Perrault her düştüğünde hayatta kalmak için ateş yakmak zorunda kalıyordu.

La ropa mojada se congelaba rápidamente, por lo que la secaba cerca del calor abrasador.

Islak elbiseler çabuk donuyordu, bu yüzden onları yakıcı sıcağın yanında kurutuyordu.

Ningún miedo afectó jamás a Perrault, y eso lo convirtió en mensajero.

Perrault'un hiçbir zaman korkusu olmadı ve bu onu bir kurye yaptı.

Fue elegido para el peligro y lo afrontó con tranquila resolución.

Tehlike için seçilmişti ve o, bu tehlikeyi sessiz bir kararlılıkla karşıladı.

Avanzó contra el viento, con el rostro arrugado y congelado.

Rüzgâra doğru ilerledi, buruşmuş yüzü donmuştu.

Desde el amanecer hasta el anochecer, Perrault los condujo hacia adelante.

Perrault, şafak vakti karanlık çökene kadar onları ileriye doğru götürdü.

Caminó sobre un estrecho borde de hielo que se agrietaba con cada paso.

Her adımda çatlayan dar buz kütlesinin üzerinde yürüyordu.

No se atrevieron a detenerse: cada pausa suponía el riesgo de un colapso mortal.

Durmaya cesaret edemiyorlardı; her duraklama ölümcül bir çöküşe yol açma tehlikesi taşıyordu.

Una vez, el trineo se abrió paso y arrastró a Dave y Buck.

Bir keresinde kızak kırılarak Dave ve Buck'ı içeri çekti.

Cuando los liberaron, ambos estaban casi congelados.

Serbest bırakıldıklarında ikisi de neredeyse donmuştu.

Los hombres hicieron un fuego rápidamente para mantener con vida a Buck y Dave.

Adamlar Buck ve Dave'i hayatta tutmak için hemen ateş yaktılar.

Los perros estaban cubiertos de hielo desde la nariz hasta la cola, rígidos como madera tallada.

Köpekler burunlarından kuyruklarına kadar buzla kaplıydı, oyulmuş tahta kadar serttiler.

Los hombres los hicieron correr en círculos cerca del fuego para descongelar sus cuerpos.

Adamlar, vücutlarının erimesini sağlamak için onları ateşin etrafında daireler çizerek koşturuyorlardı.

Se acercaron tanto a las llamas que su pelaje se quemó.

Alevlere o kadar yaklaştılar ki, tüyleri yandı.

Luego Spitz rompió el hielo y arrastró al equipo detrás de él.

Spitz daha sonra buzları kırarak arkasındaki takımı da içeri çekti.

La ruptura llegó hasta donde Buck estaba tirando.

Kopuş Buck'ın çektiği yere kadar uzanıyordu.

Buck se reclinó con fuerza hacia atrás, sus patas resbalaron y temblaron en el borde.

Buck sertçe geriye yaslandı, pençeleri kenarda kayıyor ve titriyordu.

Dave también se esforzó hacia atrás, justo detrás de Buck en la línea.

Dave de Buck'ın hemen arkasında çizgide geriye doğru zorlandı.

François tiró del trineo; sus músculos crujían por el esfuerzo.

François kızakla çekişirken kasları çabadan çatırdıyordu.

En otra ocasión, el borde del hielo se agrietó delante y detrás del trineo.

Başka bir sefer de kızak önünde ve arkasında buzlar çatladı.

No tenían otra salida que escalar una pared del acantilado congelado.

Donmuş bir uçurum duvarına tırmanmaktan başka çıkış yolları yoktu.

De alguna manera Perrault logró escalar el muro; un milagro lo mantuvo con vida.

Perrault bir şekilde duvarı tırmanmayı başardı; bir mucize onu hayatta tuttu.

François se quedó abajo, rezando por tener la misma suerte.

François aşağıda kaldı ve aynı şansın kendisi için de geçerli olması için dua etti.

Ataron todas las correas, amarres y tirantes hasta formar una cuerda larga.

Her kayışı, bağı ve izi tek bir uzun ipe bağladılar.

Los hombres subieron cada perro, uno a uno, hasta la cima.

Adamlar her köpeği teker teker yukarı doğru çektiler.

François subió el último, después del trineo y toda la carga.

François, kızak ve tüm yükün ardından en son tırmanan oldu.

Entonces comenzó una larga búsqueda de un camino para bajar de los acantilados.

Sonra uçurumlardan aşağı inecek bir yol bulmak için uzun bir arayış başladı.

Finalmente descendieron usando la misma cuerda que habían hecho.

En sonunda yaptıkları ipi kullanarak aşağı indiler.

La noche cayó cuando regresaron al lecho del río, exhaustos y doloridos.

Yorgun ve bitkin bir halde nehir yatağına döndüklerinde gece olmuştu.

El día completo les había proporcionado sólo un cuarto de milla de ganancia.

Sadece çeyrek mil yol kat etmek için tam bir gün harcamışlardı.

Cuando llegaron a Hootalinqua, Buck estaba agotado.

Hootalinqua'ya vardıklarında Buck bitkin düşmüştü.

Los demás perros sufrieron igual de mal las condiciones del sendero.

Diğer köpekler de parkur koşullarından en az onlar kadar etkilendi.

Pero Perrault necesitaba recuperar tiempo y los presionaba cada día.

Ancak Perrault'un zamana ihtiyacı vardı ve onları her gün zorluyordu.

El primer día viajaron treinta millas hasta Big Salmon.

İlk gün otuz mil uzaklıktaki Big Salmon'a doğru yola çıktılar.

Al día siguiente viajaron treinta y cinco millas hasta Little Salmon.

Ertesi gün otuz beş mil yol kat ederek Little Salmon'a ulaştılar.

Al tercer día avanzaron a través de cuarenta largas y heladas millas.

Üçüncü gün kırk uzun, donmuş mil boyunca yol aldılar.

Para entonces, se estaban acercando al asentamiento de Five Fingers.

Artık Beş Parmak yerleşimine yaklaşıyorlardı.

Los pies de Buck eran más suaves que los duros pies de los huskies nativos.

Buck'ın ayakları yerli Sibirya kurdunun sert ayaklarından daha yumuşaktı.

Sus patas se habían vuelto tiernas a lo largo de muchas generaciones civilizadas.

Pençeleri birçok medeni nesil boyunca yumuşamıştı.

Hace mucho tiempo, sus antepasados habían sido domesticados por hombres del río o cazadores.

Çok eskiden ataları nehir adamları veya avcılar tarafından evcilleştirilmişti.

Todos los días Buck cojeaba de dolor, caminando sobre sus patas doloridas y en carne viva.

Buck her gün acı içinde topallıyor, ağrıyan patileriyle yürüyordu.

En el campamento, Buck cayó como un cuerpo sin vida sobre la nieve.

Kampta Buck cansız bir beden gibi karın üzerine yığıldı.

Aunque estaba hambriento, Buck no se levantó a comer su cena.

Buck açlıktan ölmek üzere olmasına rağmen akşam yemeğini yemeye kalkmadı.

François le trajo a Buck su ración, poniendo pescado junto a su hocico.

François, Buck'a erzakını getirdi ve balığı onun ağzına koydu.

Cada noche, el conductor frotaba los pies de Buck durante media hora.

Şoför her gece Buck'ın ayaklarını yarım saat ovuyordu.

François incluso cortó sus propios mocasines para hacer calzado para perros.

François, köpek ayakkabıları yapmak için kendi mokasenlerini bile kesiyordu.

Cuatro zapatos cálidos le dieron a Buck un gran y bienvenido alivio.

Dört sıcak ayakkabı Buck'a büyük ve hoş bir rahatlama sağladı.

Una mañana, François olvidó los zapatos y Buck se negó a levantarse.

Bir sabah François ayakkabılarını unutmuştu ve Buck kalkmayı reddetti.

Buck yacía de espaldas, con los pies en el aire, agitándolos lastimeramente.

Buck sırtüstü yatıyordu, ayakları havadaydı ve acınası bir şekilde onları sallıyordu.

Incluso Perrault sonrió al ver la dramática súplica de Buck.

Buck'ın bu dramatik yalvarışı karşısında Perrault bile sırıttı.

Pronto los pies de Buck se endurecieron y los zapatos pudieron desecharse.

Kısa süre sonra Buck'ın ayakları sertleşti ve ayakkabılar atılmak zorunda kaldı.

En Pelly, durante el periodo de uso del arnés, Dolly emitió un aullido terrible.

Pelly'de, koşum zamanı Dolly korkunç bir uluma sesi çıkardı.

El grito fue largo y lleno de locura, sacudiendo a todos los perros.

Çığlık uzun ve çılgıncaydı, her köpeği sarsıyordu.

Cada perro se erizaba de miedo sin saber el motivo.

Her köpek nedenini bilmeden korkudan kıpırdanıyordu.

Dolly se volvió loca y se arrojó directamente hacia Buck.

Dolly çılgına dönmüştü ve kendini Buck'a doğru fırlattı.

Buck nunca había visto la locura, pero el horror llenó su corazón.

Buck deliliği hiç görmemişti ama yüreği dehşetle doluydu.

Sin pensarlo, se dio la vuelta y huyó presa del pánico absoluto.

Hiç düşünmeden dönüp panik içinde kaçtı.

Dolly lo persiguió con los ojos desorbitados y la saliva saliendo de sus mandíbulas.

Dolly onu kovalıyordu, gözleri çılgınca açılmıştı, çenesinden
salyalar akıyordu.

**Ella se mantuvo justo detrás de Buck, sin ganar terreno ni
quedarse atrás.**

Buck'ın hemen arkasında kaldı, ne ona yetişebildi ne de geriye
düşebildi.

**Buck corrió a través del bosque, bajó por la isla y cruzó el
hielo irregular.**

Buck ormanın içinden, adanın aşağısına, engebeli buzların
üzerinden koşarak geçti.

**Cruzó hacia una isla, luego hacia otra, dando la vuelta
nuevamente hasta el río.**

Önce bir adaya, sonra bir başka adaya geçti ve nehre geri
döndü.

**Aún así Dolly lo persiguió, con su gruñido detrás de cada
paso.**

Dolly hâlâ onu kovalıyordu, her adımda hırlaması hemen
arkasından geliyordu.

**Buck podía oír su respiración y su rabia, aunque no se
atrevía a mirar atrás.**

Buck onun nefesini ve öfkesini duyabiliyordu ama geriye
bakmaya cesaret edemiyordu.

François gritó desde lejos y Buck se giró hacia la voz.

François uzaktan bağırdı ve Buck sese doğru döndü.

**Todavía jadeando en busca de aire, Buck pasó corriendo,
poniendo toda su esperanza en François.**

Hala nefes almaya çalışan Buck, tüm umudunu François'ya
bağlayarak koşarak yanından geçti.

**El conductor del perro levantó un hacha y esperó mientras
Buck pasaba volando.**

Köpek sürücüsü baltasını kaldırdı ve Buck'ın uçarak
geçmesini bekledi.

**El hacha cayó rápidamente y golpeó la cabeza de Dolly con
una fuerza mortal.**

Balta hızla indi ve Dolly'nin kafasına ölümcül bir güçle çarptı.

**Buck se desplomó cerca del trineo, jadeando e incapaz de
moverse.**

Buck kızak yakınında yere yığıldı, hırıltılı bir şekilde soluk alıp veriyordu ve hareket edemiyordu.

Ese momento le dio a Spitz la oportunidad de golpear a un enemigo exhausto.

İşte o an Spitz'e yorgun düşmüş rakibine saldırma şansı verdi.

Mordió a Buck dos veces, desgarrando la carne hasta el hueso blanco.

Buck'ı iki kez ısırdı, eti beyaz kemiğe kadar parçaladı.

El látigo de François hizo chasquear el látigo y golpeó a Spitz con toda su fuerza y furia.

François'nın kırbacı şakladı ve Spitz'e tüm gücüyle, öfkeyle çarptı.

Buck observó con alegría cómo Spitz recibía la paliza más dura que había recibido hasta entonces.

Buck, Spitz'in bugüne kadar gördüğü en sert dayağı sevinçle izledi.

"Es un demonio ese Spitz", murmuró Perrault para sí mismo.

"Şu Spitz bir şeytan," diye mırıldandı Perrault kendi kendine.

"Algún día, ese maldito perro matará a Buck, lo juro".

"Yakında o lanet köpek Buck'ı öldürecek, yemin ederim."

—Ese Buck tiene dos demonios dentro —respondió François asintiendo.

"Bu Buck'ın içinde iki şeytan var," diye cevapladı François başını sallayarak.

"Cuando veo a Buck, sé que algo feroz le aguarda dentro".

"Buck'ı izlediğimde, içinde vahşi bir şeyin beklediğini biliyorum."

"Un día se pondrá furioso y destrozará a Spitz".

"Bir gün ateş gibi öfkelenecek ve Spitz'i parçalara ayıracak."

"Masticará a ese perro y lo escupirá en la nieve congelada".

"O köpeği çiğneyip donmuş karın üzerine tükürecek."

"Estoy seguro de que lo sé en lo más profundo de mi ser".

"Her şeyden önce bunu içimde hissediyorum."

A partir de ese momento los dos perros quedaron en guerra.

O andan itibaren iki köpek arasında bir savaş başladı.

Spitz lideró al equipo y mantuvo el poder, pero Buck lo desafió.

Spitz takımın başındaydı ve iktidarı elinde tutuyordu, ancak Buck buna meydan okudu.

Spitz vio su rango amenazado por este extraño extraño de Southland.

Spitz, rütbesinin bu tuhaf Güneyli yabancı tarafından tehdit edildiğini gördü.

Buck no se parecía a ningún otro perro sureño que Spitz hubiera conocido antes.

Buck, Spitz'in daha önce tanıdığı güneyli köpeklerin hiçbirine benzemiyordu.

La mayoría de ellos fracasaron: eran demasiado débiles para sobrevivir al frío y al hambre.

Çoğu başarısız oldu; soğuk ve açlığa dayanamayacak kadar zayıftılar.

Murieron rápidamente bajo el trabajo, las heladas y el lento ardor del hambre.

Çalışmanın, donun ve kıtlığın yavaş yavaş getirdiği acıların altında hızla öldüler.

Buck se destacó: cada día más fuerte, más inteligente y más salvaje.

Buck diğerlerinden farklıydı; her geçen gün daha güçlü, daha akıllı ve daha vahşi oluyordu.

Prosperó a pesar de las dificultades y creció hasta alcanzar el nivel de los perros esquimales del norte.

Zorluklara göğüs gererek kuzeydeki Sibirya kurtlarıyla boy ölçüşecek kadar büyüdü.

Buck tenía fuerza, habilidad salvaje y un instinto paciente y mortal.

Buck'ın gücü, vahşi becerisi ve sabırlı, ölümcül bir içgüdüsü vardı.

El hombre con el garrote había golpeado la temeridad de Buck.

Sopalı adam Buck'ın pervasızlığını döverek gidermişti.

La furia ciega desapareció y fue reemplazada por una astucia silenciosa y control.

Kör öfke gitmiş, yerini sessiz kurnazlık ve kontrol almıştı.

Esperó, tranquilo y primario, observando el momento adecuado.

Sakin ve ilkel bir şekilde bekledi, doğru anı bekledi.

Su lucha por el mando se hizo inevitable y clara.

Komuta mücadeleleri kaçınılmaz ve açık hale gelmişti.

Buck deseaba el liderazgo porque su espíritu lo exigía.

Buck liderliği istiyordu çünkü ruhu bunu gerektiriyordu.

Lo impulsaba el extraño orgullo nacido del camino y del arnés.

O, iz ve koşumdan doğan tuhaf bir gururla hareket ediyordu.

Ese orgullo hizo que los perros tiraran hasta caer sobre la nieve.

O gurur, köpekleri karda yığılıncaya kadar çekiştiriyordu.

El orgullo los llevó a dar toda la fuerza que tenían.

Gurur onları, ellerindeki bütün gücü vermeye yöneltti.

El orgullo puede atraer a un perro de trineo incluso hasta el punto de la muerte.

Kibir, kızak köpeğini ölüme kadar sürükleyebilir.

La pérdida del arnés dejó a los perros rotos y sin propósito.

Tasmayı kaybetmek köpekleri kırgın ve amaçsız bıraktı.

El corazón de un perro de trineo puede quedar aplastado por la vergüenza cuando se retira.

Bir kızak köpeğinin yüreği emekliye ayrıldığında utançtan kırılabilir.

Dave vivió con ese orgullo mientras arrastraba el trineo desde atrás.

Dave kızakları arkadan çekerken bu gururla yaşıyordu.

Solleks también lo dio todo con fuerza y lealtad.

Solleks de tüm gücüyle ve sadakatiyle elinden geleni yaptı.

Cada mañana, el orgullo los transformaba de amargados a decididos.

Her sabah gurur onları öfkeden kararlılığa dönüştürüyordu.

Empujaron todo el día y luego se quedaron en silencio al final del campamento.

Bütün gün itişip kakıştılar, sonra kampın sonuna vardıklarında sessizliğe gömüldüler.

Ese orgullo le dio a Spitz la fuerza para poner a raya a los evasores.

Bu gurur Spitz'e, tembellik edenleri hizaya getirme gücünü verdi.

Spitz temía a Buck porque Buck tenía ese mismo orgullo profundo.

Spitz, Buck'tan korkuyordu çünkü Buck da aynı derin gururu taşıyordu.

El orgullo de Buck ahora se agitó contra Spitz, y no se detuvo.

Buck'ın gururu artık Spitz'e karşı kabarıyordu ve o durmadı.

Buck desafió el poder de Spitz y le impidió castigar a los perros.

Buck, Spitz'in gücüne meydan okudu ve onun köpekleri cezalandırmasını engelledi.

Cuando otros fallaron, Buck se interpuso entre ellos y su líder.

Diğerleri başarısız olduğunda Buck, onlarla liderlerinin arasına girdi.

Lo hizo con intención, dejando claro y abierto su desafío.

Bunu kasıtlı olarak yaptı, meydan okumasını açık ve net bir şekilde dile getirdi.

Una noche, una fuerte nevada cubrió el mundo con un profundo silencio.

Bir gece, yoğun bir kar yağışı dünyayı derin bir sessizliğe boğdu.

A la mañana siguiente, Pike, perezoso como siempre, no se levantó para ir a trabajar.

Ertesi sabah Pike her zamanki gibi tembeldi ve işe gitmek için kalkmadı.

Se quedó escondido en su nido bajo una gruesa capa de nieve.

Kalın bir kar tabakasının altındaki yuvasında saklı duruyordu.

François gritó y buscó, pero no pudo encontrar al perro.

François seslenip aradı ama köpeği bulamadı.

Spitz se puso furioso y atravesó furioso el campamento cubierto de nieve.

Spitz öfkelendi ve karla kaplı kampa doğru ilerledi.
Gruñó y olfateó, cavando frenéticamente con ojos llameantes.
Hırladı, kokladı, parlayan gözleriyle çılgınca kazdı.
Su rabia era tan feroz que Pike tembló de miedo bajo la nieve.
Öfkesi o kadar şiddetliydi ki Pike korkudan kar altında titriyordu.
Cuando finalmente encontraron a Pike, Spitz se abalanzó sobre él para castigar al perro que estaba escondido.
Pike sonunda bulunduğunda, Spitz saklanan köpeği cezalandırmak için harekete geçti.
Pero Buck saltó entre ellos con una furia igual a la de Spitz.
Ama Buck, Spitz'inkine eşit bir öfkeyle aralarına atıldı.
El ataque fue tan repentino e inteligente que Spitz cayó al suelo.
Saldırı o kadar ani ve akıllıcaydı ki Spitz'in ayakları yerden kesildi.
Pike, que estaba temblando, se animó ante este desafío.
Titreyen Pike, bu meydan okumadan cesaret aldı.
Saltó sobre el Spitz caído, siguiendo el audaz ejemplo de Buck.
Buck'ın cesur örneğini izleyerek yere düşen Spitz'in üzerine atladı.
Buck, que ya no estaba obligado por la justicia, se unió a la huelga de Spitz.
Artık adalet duygusuyla bağlı olmayan Buck, Spitz'e yapılan greve katıldı.
François, divertido pero firme en su disciplina, blandió su pesado látigo.
François, eğlenerek ama disiplinli bir şekilde ağır kırbacını savurdu.
Golpeó a Buck con todas sus fuerzas para acabar con la pelea.
Kavgayı ayırmak için Buck'a tüm gücüyle vurdu.
Buck se negó a moverse y se quedó encima del líder caído.
Buck hareket etmeyi reddetti ve düşen liderin tepesinde kaldı.

François entonces utilizó el mango del látigo y golpeó con fuerza a Buck.

François daha sonra kırbacın sapını kullanarak Buck'a sert bir darbe indirdi.

Tambaleándose por el golpe, Buck cayó hacia atrás bajo el asalto.

Darbenin etkisiyle sendeleyen Buck, saldırının etkisiyle geriye düştü.

François golpeó una y otra vez mientras Spitz castigaba a Pike.

François defalarca vururken Spitz, Pike'ı cezalandırıyordu.

Pasaron los días y Dawson City estaba cada vez más cerca.

Günler geçiyordu ve Dawson City giderek yaklaşıyordu.

Buck seguía interfiriendo, interponiéndose entre Spitz y otros perros.

Buck, Spitz ile diğer köpeklerin arasına girerek sürekli müdahale ediyordu.

Elegía bien sus momentos, esperando siempre que François se marchase.

Anları iyi seçiyordu, François'nın gitmesini bekliyordu hep.

La rebelión silenciosa de Buck se extendió y el desorden se arraigó en el equipo.

Buck'ın sessiz isyanı yayıldı ve ekipte düzensizlik kök saldı.

Dave y Solleks se mantuvieron leales, pero otros se volvieron rebeldes.

Dave ve Solleks sadık kaldılar, ancak diğerleri asileşti.

El equipo empeoró: se volvió inquieto, pendenciero y fuera de lugar.

Takım giderek kötüleşiyordu; huzursuz, kavgacı ve çizgiyi aşan bir hale gelmişti.

Ya nada funcionaba con fluidez y las peleas se volvieron algo habitual.

Artık hiçbir şey yolunda gitmiyordu ve kavgalar yaygınlaşmıştı.

Buck permaneció en el corazón del problema, provocando siempre malestar.

Buck, her zaman huzursuzluk yaratarak sorunların merkezinde yer aldı.

François se mantuvo alerta, temeroso de la pelea entre Buck y Spitz.

François, Buck ile Spitz arasındaki kavgadan korkarak tetikte bekliyordu.

Cada noche, las peleas lo despertaban, temiendo que finalmente llegara el comienzo.

Her gece çıkan arbedeler onu uyandırıyordu, başlangıcın nihayet geldiğinden korkuyordu.

Saltó de su túnica, dispuesto a detener la pelea.

Cüppesini çıkarıp kavgayı ayırmaya hazırlandı.

Pero el momento nunca llegó y finalmente llegaron a Dawson.

Ama o an hiç gelmedi ve sonunda Dawson'a ulaştılar.

El equipo entró en la ciudad una tarde sombría, tensa y silenciosa.

Ekip, kasvetli bir öğleden sonra, gergin ve sessiz bir şekilde kasabaya girdi.

La gran batalla por el liderazgo todavía estaba suspendida en el aire.

Liderlik için verilen büyük mücadele hâlâ buz gibi havada asılı duruyordu.

Dawson estaba lleno de hombres y perros de trineo, todos ocupados con el trabajo.

Dawson, hepsi işleriyle meşgul adamlar ve kızak köpekleriyle doluydu.

Buck observó a los perros tirar cargas desde la mañana hasta la noche.

Buck, köpeklerin sabahın erken saatlerinden akşama kadar yük çekmesini izliyordu.

Transportaban troncos y leña y transportaban suministros a las minas.

Odun ve odun taşıdılar, madenlere malzeme taşıdılar.

Donde antes trabajaban los caballos en las tierras del sur, ahora trabajaban los perros.

Bir zamanlar Güney'de atların çalıştığı yerde, artık köpekler çalışıyordu.

Buck vio algunos perros del sur, pero la mayoría eran huskies parecidos a lobos.

Buck, Güney'den gelen bazı köpekler gördü, ama çoğu kurt benzeri Sibirya kurduydu.

Por la noche, como un reloj, los perros alzaban sus voces cantando.

Geceleri, her zamanki gibi, köpekler şarkı söyleyerek seslerini yükseltiyorlardı.

A las nueve, a las doce y de nuevo a las tres, empezó el canto.

Saat dokuzda, gece yarısı, sonra yine üçte şarkı söylemeye başladık.

A Buck le encantaba unirse a su canto misterioso, de sonido salvaje y antiguo.

Buck, onların ürkütücü, vahşi ve kadim seslere sahip tezahüratlarına katılmayı çok seviyordu.

La aurora llameó, las estrellas bailaron y la nieve cubrió la tierra.

Aurora parlıyor, yıldızlar dans ediyor ve kar her yeri kaplıyordu.

El canto de los perros se elevó como un grito contra el silencio y el frío intenso.

Köpeklerin şarkısı, sessizliğe ve dondurucu soğuğa karşı bir haykırış gibi yükseldi.

Pero su aullido contenía tristeza, no desafío, en cada larga nota.

Ama ulumaları her uzun notada meydan okuma değil, üzüntü taşıyordu.

Cada grito lamentable estaba lleno de súplica: el peso de la vida misma.

Her feryat, yalvarışla doluydu; hayatın yükünün ta kendisiydi.

Esa canción era vieja, más vieja que las ciudades y más vieja que los incendios.

O şarkı eskiydi, kasabalardan ve yangınlardan daha eskiydi

Aquella canción era más antigua incluso que las voces de los hombres.

O şarkı insan seslerinden bile daha eskiydi.

Era una canción del mundo joven, cuando todas las canciones eran tristes.

Gençlik dünyasından, bütün şarkılar hüzünlüyken söylenen bir şarkıydı.

La canción transportaba el dolor de incontables generaciones de perros.

Şarkı, nesiller boyu köpeklerin acısını taşıyordu.

Buck sintió la melodía profundamente, gimiendo por un dolor arraigado en los siglos.

Buck melodiyi derinden hissetti, asırlardır süregelen acıyla inledi.

Sollozaba por un dolor tan antiguo como la sangre salvaje en sus venas.

Damarlarındaki vahşi kan kadar eski bir kederle hıçkırarak ağlıyordu.

El frío, la oscuridad y el misterio tocaron el alma de Buck.

Soğuk, karanlık ve gizem Buck'ın ruhuna dokundu.

Esa canción demostró hasta qué punto Buck había regresado a sus orígenes.

Bu şarkı Buck'ın ne kadar köklerine döndüğünü kanıtlıyordu.

Entre la nieve y los aullidos había encontrado el comienzo de su propia vida.

Karlar ve ulumalar arasında kendi hayatının başlangıcını bulmuştu.

Siete días después de llegar a Dawson, partieron nuevamente.

Dawson'a vardıktan yedi gün sonra tekrar yola koyuldular.

El equipo descendió del cuartel hasta el sendero Yukon.

Takım Kışla'dan Yukon Yolu'na doğru indi.

Comenzaron el viaje de regreso hacia Dyea y Salt Water.

Dyea ve Tuzlu Su'ya doğru dönüş yolculuğuna başladılar.

Perrault llevaba despachos aún más urgentes que antes.

Perrault, eskisinden daha da acil haberler taşıyordu.

También se sintió dominado por el orgullo por el sendero y se propuso establecer un récord.

O da iz sürme gururuna kapılmıştı ve rekor kırmayı hedefliyordu.

Esta vez, varias ventajas estaban del lado de Perrault.

Bu kez Perrault'un lehine birçok avantaj vardı.

Los perros habían descansado durante una semana entera y recuperaron su fuerza.

Köpekler bir hafta boyunca dinlenip güçlerini yeniden kazanmışlardı.

El camino que ellos habían abierto ahora estaba compactado por otros.

Onların açtığı yol şimdi başkaları tarafından sıkıştırılmıştı.

En algunos lugares, la policía había almacenado comida tanto para perros como para hombres.

Polisler bazı yerlerde hem köpekler hem de adamlar için yiyecek depolamıştı.

Perrault viajaba ligero, moviéndose rápido y con poco que lo pesara.

Perrault hafif ve hızlı seyahat ediyordu, onu aşağı çekecek çok az şey vardı.

Llegaron a Sixty-Mile, un recorrido de cincuenta millas, en la primera noche.

İlk gecede elli mil koşu olan Altmış Mil'e ulaştılar.

El segundo día, se apresuraron a subir por el Yukón hacia Pelly.

İkinci gün Yukon Nehri'nden yukarı doğru Pelly'ye doğru yola koyuldular.

Pero estos grandes avances implicaron un gran esfuerzo para François.

Fakat bu güzel ilerleme François için büyük bir sıkıntıyı da beraberinde getirdi.

La rebelión silenciosa de Buck había destrozado la disciplina del equipo.

Buck'ın sessiz isyanı takımın disiplinini paramparça etmişti.

Ya no tiraban juntos como una sola bestia bajo las riendas.

Artık tek bir hayvan gibi dizginleri ellerinde tutmuyorlardı.

Buck había llevado a otros al desafío mediante su valiente ejemplo.

Buck, cesur örneğiyle başkalarını da meydan okumaya yöneltmişti.

La orden de Spitz ya no fue recibida con miedo ni respeto.

Spitz'in emri artık korkuyla ya da saygıyla karşılanmıyordu.

Los demás perdieron el respeto que le tenían y se atrevieron a resistirse a su gobierno.

Diğerleri ona olan korkularını yitirdiler ve onun yönetimine karşı koymaya cesaret ettiler.

Una noche, Pike robó medio pescado y se lo comió bajo la mirada de Buck.

Bir gece Pike yarım bir balık çaldı ve Buck'ın gözü önünde yedi.

Otra noche, Dub y Joe pelearon contra Spitz y quedaron impunes.

Başka bir gece, Dub ve Joe, Spitz'le dövüştüler ve cezasız kaldılar.

Incluso Billee se quejó con menos dulzura y mostró una nueva agudeza.

Billee bile daha az tatlı bir şekilde sızlanmaya başladı ve yeni bir keskinlik gösterdi.

Buck le gruñó a Spitz cada vez que se cruzaban.

Buck, Spitz'le yolları her kesiştiğinde ona hırlıyordu.

La actitud de Buck se volvió audaz y amenazante, casi como la de un matón.

Buck'ın tavrı neredeyse bir zorba gibi cüretkar ve tehditkar bir hal aldı.

Caminó delante de Spitz con arrogancia, lleno de amenaza burlona.

Spitz'in önünde alaycı bir tehditle dolu bir tavırla yürüyordu.

Ese colapso del orden se extendió también entre los perros de trineo.

Düzenin bozulması kızak köpeklerine de sıçradı.

Pelearon y discutieron más que nunca, llenando el campamento de ruido.

Her zamankinden daha fazla kavga edip tartışıyorlardı, kampı gürültüyle dolduruyorlardı.

La vida en el campamento se convertía cada noche en un caos salvaje y aullante.

Kamp hayatı her gece vahşi, uluyan bir kaosa dönüşüyordu.

Sólo Dave y Solleks permanecieron firmes y concentrados.

Sadece Dave ve Solleks istikrarlı ve odaklanmış kalmayı başardı.

Pero incluso ellos se enojaron por las peleas constantes.

Ama onlar bile sürekli kavgalardan dolayı sinirlenmeye başladılar.

François maldijo en lenguas extrañas y pisoteó con frustración.

François garip dillerde küfürler savuruyor ve öfkeyle ayaklarını yere vuruyordu.

Se tiró del pelo y gritó mientras la nieve volaba bajo sus pies.

Ayaklarının altında karlar uçuşurken saçlarını yoluyor ve bağırıyordu.

Su látigo azotó a la manada, pero apenas logró mantenerlos bajo control.

Kırbacı sürünün üzerinden şakladı ama onları hizaya sokmaya yetmedi.

Cada vez que él le daba la espalda, la lucha estallaba de nuevo.

Ne zaman sırtını dönse, kavga yeniden başlıyordu.

François utilizó el látigo para azotar a Spitz, mientras Buck lideraba a los rebeldes.

François kırbaç darbesini Spitz'e karşı kullanırken, Buck isyancıları yönetiyordu.

Cada uno conocía el papel del otro, pero Buck evitó cualquier culpa.

Her ikisi de diğerinin rolünü biliyordu ama Buck herhangi bir suçlamadan kaçındı.

François nunca sorprendió a Buck iniciando una pelea o eludiendo su trabajo.

François, Buck'ın hiçbir zaman kavga çıkardığını veya işinden kaytardığını görmedi.

Buck trabajó duro con el arnés; el trabajo ahora emocionaba su espíritu.

Buck koşumlarda çok çalışıyordu; bu emek artık ruhunu heyecanlandırıyordu.

Pero encontró aún más alegría al provocar peleas y caos en el campamento.

Ama kampta kavga ve kaos çıkarmaktan daha çok zevk alıyordu.

Una noche, en la desembocadura del Tahkeena, Dub asustó a un conejo.

Bir akşam, Tahkeena'nın ağzında Dub bir tavşanı ürküttü.

Falló el tiro y el conejo con raquetas de nieve saltó lejos.

Avı kaçırınca kar ayakkabılı tavşan kaçtı.

En cuestión de segundos, todo el equipo de trineo los persiguió con gritos salvajes.

Birkaç saniye içinde tüm kızak ekibi çığlıklar atarak kızın peşine düştü.

Cerca de allí, un campamento de la Policía del Noroeste albergaba cincuenta perros husky.

Yakınlardaki bir Kuzeybatı Polis kampında elli tane Sibirya kurdu köpeği bulunuyordu.

Se unieron a la caza y navegaron juntos por el río helado.

Birlikte ava katıldılar, donmuş nehrin aşağısına doğru ilerlediler.

El conejo se desvió del río y huyó hacia el lecho congelado del arroyo.

Tavşan nehri bırakıp donmuş dere yatağına doğru kaçtı.

El conejo saltaba suavemente sobre la nieve mientras los perros se abrían paso con dificultad.

Tavşan karın üzerinde hafifçe zıplarken, köpekler zorlukla ilerliyordu.

Buck lideró la enorme manada de sesenta perros en cada curva.

Buck, altmış köpekten oluşan devasa sürüyü her virajda yönlendiriyordu.

Avanzó lentamente y con entusiasmo, pero no pudo ganar terreno.

Alçak ve istekli bir şekilde ileri doğru atıldı, ancak ilerleme kaydedemedi.

Su cuerpo brillaba bajo la pálida luna con cada poderoso salto.

Her güçlü sıçrayışta, bedeni soluk ayın altında parlıyordu.

Más adelante, el conejo se movía como un fantasma, silencioso y demasiado rápido para atraparlo.

Önündeki tavşan bir hayalet gibi sessizce ve yakalanamayacak kadar hızlı hareket ediyordu.

Todos esos viejos instintos —el hambre, la emoción— se apoderaron de Buck.

Tüm o eski içgüdüler - açlık, heyecan - Buck'ın içinde hücum etti.

Los humanos a veces sienten este instinto y se ven impulsados a cazar con armas de fuego y balas.

İnsanlar zaman zaman bu içgüdüyü hisseder, silahla, mermiyle avlanmaya yönelir.

Pero Buck sintió este sentimiento a un nivel más profundo y personal.

Ama Buck bu duyguyu daha derin ve daha kişisel bir düzeyde hissediyordu.

No podían sentir lo salvaje en su sangre como Buck podía sentirlo.

Buck'ın hissettiği vahşiliği kanlarında hissedemiyorlar.

Persiguió carne viva, dispuesto a matar con los dientes y saborear la sangre.

Canlı etin peşindeydi, dişleriyle öldürmeye ve kan tadına bakmaya hazırdı.

Su cuerpo se tensó de alegría, queriendo bañarse en la cálida vida roja.

Vücudu sevinçle geriliyor, sıcak kırmızı bir yaşamda yıkanmak istiyordu.

Una extraña alegría marca el punto más alto que la vida puede alcanzar.

Hayatın ulaşabileceği en yüksek noktayı garip bir sevinç belirler.

La sensación de una cima donde los vivos olvidan que están vivos.

Yaşayanların, yaşadıklarını bile unuttukları bir zirve hissi.

Esta alegría profunda conmueve al artista perdido en una inspiración ardiente.

Bu derin sevinç, alev alev ilhama gömülmüş sanatçıyı etkiler.

Esta alegría se apodera del soldado que lucha salvajemente y no perdona a ningún enemigo.

Bu sevinç, çılgınca savaşan ve hiçbir düşmanı esirgemeyen askeri yakalar.

Esta alegría ahora se apoderó de Buck mientras lideraba la manada con hambre primaria.

Bu sevinç, ilkel açlıkta sürünün başında yer alan Buck'ı da ele geçirmişti.

Aulló con el antiguo grito del lobo, emocionado por la persecución en vida.

Yaşayan kovalamacanın heyecanıyla, eski kurt çığlığıyla uluyordu.

Buck recurrió a la parte más antigua de sí mismo, perdida en la naturaleza.

Buck, vahşi doğada kaybolmuş olan kendi en eski yanına ulaştı.

Llegó a lo más profundo, más allá de la memoria, al tiempo crudo y antiguo.

Derinlere, geçmiş hafızaya, ham, kadim zamana ulaştı.

Una ola de vida pura recorrió cada músculo y tendón.

Saf bir yaşam dalgası her kas ve tendondan yayılıyordu.

Cada salto gritaba que vivía, que avanzaba a través de la muerte.

Her sıçrayış onun yaşadığını, ölümden geçtiğini haykırıyordu.

Su cuerpo se elevaba alegremente sobre una tierra quieta y fría que nunca se movía.

Vücudu hiç kıpırdamayan, soğuk ve hareketsiz toprağın üzerinde neşeyle yükseldi.

Spitz se mantuvo frío y astuto, incluso en sus momentos más salvajes.

Spitz en çılgın anlarında bile soğukkanlı ve kurnazdı.

Dejó el sendero y cruzó el terreno donde el arroyo se curvaba ampliamente.

Patikadan ayrılıp derenin genişçe kıvrıldığı araziye doğru ilerledi.

Buck, sin darse cuenta de esto, permaneció en el sinuoso camino del conejo.

Buck, bunun farkında olmadan tavşanın dolambaçlı yolunda ilerlemeye devam etti.

Entonces, cuando Buck dobló una curva, el conejo fantasmal estaba frente a él.

Sonra Buck bir virajı döndüğünde hayalet tavşan tam karşısındaydı.

Vio una segunda figura saltar desde la orilla delante de la presa.

Avın önünde kıyıdan sıçrayan ikinci bir figür gördü.

La figura era Spitz, aterrizando justo en el camino del conejo que huía.

Bu figür Spitz'di ve kaçan tavşanın tam yoluna düştü.

El conejo no pudo girar y se encontró con las fauces de Spitz en el aire.

Tavşan dönemedi ve havada Spitz'in çenesiyle karşılaştı.

La columna vertebral del conejo se rompió con un chillido tan agudo como el grito de un humano moribundo.

Tavşanın omurgası, ölmekte olan bir insanın çığlığı kadar keskin bir çığlıkla kırıldı.

Ante ese sonido, la caída de la vida a la muerte, la manada aulló fuerte.

O sesle, yani hayattan ölüme düşüşle, sürü yüksek sesle uludu.

Un coro salvaje se elevó detrás de Buck, lleno de oscuro deleite.

Buck'ın arkasından karanlık bir zevkle dolu vahşi bir koro yükseldi.

Buck no emitió ningún grito ni sonido y se lanzó directamente hacia Spitz.

Buck hiçbir çığlık atmadı, hiçbir ses çıkarmadı ve doğruca Spitz'e doğru koştu.

Apuntó a la garganta, pero en lugar de eso golpeó el hombro.

Boğazını hedef aldı ama omzuna isabet etti.

Cayeron sobre la nieve blanda; sus cuerpos trabados en combate.

Yumuşak karda yuvarlanıyorlardı; bedenleri mücadele halindeydi.

Spitz se levantó rápidamente, como si nunca lo hubieran derribado.

Spitz sanki hiç yere düşmemiş gibi hızla ayağa fırladı.

Cortó el hombro de Buck y luego saltó para alejarse de la pelea.

Buck'ın omzunu kesti, sonra da kavga alanından atlayıp uzaklaştı.

Sus dientes chasquearon dos veces como trampas de acero y sus labios se curvaron y fueron feroces.

Dişleri iki kez çelik kapanlar gibi kırıldı, dudakları kıvrıldı ve vahşileşti.

Retrocedió lentamente, buscando terreno firme bajo sus pies.

Yavaşça geri çekildi, ayaklarının altında sağlam bir zemin arıyordu.

Buck comprendió el momento instantánea y completamente.

Buck o anı anında ve tam olarak anladı.

Había llegado el momento; la lucha iba a ser una lucha a muerte.

Zamanı gelmişti; dövüş ölümüne olacaktı.

Los dos perros daban vueltas, gruñendo, con las orejas planas y los ojos entrecerrados.

İki köpek hırlayarak, kulaklarını dikleştirerek, gözlerini kısarak daireler çiziyorlardı.

Cada perro esperaba que el otro mostrara debilidad o un paso en falso.
Her köpek diğerinin zayıflık göstermesini veya yanlış adım atmasını bekliyordu.

Para Buck, la escena era inquietantemente conocida y recordada profundamente.
Buck için bu sahne ürkütücü bir şekilde tanıdık ve derinden hatırlanıyordu.

El bosque blanco, la tierra fría, la batalla bajo la luz de la luna.
Beyaz ormanlar, soğuk toprak, ay ışığında savaş.

Un pesado silencio llenó la tierra, profundo y antinatural.
Ülkeyi derin ve doğaya aykırı ağır bir sessizlik kapladı.

Ningún viento se agitó, ninguna hoja se movió, ningún sonido rompió la quietud.
Hiçbir rüzgar esmedi, hiçbir yaprak kımıldamadı, hiçbir ses sessizliği bozmadı.

El aliento de los perros se elevaba como humo en el aire helado y silencioso.
Köpeklerin nefesleri donmuş, sessiz havada duman gibi yükseliyordu.

El conejo fue olvidado hace mucho tiempo por la manada de bestias salvajes.
Tavşan, vahşi hayvan sürüsü tarafından çoktan unutulmuştu.

Estos lobos medio domesticados ahora permanecían quietos formando un amplio círculo.
Yarı evcilleşmiş bu kurtlar şimdi geniş bir daire şeklinde hareketsiz duruyorlardı.

Estaban en silencio, sólo sus ojos brillantes revelaban su hambre.
Sessizdiler, sadece parlayan gözleri açlıklarını ele veriyordu.

Su respiración se elevó mientras observaban cómo comenzaba la pelea final.
Nefesleri yukarıya doğru yükseldi, son dövüşün başlamasını izlediler.

Para Buck, esta batalla era vieja y esperada, nada extraña.

Buck'a göre bu savaş eski ve beklenen bir şeydi, hiç de garip değildi.

Parecía el recuerdo de algo que siempre estuvo destinado a suceder.

Her zaman olması gereken bir şeyin hatırası gibiydi.

Spitz era un perro de pelea entrenado, perfeccionado por innumerables peleas salvajes.

Spitz, sayısız vahşi kavgayla geliştirilmiş, eğitimli bir dövüş köpeğiydi.

Desde Spitzbergen hasta Canadá, había vencido a muchos enemigos.

Spitzbergen'den Kanada'ya kadar birçok düşmanı alt etmişti.

Estaba lleno de furia, pero nunca dejó controlar la rabia.

Çok öfkeliydi ama öfkesini asla kontrol altına alamıyordu.

Su pasión era aguda, pero siempre templada por un duro instinto.

Tutkusu keskindi ama her zaman sert içgüdülerle yumuşatılırdı.

Nunca atacó hasta que su propia defensa estuvo en su lugar.

Kendi savunması hazır olana kadar asla saldırmadı.

Buck intentó una y otra vez alcanzar el vulnerable cuello de Spitz.

Buck, Spitz'in savunmasız boynuna ulaşmak için tekrar tekrar çabaladı.

Pero cada golpe era correspondido con un corte de los afilados dientes de Spitz.

Ama her vuruş, Spitz'in keskin dişlerinin bir darbesiyle karşılanıyordu.

Sus colmillos chocaron y ambos perros sangraron por los labios desgarrados.

Dişleri çarpıştı ve her iki köpeğin de yırtılan dudaklarından kan aktı.

No importaba cuánto se lanzara Buck, no podía romper la defensa.

Buck ne kadar atak yaparsa yapsın savunmayı aşamadı.

Se puso más furioso y se abalanzó con salvajes ráfagas de poder.

Daha da öfkelendi, vahşi güç patlamalarıyla hücum etti.
Una y otra vez, Buck atacó la garganta blanca de Spitz.
Buck, Spitz'in beyaz boğazına defalarca saldırdı.
Cada vez que Spitz esquivaba el ataque, contraatacaba con un mordisco cortante.
Spitz her seferinde kaçıp kurtuluyor ve keskin bir ısırıkla karşılık veriyordu.
Entonces Buck cambió de táctica y se abalanzó nuevamente hacia la garganta.
Sonra Buck taktik değiştirdi, sanki tekrar boğazına doğru saldırıyormuş gibi.
Pero él retrocedió a mitad del ataque y se giró para atacar desde un costado.
Ancak atak sırasında geri çekildi ve yan taraftan vurmaya başladı.
Le lanzó el hombro a Spitz con la intención de derribarlo.
Omzunu Spitz'e doğru fırlattı, onu yere sermeyi amaçlıyordu.
Cada vez que lo intentaba, Spitz lo esquivaba y contraatacaba con un corte.
Spitz her seferinde kaçmayı başarıyor ve vuruşuyla karşılık veriyordu.
El hombro de Buck se enrojeció cuando Spitz saltó después de cada golpe.
Spitz her vuruştan sonra sıçrayarak uzaklaşırken Buck'ın omzu ağrımaya başladı.
Spitz no había sido tocado, mientras que Buck sangraba por muchas heridas.
Spitz'e dokunulmamıştı, Buck ise birçok yarasından kanıyordu.
La respiración de Buck era rápida y pesada y su cuerpo estaba cubierto de sangre.
Buck'ın nefesi hızlı ve ağırdı, vücudu kanla kaplıydı.
La pelea se volvió más brutal con cada mordisco y embestida.
Her ısırık ve saldırıyla kavga daha da vahşileşiyordu.
A su alrededor, sesenta perros silenciosos esperaban que cayera el primero.

Etraflarında altmış tane sessiz köpek ilk düşen köpeği
bekliyordu.
Si un perro caía, la manada terminaría la pelea.
Eğer bir köpek düşerse sürünün tamamı dövüşü bitirecekti.
**Spitz vio que Buck se estaba debilitando y comenzó a
presionar para atacar.**
Spitz, Buck'ın zayıfladığını fark etti ve saldırıya geçmeye
başladı.
**Mantuvo a Buck fuera de equilibrio, obligándolo a luchar
para mantener el equilibrio.**
Buck'ın dengesini bozdu ve onu ayakta durmak için mücadele
etmeye zorladı.
**Una vez Buck tropezó y cayó, y todos los perros se
levantaron.**
Bir gün Buck tökezleyip düştü ve bütün köpekler ayağa kalktı.
**Pero Buck se enderezó a mitad de la caída y todos volvieron
a caer.**
Ancak Buck düşüşün ortasında doğruldu ve herkes tekrar
yere yığıldı.
**Buck tenía algo poco común: una imaginación nacida de un
instinto profundo.**
Buck'ın nadir bir yeteneği vardı: Derin içgüdülerden doğan
hayal gücü.
Peleó con impulso natural, pero también peleó con astucia.
Doğal dürtüleriyle savaşıyordu ama aynı zamanda
kurnazlıkla da savaşıyordu.
**Cargó de nuevo como si repitiera su truco de ataque con el
hombro.**
Omuz saldırısı numarasını tekrarlıyormuş gibi tekrar saldırdı.
**Pero en el último segundo, se agachó y pasó por debajo de
Spitz.**
Ancak son saniyede alçaldı ve Spitz'in altından geçti.
**Sus dientes se clavaron en la pata delantera izquierda de
Spitz con un chasquido.**
Dişleri Spitz'in ön sol bacağına şak diye kenetlendi.
**Spitz ahora estaba inestable, con su peso sobre sólo tres
patas.**

Spitz artık dengesiz duruyordu, ağırlığını sadece üç bacağına vermişti.

Buck atacó de nuevo e intentó derribarlo tres veces.

Buck tekrar saldırdı, onu yere sermek için üç kez denedi.

En el cuarto intento utilizó el mismo movimiento con éxito.

Dördüncü denemede aynı hareketi başarıyla kullandı

Esta vez Buck logró morder la pata derecha de Spitz.

Buck bu sefer Spitz'in sağ bacağını ısırmayı başardı.

Spitz, aunque lisiado y en agonía, siguió luchando por sobrevivir.

Spitz, sakat ve acı içinde olmasına rağmen hayatta kalma mücadelesini sürdürüyordu.

Vio que el círculo de huskies se estrechaba, con las lenguas afuera y los ojos brillantes.

Sibirya kurdu çemberinin giderek daraldığını, dillerinin dışarıda, gözlerinin parladığını gördü.

Esperaron para devorarlo, tal como habían hecho con los otros.

Başkalarına yaptıkları gibi onu da yutmak için beklediler.

Esta vez, él estaba en el centro; derrotado y condenado.

Bu sefer ortada duruyordu; yenilmiş ve mahkûm.

Ya no había opción de escapar para el perro blanco.

Artık beyaz köpeğin kaçma şansı kalmamıştı.

Buck no mostró piedad, porque la piedad no pertenecía a la naturaleza.

Buck merhamet göstermedi, çünkü merhamet vahşi doğada bulunmazdı.

Buck se movió con cuidado, preparándose para la carga final.

Buck son hücum için hazırlık yaparak dikkatlice hareket etti.

El círculo de perros esquimales se cerró; sintió sus respiraciones cálidas.

Sibirya kurdu çemberi giderek daralıyordu; onların sıcak nefeslerini hissediyordu.

Se agacharon, preparados para saltar cuando llegara el momento.

An geldiğinde atılmaya hazır bir şekilde çömeldiler.

Spitz temblaba en la nieve, gruñendo y cambiando su postura.

Spitz karda titredi, hırladı ve duruşunu değiştirdi.

Sus ojos brillaban, sus labios se curvaron y sus dientes brillaron en una amenaza desesperada.

Gözleri parlıyor, dudakları kıvrılıyor, dişleri umutsuz bir tehditle parlıyordu.

Se tambaleó, todavía intentando contener el frío mordisco de la muerte.

Ölümün soğuk ısırığını hâlâ hissetmemeye çalışarak sendeledi.

Ya había visto esto antes, pero siempre desde el lado ganador.

Bunu daha önce de görmüştü ama hep kazanan taraftan.

Ahora estaba en el bando perdedor; el derrotado; la presa; la muerte.

Artık kaybeden taraftaydı; yenilen taraftaydı; avdı; ölümdü.

Buck voló en círculos para asestar el golpe final, mientras el círculo de perros se acercaba cada vez más.

Buck son darbeyi indirmek için daireler çizdi, köpek halkası gittikçe yaklaşıyordu.

Podía sentir sus respiraciones calientes; listas para matar.

Sıcak nefeslerini hissedebiliyordu; öldürmeye hazırdılar.

Se hizo un silencio absoluto, todo estaba en su lugar, el tiempo se había detenido.

Bir sessizlik çöktü; her şey yerli yerindeydi; zaman durmuştu.

Incluso el aire frío entre ellos se congeló por un último momento.

Aralarındaki soğuk hava bile son bir an için dondu.

Sólo Spitz se movió, intentando contener su amargo final.

Sadece Spitz, acı sonunu atlatmaya çalışarak kıpırdadı.

El círculo de perros se iba cerrando a su alrededor, tal como era su destino.

Köpeklerin çemberi, kaderi gibi, onu da sıkıştırıyordu.

Ahora estaba desesperado, sabiendo lo que estaba a punto de suceder.

Artık ne olacağını bildiği için çaresizdi.

Buck saltó y hombro con hombro chocó una última vez.
Buck atıldı, omuz omuza son kez buluştu.

Los perros se lanzaron hacia adelante, cubriendo a Spitz en la oscuridad nevada.
Köpekler ileri atıldılar ve karlı karanlıkta Spitz'i korudular.

Buck observaba, erguido, vencedor en un mundo salvaje.
Buck, vahşi bir dünyanın galibi olarak dimdik ayakta izliyordu.

La bestia primordial dominante había cometido su asesinato, y fue bueno.
Egemen ilkel canavar öldürücü darbeyi indirmişti ve bu iyiydi.

Aquel que ha alcanzado la maestría
Üstünlüğe Kazanan O

¿Eh? ¿Qué dije? Digo la verdad cuando digo que Buck es un demonio.
"Eh? Ne dedim? Buck'ın bir şeytan olduğunu söylediğimde doğruyu söylüyorum."
François dijo esto a la mañana siguiente después de descubrir que Spitz había desaparecido.
François, Spitz'in kaybolduğunu öğrendiği ertesi sabah bu sözleri söyledi.
Buck permaneció allí, cubierto de heridas por la feroz pelea.
Buck, vahşi dövüşten kalan yaralarla orada duruyordu.
François acercó a Buck al fuego y señaló las heridas.
François, Buck'ı ateşin yanına çekti ve yaraları işaret etti.
"Ese Spitz peleó como Devik", dijo Perrault, mirando los profundos cortes.
"Bu Spitz, Devik gibi dövüşüyordu," dedi Perrault, derin yaralara bakarak.
—Y ese Buck peleó como dos demonios —respondió François inmediatamente.
"Ve Buck iki şeytan gibi dövüşüyordu," diye hemen cevap verdi François.
"Ahora iremos a buen ritmo; no más Spitz, no más problemas".
"Artık iyi vakit geçireceğiz; Spitz yok, sorun yok."
Perrault estaba empacando el equipo y cargando el trineo con cuidado.
Perrault malzemeleri topluyor ve kızakları dikkatle yüklüyordu.
François enjaezó a los perros para prepararlos para la carrera del día.
François, günlük koşuya hazırlanmak için köpekleri koşumlara taktı.
Buck trotó directamente a la posición de liderazgo que alguna vez ocupó Spitz.
Buck, Spitz'in elinde tuttuğu lider pozisyonuna doğru koştu.

Pero François, sin darse cuenta, condujo a Solleks hacia el frente.

Fakat François, bunun farkında olmadan Solleks'i öne doğru götürdü.

A juicio de François, Solleks era ahora el mejor perro guía.

François'nın yargısına göre Solleks artık en iyi lider köpekti.

Buck se abalanzó furioso sobre Solleks y lo hizo retroceder en protesta.

Buck öfkeyle Solleks'e doğru atıldı ve onu protesto etmek için geri püskürttü.

Se situó en el mismo lugar que una vez estuvo Spitz, ocupando la posición de liderazgo.

Spitz'in bir zamanlar durduğu yerde durarak liderliği ele geçirdi.

—¿Eh? ¿Eh? —gritó François, dándose palmadas en los muslos, divertido.

"Eh? Eh?" diye haykırdı François, eğlenerek uyluklarına vurarak.

—Mira a Buck. Mató a Spitz y ahora quiere aceptar el trabajo.

"Buck'a bak, Spitz'i öldürdü, şimdi de işi almak istiyor!"

—¡Vete, Chook! —gritó, intentando ahuyentar a Buck.

"Defol git, Chook!" diye bağırdı, Buck'ı uzaklaştırmaya çalışarak.

Pero Buck se negó a moverse y se mantuvo firme en la nieve.

Ama Buck hareket etmeyi reddetti ve karda dimdik ayakta durdu.

François agarró a Buck por la nuca y lo arrastró a un lado.

François, Buck'ı ensesinden yakalayıp bir kenara çekti.

Buck gruñó bajo y amenazante, pero no atacó.

Buck alçak sesle ve tehditkar bir şekilde hırladı ama saldırmadı.

François puso a Solleks de nuevo en cabeza, intentando resolver la disputa.

François, Solleks'i tekrar öne geçirerek anlaşmazlığı çözmeye çalıştı

El perro viejo mostró miedo de Buck y no quería quedarse.

Yaşlı köpek Buck'tan korkuyordu ve kalmak istemiyordu.
Cuando François le dio la espalda, Buck expulsó nuevamente a Solleks.
François arkasını döndüğünde Buck, Solleks'i tekrar dışarı attı.
Solleks no se resistió y se hizo a un lado silenciosamente una vez más.
Solleks direnmedi ve bir kez daha sessizce kenara çekildi.
François se enojó y gritó: "¡Por Dios, te arreglo!"
François öfkelendi ve bağırdı: "Aman Tanrım, seni düzelteceğim!"
Se acercó a Buck sosteniendo un pesado garrote en su mano.
Elinde ağır bir sopayla Buck'a doğru yaklaştı.
Buck recordaba bien al hombre del suéter rojo.
Buck, kırmızı kazaklı adamı çok iyi hatırlıyordu.
Se retiró lentamente, observando a François, pero gruñendo profundamente.
Yavaşça geri çekildi, François'yı izliyordu ama derinden hırlıyordu.
No se apresuró a regresar, incluso cuando Solleks ocupó su lugar.
Solleks onun yerine geçtiğinde bile geri dönmek için acele etmedi.
Buck voló en círculos fuera de su alcance, gruñendo con furia y protesta.
Buck öfke ve itirazla hırlayarak, erişilemeyecek kadar uzakta daireler çizdi.
Mantuvo la vista fija en el palo, dispuesto a esquivarlo si François lanzaba.
François atarsa kaçmak için gözünü sopadan ayırmadı.
Se había vuelto sabio y cauteloso en cuanto a las costumbres de los hombres con armas.
Silahlı adamların yollarına karşı daha akıllı ve dikkatli olmuştu.
François se dio por vencido y llamó a Buck nuevamente a su antiguo lugar.
François pes etti ve Buck'ı tekrar eski yerine çağırdı.

Pero Buck retrocedió con cautela, negándose a obedecer la orden.

Ancak Buck, emre itaat etmeyi reddederek ihtiyatla geri çekildi.

François lo siguió, pero Buck sólo retrocedió unos pasos más.

François onu takip etti, ancak Buck sadece birkaç adım geri çekildi.

Después de un tiempo, François arrojó el arma al suelo, frustrado.

Bir süre sonra François öfkeyle silahı yere attı.

Pensó que Buck tenía miedo de que le dieran una paliza y que iba a venir sin hacer mucho ruido.

Buck'ın dayaktan korktuğunu ve sessizce geleceğini düşündü.

Pero Buck no estaba evitando el castigo: estaba luchando por su rango.

Ama Buck cezadan kaçmıyordu; rütbe için mücadele ediyordu.

Se había ganado el puesto de perro líder mediante una pelea a muerte.

Ölümüne bir mücadeleyle lider köpek konumunu kazanmıştı

No iba a conformarse con nada menos que ser el líder.

Lider olmaktan başka hiçbir şeye razı olmayacaktı.

Perrault participó en la persecución para ayudar a atrapar al rebelde Buck.

Perrault, asi Buck'ı yakalamak için kovalamacaya katıldı.

Juntos lo hicieron correr alrededor del campamento durante casi una hora.

İkisi birlikte onu yaklaşık bir saat boyunca kampın içinde koşturdular.

Le lanzaron garrotes, pero Buck los esquivó hábilmente.

Ona sopalar fırlattılar ama Buck her birini ustalıkla savuşturdu.

Lo maldijeron a él, a sus padres, a sus descendientes y a cada cabello que tenía.

Ona, atalarına, soyuna ve üzerindeki her bir saç teline lanet ettiler.

Pero Buck sólo gruñó y se quedó fuera de su alcance.

Ama Buck sadece hırladı ve onların erişemeyeceği bir mesafede durdu.

Nunca intentó huir, sino que rodeó el campamento deliberadamente.

Kaçmaya hiç çalışmadı, aksine kampın etrafında bilerek tur attı.

Dejó claro que obedecería una vez que le dieran lo que quería.

İstediğini verdiklerinde itaat edeceğini açıkça belli etti.

François finalmente se sentó y se rascó la cabeza con frustración.

François sonunda oturdu ve hayal kırıklığıyla başını kaşıdı.

Perrault miró su reloj, maldijo y murmuró algo sobre el tiempo perdido.

Perrault saatine baktı, küfürler savurdu ve zaman kaybından yakındı.

Ya había pasado una hora cuando debían estar en el sendero.

Yola çıkmaları gereken saatten bir saat geçmişti.

François se encogió de hombros tímidamente y miró al mensajero, quien suspiró derrotado.

François, yenilgiyi kabul ederek iç çeken kuryeye utangaç bir tavırla omuz silkti.

Entonces François se acercó a Solleks y llamó a Buck una vez más.

Sonra François Solleks'in yanına yürüdü ve bir kez daha Buck'a seslendi.

Buck se rió como se ríe un perro, pero mantuvo una distancia cautelosa.

Buck bir köpeğin gülüşü gibi güldü, ama dikkatli bir mesafeyi korudu.

François le quitó el arnés a Solleks y lo devolvió a su lugar.

François, Solleks'in koşum takımını çıkarıp onu yerine geri koydu.

El equipo de trineo estaba completamente arneses y solo había un lugar libre.

Kızak takımı tam donanımlıydı, sadece bir yer boştu.

La posición de liderazgo quedó vacía, claramente destinada solo para Buck.

Liderlik pozisyonu boş kaldı, açıkça sadece Buck'a ayrılmıştı.

François volvió a llamar, y nuevamente Buck rió y se mantuvo firme.

François tekrar seslendi, Buck yine güldü ve direndi.

—Tira el garrote —ordenó Perrault sin dudarlo.

"Sopayı atın," diye emretti Perrault tereddüt etmeden.

François obedeció y Buck inmediatamente trotó hacia adelante orgulloso.

François itaat etti ve Buck hemen gururla öne doğru koştu.

Se rió triunfante y asumió la posición de líder.

Zafer kazanmışçasına gülerek öne geçti.

François aseguró sus correajes y el trineo se soltó.

François izlerini sabitledi ve kızak çözüldü.

Ambos hombres corrieron al lado del equipo mientras corrían hacia el sendero del río.

Takım nehir parkurunda yarışırken her iki adam da yan yana koşuyordu.

François tenía en alta estima a los "dos demonios" de Buck.

François, Buck'ın "iki şeytanı"nı çok beğenmişti

Pero pronto se dio cuenta de que en realidad había subestimado al perro.

ancak kısa süre sonra köpeği aslında hafife aldığını fark etti.

Buck asumió rápidamente el liderazgo y trabajó con excelencia.

Buck kısa sürede liderliği üstlendi ve mükemmel bir performans sergiledi.

En juicio, pensamiento rápido y acción veloz, Buck superó a Spitz.

Yargılama, hızlı düşünme ve hızlı hareket etme konusunda Buck, Spitz'i geride bıraktı.

François nunca había visto un perro igual al que Buck mostraba ahora.

François, Buck'ın şimdi sergilediği gibi bir köpek daha önce hiç görmemişti.

Pero Buck realmente sobresalía en imponer el orden e imponer respeto.

Ama Buck düzeni sağlama ve saygı uyandırma konusunda gerçekten de mükemmeldi.

Dave y Solleks aceptaron el cambio sin preocupación ni protesta.

Dave ve Solleks bu değişikliği kaygı duymadan veya itiraz etmeden kabul ettiler.

Se concentraron únicamente en el trabajo y en tirar con fuerza de las riendas.

Onlar sadece çalışmaya ve dizginleri sıkı sıkı çekmeye odaklandılar.

A ellos les importaba poco quién iba delante, siempre y cuando el trineo siguiera moviéndose.

Kızak hareket ettiği sürece kimin önde olduğu umurlarında değildi.

Billee, la alegre, podría haber liderado todo lo que a ellos les importaba.

Neşeli olan Billee, umurlarında olsa liderlik edebilirdi.

Lo que les importaba era la paz y el orden en las filas.

Onlar için önemli olan saflarda huzur ve düzenin sağlanmasıydı.

El resto del equipo se había vuelto rebelde durante la decadencia de Spitz.

Spitz'in çöküşü sırasında takımın geri kalanı asileşmişti.

Se sorprendieron cuando Buck inmediatamente los puso en orden.

Buck hemen onları düzene soktuğunda şok oldular.

Pike siempre había sido perezoso y arrastraba los pies detrás de Buck.

Pike her zaman tembeldi ve Buck'ın peşinden sürükleniyordu.

Pero ahora el nuevo liderazgo lo ha disciplinado severamente.

Ama şimdi yeni liderlik tarafından sert bir şekilde disiplin altına alınıyordu.

Y rápidamente aprendió a aportar su granito de arena en el equipo.

Ve kısa sürede takımda üzerine düşen görevi yerine getirmeyi öğrendi.

Al final del día, Pike trabajó más duro que nunca.

Günün sonunda Pike her zamankinden daha çok çalışıyordu.

Esa noche en el campamento, Joe, el perro amargado, finalmente fue sometido.

O gece kampta, asabi köpek Joe nihayet sakinleştirildi.

Spitz no logró disciplinarlo, pero Buck no falló.

Spitz onu disiplin altına almayı başaramamıştı ama Buck başarısız olmamıştı.

Utilizando su mayor peso, Buck superó a Joe en segundos.

Buck, daha fazla ağırlığını kullanarak Joe'yu saniyeler içinde alt etti.

Mordió y golpeó a Joe hasta que gimió y dejó de resistirse.

Joe'yu ısırdı ve dövdü, ta ki inleyip direnmeyi bırakana kadar.

Todo el equipo mejoró a partir de ese momento.

O andan itibaren bütün takım gelişmeye başladı.

Los perros recuperaron su antigua unidad y disciplina.

Köpekler eski birlik ve disiplinlerine kavuştular.

En Rink Rapids, se unieron dos nuevos huskies nativos, Teek y Koona.

Rink Rapids'te Teek ve Koona adında iki yeni yerli Sibirya kurdu aramıza katıldı.

El rápido entrenamiento que Buck les dio sorprendió incluso a François.

Buck'ın onları bu kadar hızlı eğitmesi François'yı bile şaşırtmıştı.

"¡Nunca hubo un perro como ese Buck!" gritó con asombro.

"Buck gibi bir köpek hiç olmadı!" diye hayretle haykırdı.

¡No, jamás! ¡Vale mil dólares, por Dios!

"Hayır, asla! Tanrı aşkına, o bin dolar değerinde!"

—¿Eh? ¿Qué dices, Perrault? —preguntó con orgullo.

"Eh? Ne diyorsun, Perrault?" diye sordu gururla.

Perrault asintió en señal de acuerdo y revisó sus notas.
Perrault onaylarcasına başını salladı ve notlarını kontrol etti.
**Ya vamos por delante del cronograma y ganamos más cada
día.**
Zaten programın önündeyiz ve her geçen gün daha fazlasını
kazanıyoruz.
El sendero estaba duro y liso, sin nieve fresca.
Yol sert ve pürüzsüzdü, taze kar yoktu.
**El frío era constante, rondando los cincuenta grados bajo
cero durante todo el tiempo.**
Soğuk hava sürekli olarak eksi elli civarında seyrediyordu.
**Los hombres cabalgaban y corrían por turnos para entrar en
calor y ganar tiempo.**
Erkekler ısınmak ve zaman kazanmak için sırayla ata binip
koşuyorlardı.
**Los perros corrían rápido, con pocas paradas y siempre
avanzando.**
Köpekler çok az durarak, sürekli ileri doğru iterek hızlı
koşuyorlardı.
El río Thirty Mile estaba casi congelado y era fácil cruzarlo.
Otuz Mil Nehri büyük ölçüde donmuş olduğundan üzerinden
geçmek kolaydı.
Salieron en un día lo que habían tardado diez días en llegar.
On gün süren geliş işini bir günde tamamladılar.
**Hicieron una carrera de sesenta millas desde el lago Le Barge
hasta White Horse.**
Le Barge Gölü'nden White Horse'a kadar altmış millik bir
koşu yaptılar.
**A través de los lagos Marsh, Tagish y Bennett se movieron
increíblemente rápido.**
Marsh, Tagish ve Bennett Gölleri'nden inanılmaz hızlı hareket
ettiler.
**El hombre corriendo remolcado detrás del trineo por una
cuerda.**
Koşan adam bir ip yardımıyla kızak arkasından çekiliyordu.
**En la última noche de la segunda semana llegaron a su
destino.**

İkinci haftanın son gecesi varış noktalarına ulaştılar.

Habían llegado juntos a la cima del Paso Blanco.

Birlikte Beyaz Geçit'in tepesine ulaşmışlardı.

Descendieron al nivel del mar con las luces de Skaguay debajo de ellos.

Altlarında Skaguay'ın ışıklarının olduğu deniz seviyesine indiler.

Había sido una carrera que estableció un récord a través de kilómetros de desierto frío.

Mil uzunluğundaki soğuk vahşi doğada rekor kıran bir koşu olmuştu.

Durante catorce días seguidos, recorrieron un promedio de cuarenta millas.

On dört gün boyunca, ortalama olarak güçlü bir şekilde kırk mil yol kat ettiler.

En Skaguay, Perrault y François transportaban mercancías por la ciudad.

Skaguay'da Perrault ve François, yükleri şehirden taşıyorlardı.

Fueron aplaudidos y la multitud admirada les ofreció muchas bebidas.

Hayran kitlesinin coşkusu karşısında alkışlandılar ve kendilerine bol bol içki ikram edildi.

Los cazadores de perros y los trabajadores se reunieron alrededor del famoso equipo de perros.

Ünlü köpek takımının etrafında köpek avcıları ve işçiler toplandı.

Luego, los forajidos del oeste llegaron a la ciudad y sufrieron una derrota violenta.

Daha sonra batılı haydutlar şehre geldiler ve şiddetli bir yenilgiyle karşılaştılar.

La gente pronto se olvidó del equipo y se centró en un nuevo drama.

İnsanlar kısa sürede takımı unuttular ve yeni dramalara odaklandılar.

Luego vinieron las nuevas órdenes que cambiaron todo de golpe.

Sonra her şeyi bir anda değiştiren yeni emirler geldi.

François llamó a Buck y lo abrazó con orgullo entre lágrimas.
François, Buck'ı yanına çağırdı ve gözyaşlarıyla gururla ona sarıldı.
Ese momento fue la última vez que Buck volvió a ver a François.
Buck, François'yı bir daha asla bu kadar iyi görmedi.
Como muchos hombres antes, tanto François como Perrault se habían ido.
Daha önceki birçok erkek gibi, François ve Perrault da gitmişti.
Un mestizo escocés se hizo cargo de Buck y sus compañeros de equipo de perros de trineo.
Buck ve kızak köpeği takım arkadaşlarının sorumluluğunu bir İskoç melezi üstlendi.
Con una docena de otros equipos de perros, regresaron por el sendero hasta Dawson.
Bir düzine kadar diğer köpek takımıyla birlikte patika boyunca Dawson'a geri döndüler.
Ya no era una carrera rápida, solo un trabajo duro con una carga pesada cada día.
Artık hızlı bir koşu yoktu; sadece her gün ağır bir yük ile ağır bir emek gerekiyordu.
Éste era el tren correo que llevaba noticias a los buscadores de oro cerca del Polo.
Bu, Kutup yakınlarındaki altın avcılarına haber getiren posta treniydi.
A Buck no le gustaba el trabajo, pero lo soportaba bien y se enorgullecía de su esfuerzo.
Buck bu işten hoşlanmıyordu ama çabasının gururunu yaşayarak buna katlanıyordu.
Al igual que Dave y Solleks, Buck mostró devoción por cada tarea diaria.
Dave ve Solleks gibi Buck da günlük işlerin hepsine özveriyle bağlılık gösteriyordu.
Se aseguró de que cada uno de sus compañeros hiciera su parte.

Takım arkadaşlarının her birinin üzerlerine düşeni yaptığından emin oldu.

La vida en el sendero se volvió aburrida, repetida con la precisión de una máquina.

Patika hayatı sıkıcılaştı, bir makine hassasiyetiyle tekrarlandı.

Cada día parecía igual, una mañana se fundía con la siguiente.

Her gün aynıydı, bir sabah diğerine karışıyordu.

A la misma hora, los cocineros se levantaron para hacer fogatas y preparar la comida.

Aynı saatte aşçılar kalkıp ateşi yakıp yemek hazırlamaya başladılar.

Después del desayuno, algunos abandonaron el campamento mientras otros enjaezaron los perros.

Kahvaltının ardından bazıları kamptan ayrılırken, bazıları da köpeklerini koşturdu.

Se pusieron en marcha antes de que la tenue señal del amanecer tocara el cielo.

Şafağın ilk ışıkları gökyüzüne ulaşmadan önce yola koyuldular.

Por la noche se detenían para acampar, cada hombre con una tarea determinada.

Geceleyin kamp kurmak için dururlardı, her adamın belli bir görevi vardı.

Algunos montaron tiendas de campaña, otros cortaron leña y recogieron ramas de pino.

Kimisi çadırlarını kurdu, kimisi odun kesti, çam dalları topladı.

Se llevaba agua o hielo a los cocineros para la cena.

Akşam yemeği için aşçılara su veya buz götürülürdü.

Los perros fueron alimentados y esta fue la mejor parte del día para ellos.

Köpeklere yemek verildi ve bu onlar için günün en güzel kısmıydı.

Después de comer pescado, los perros se relajaron y descansaron cerca del fuego.

Balıklarını yedikten sonra köpekler dinlenip ateşin başında dinlendiler.

Había otros cien perros en el convoy con los que mezclarse.

Konvoyda kaynaşabileceği yüz tane daha köpek vardı.

Muchos de esos perros eran feroces y rápidos para pelear sin previo aviso.

Bu köpeklerin çoğu vahşiydi ve uyarı vermeden kavga etmeye hazırdı.

Pero después de tres victorias, Buck dominó incluso a los luchadores más feroces.

Ancak üç galibiyetten sonra Buck, en sert dövüşçüleri bile alt etmeyi başardı.

Cuando Buck gruñó y mostró los dientes, se hicieron a un lado.

Buck hırlayıp dişlerini gösterdiğinde ise kenara çekildiler.

Quizás lo mejor de todo es que a Buck le encantaba tumbarse cerca de la fogata parpadeante.

Belki de en çok, Buck'ın titrek kamp ateşinin yanında yatmayı sevmesi hoşuma gidiyordu.

Se agachó con las patas traseras dobladas y las patas delanteras estiradas hacia adelante.

Arka ayaklarını kıvırıp ön ayaklarını öne doğru uzatarak çömeldi.

Levantó la cabeza mientras parpadeaba suavemente ante las llamas brillantes.

Başını kaldırıp parlayan alevlere doğru yumuşakça gözlerini kırpıştırdı.

A veces recordaba la gran casa del juez Miller en Santa Clara.

Bazen Yargıç Miller'ın Santa Clara'daki büyük evini hatırlıyordu.

Pensó en la piscina de cemento, en Ysabel y en el pug llamado Toots.

Çimento havuzunu, Ysabel'i ve Toots adlı pug cinsi köpeği düşündü.

Pero más a menudo recordaba el garrote del hombre del suéter rojo.

Ama daha çok kırmızı kazaklı adamın sopasını hatırlıyordu.

Recordó la muerte de Curly y su feroz batalla con Spitz.

Kıvırcık'nin ölümünü ve Spitz'le olan amansız mücadelesini hatırladı.

También recordó la buena comida que había comido o con la que aún soñaba.

Yediği veya hâlâ rüyasında gördüğü güzel yemekleri de hatırladı.

Buck no sentía nostalgia: el cálido valle era distante e irreal.

Buck, memleketini özlemiyordu; sıcak vadi uzaktaydı ve gerçek dışıydı.

Los recuerdos de California ya no ejercían ninguna atracción sobre él.

Kaliforniya'daki anılar artık onun üzerinde pek bir etki bırakmıyordu.

Más fuertes que la memoria eran los instintos profundos en su linaje.

Hafızasından daha güçlü olan şey, kanının derinliklerindeki içgüdülerdi.

Los hábitos que una vez se habían perdido habían regresado, revividos por el camino y la naturaleza.

Bir zamanlar kaybedilen alışkanlıklar, patika ve vahşi doğa tarafından yeniden canlandırılarak geri dönmüştü.

Mientras Buck observaba la luz del fuego, a veces se convertía en otra cosa.

Buck ateşin ışığını izlerken, bazen bu ışık başka bir şeye dönüşüyordu.

Vio a la luz del fuego otro fuego, más antiguo y más profundo que el actual.

Ateşin ışığında, şimdikinden daha eski ve daha derin bir ateş gördü.

Junto a ese otro fuego se agazapaba un hombre que no se parecía en nada al cocinero mestizo.

Diğer ateşin yanında melez aşçıya benzemeyen bir adam çömelmişti.

Esta figura tenía piernas cortas, brazos largos y músculos duros y anudados.

Bu figürün kısa bacakları, uzun kolları ve sert, düğümlü kasları vardı.

Su cabello era largo y enmarañado, y caía hacia atrás desde los ojos.

Saçları uzun ve keçeleşmişti, gözlerinden geriye doğru uzuyordu.

Hizo ruidos extraños y miró con miedo hacia la oscuridad.

Garip sesler çıkarıyor, korkuyla karanlığa bakıyordu.

Sostenía agachado un garrote de piedra, firmemente agarrado con su mano larga y áspera.

Uzun, sert elinde sıkıca tuttuğu taş bir sopayı alçakta tutuyordu.

El hombre vestía poco: sólo una piel carbonizada que le colgaba por la espalda.

Adamın üzerinde pek az şey vardı; sırtından aşağı doğru sarkan kömürleşmiş bir deri.

Su cuerpo estaba cubierto de espeso vello en los brazos, el pecho y los muslos.

Vücudu, kolları, göğsü ve uylukları boyunca sık kıllarla kaplıydı.

Algunas partes del cabello estaban enredadas en parches de pelaje áspero.

Saçların bazı kısımları sert kürk parçaları halinde birbirine karışmıştı.

No se mantenía erguido, sino inclinado hacia delante desde las caderas hasta las rodillas.

Ayakta dik durmuyordu, kalçadan dizlere kadar öne doğru eğilmişti.

Sus pasos eran elásticos y felinos, como si estuviera siempre dispuesto a saltar.

Adımları sanki her an sıçramaya hazırmış gibi yaylı ve kedi gibiydi.

Había un estado de alerta agudo, como si viviera con miedo constante.

Sürekli bir korku içinde yaşıyormuş gibi keskin bir teyakkuz hali vardı.

Este hombre anciano parecía esperar el peligro, ya sea que lo viera o no.

Bu kadim insan, tehlike görülse de görülmese de tehlikeyi önceden seziyor gibiydi.

A veces, el hombre peludo dormía junto al fuego, con la cabeza metida entre las piernas.

Bazen tüylü adam ateşin başında başını bacaklarının arasına sokup uyurdu.

Sus codos descansaban sobre sus rodillas, sus manos entrelazadas sobre su cabeza.

Dirseklerini dizlerine dayamış, ellerini başının üstünde kavuşturmuştu.

Como un perro, usó sus brazos peludos para protegerse de la lluvia que caía.

Bir köpek gibi, tüylü kollarını kullanarak yağan yağmuru döküyordu.

Más allá de la luz del fuego, Buck vio dos brasas brillando en la oscuridad.

Buck, ateş ışığının ötesinde karanlıkta parlayan iki kömür gördü.

Siempre de dos en dos, eran los ojos de las bestias rapaces al acecho.

Her zaman ikişer ikişer, yırtıcı hayvanların peşindeki gözleriydiler.

Escuchó cuerpos chocando contra la maleza y ruidos en la noche.

Çalılıklarda ezilen cesetlerin sesini ve gecenin karanlığında çıkan sesleri duydu.

Acostado en la orilla del Yukón, parpadeando, Buck soñaba junto al fuego.

Yukon kıyısında yatan Buck, gözlerini kırpıştırarak ateşin başında hayal kuruyordu.

Las vistas y los sonidos de ese mundo salvaje le ponían los pelos de punta.

O vahşi dünyanın görüntüleri ve sesleri tüylerini diken diken ediyordu.

El pelaje se le subió por la espalda, los hombros y el cuello.

Tüyler sırtından omuzlarına, boynuna kadar uzanıyordu.

Él gimió suavemente o emitió un gruñido bajo y profundo en su pecho.

Hafifçe inliyordu ya da göğsünün derinliklerinden gelen alçak bir homurtu çıkarıyordu.

Entonces el cocinero mestizo gritó: "¡Oye, Buck, despierta!"

Sonra melez aşçı bağırdı: "Hey, Buck, uyan!"

El mundo de los sueños desapareció y la vida real regresó a los ojos de Buck.

Rüya dünyası kaybolmuş, gerçek hayat Buck'ın gözlerine geri dönmüştü.

Iba a levantarse, estirarse y bostezar, como si acabara de despertar de una siesta.

Sanki uykudan uyanmış gibi kalkıp gerinecek, esneyecekti.

El viaje fue duro, con el trineo del correo arrastrándose detrás de ellos.

Posta kızaklarının arkalarında sürüklenmesiyle yolculuk zordu.

Las cargas pesadas y el trabajo duro agotaban a los perros cada largo día.

Ağır yükler ve zorlu çalışma, köpekleri her uzun günde yıpratıyordu.

Llegaron a Dawson delgados, cansados y necesitando más de una semana de descanso.

Dawson'a zayıf, yorgun ve bir haftalık dinlenmeye ihtiyaç duyarak ulaştılar.

Pero sólo dos días después, emprendieron nuevamente el descenso por el Yukón.

Ancak sadece iki gün sonra tekrar Yukon'a doğru yola koyuldular.

Estaban cargados con más cartas destinadas al mundo exterior.

İçlerinde dış dünyaya gönderilmek üzere hazırlanmış daha çok mektup vardı.

Los perros estaban exhaustos y los hombres se quejaban constantemente.

Köpekler bitkin düşmüştü ve adamlar sürekli şikâyet ediyorlardı.

La nieve caía todos los días, suavizando el camino y ralentizando los trineos.

Her gün yağan kar, patikayı yumuşatıyor ve kızakların hızını düşürüyordu.

Esto provocó que el tirón fuera más difícil y hubo más resistencia para los corredores.

Bu durum koşucuların daha zor çekilmesine ve daha fazla sürtünmeye neden oldu.

A pesar de eso, los pilotos fueron justos y se preocuparon por sus equipos.

Buna rağmen sürücüler adil davrandılar ve takımlarına değer verdiler.

Cada noche, los perros eran alimentados antes de que los hombres pudieran comer.

Her gece, adamlar yemek yemeden önce köpeklere yemek veriliyordu.

Ningún hombre duerme sin antes revisar las patas de su propio perro.

Hiçbir adam kendi köpeğinin ayaklarını kontrol etmeden uyumazdı.

Aún así, los perros se fueron debilitando a medida que los kilómetros iban desgastando sus cuerpos.

Ancak köpekler, kat ettikleri kilometreler vücutlarını yıprattıkça giderek zayıfladılar.

Habían viajado mil ochocientas millas durante el invierno.

Kış boyunca bin sekiz yüz mil yol kat etmişlerdi.

Tiraron de trineos a lo largo de cada milla de esa brutal distancia.

O acımasız mesafenin her milini kızaklarla kat ettiler.

Incluso los perros de trineo más resistentes sienten tensión después de tantos kilómetros.

En dayanıklı kızak köpekleri bile bu kadar kilometre kat ettikten sonra zorlanırlar.

Buck aguantó, mantuvo a su equipo trabajando y mantuvo la disciplina.

Buck direndi, ekibini çalışır durumda tuttu ve disiplini korudu.

Pero Buck estaba cansado, al igual que los demás en el largo viaje.

Ama Buck, uzun yolculuktaki diğerleri gibi yorgundu.

Billee gemía y lloraba mientras dormía todas las noches sin falta.

Billee her gece uykusunda sızlanıp ağlıyordu.

Joe se volvió aún más amargado y Solleks se mantuvo frío y distante.

Joe daha da öfkelendi. Solleks ise soğuk ve mesafeli davranmaya devam etti.

Pero fue Dave quien sufrió más de todo el equipo.

Ama tüm takım içinde en çok zarar gören Dave oldu.

Algo había ido mal dentro de él, aunque nadie sabía qué.

İçinde bir şeyler ters gidiyordu ama kimse ne olduğunu bilmiyordu.

Se volvió más malhumorado y les gritaba a los demás con creciente enojo.

Daha da huysuzlaştı ve giderek artan bir öfkeyle başkalarına saldırmaya başladı.

Cada noche iba directo a su nido, esperando ser alimentado.

Her gece doğruca yuvasına gidiyor ve beslenmeyi bekliyordu.

Una vez que cayó, Dave no se levantó hasta la mañana.

Dave bir kere yere düştükten sonra sabaha kadar ayağa kalkmadı.

En las riendas, tirones o arranques repentinos le hacían gritar de dolor.

Dizginlerde ani sarsıntılar veya sıçramalar onun acı içinde çığlık atmasına neden oluyordu.

Su conductor buscó la causa, pero no encontró heridos.

Sürücüsü kazanın nedenini araştırdı ancak herhangi bir yaralanmaya rastlamadı.

Todos los conductores comenzaron a observar a Dave y discutieron su caso.

Tüm şoförler Dave i izlemeye ve durumunu tartışmaya başladılar.

Hablaron durante las comidas y durante el último cigarrillo del día.

Yemeklerde ve günün son sigara içmelerinde sohbet ettiler.

Una noche tuvieron una reunión y llevaron a Dave al fuego.

Bir gece toplantı yapıp Dave'i ateşin başına getirdiler.

Le apretaron y le palparon el cuerpo, y él gritaba a menudo.

Vücuduna bastırıp yokluyorlardı, o da sık sık bağırıyordu.

Estaba claro que algo iba mal, aunque no parecía haber ningún hueso roto.

Kemiklerin hiçbiri kırılmamış gibi görünse de, bir şeylerin ters gittiği açıkça belliydi.

Cuando llegaron a Cassiar Bar, Dave se estaba cayendo.

Cassiar Bar'a vardıklarında Dave yere yığılıyordu.

El mestizo escocés pidió un alto y eliminó a Dave del equipo.

İskoç melezi yarışı durdurdu ve Dave'i takımdan çıkardı.

Sujetó a Solleks en el lugar de Dave, más cerca del frente del trineo.

Solleks'i Dave'in yerine, kızakların ön tarafına en yakın yere bağladı.

Su intención era dejar que Dave descansara y corriera libremente detrás del trineo en movimiento.

Dave'in dinlenmesini ve hareket eden kızak arkasında serbestçe koşmasını istiyordu.

Pero incluso estando enfermo, Dave odiaba que lo sacaran del trabajo que había tenido.

Ama Dave hasta bile olsa, sahip olduğu işinden alınmasından nefret ediyordu.

Gruñó y gimió cuando le quitaron las riendas del cuerpo.

Dizginler vücudundan çekilirken hırladı ve sızlandı.

Cuando vio a Solleks en su lugar, lloró con el corazón roto.

Solleks'i kendi yerinde görünce yüreği parçalanarak ağladı.

El orgullo por el trabajo en los senderos estaba profundamente arraigado en Dave, incluso cuando se acercaba la muerte.

Dave, ölüm yaklaşırken bile, patika çalışmalarının gururunu yaşıyordu.

Mientras el trineo se movía, Dave se tambaleaba sobre la nieve blanda cerca del sendero.

Kızak hareket ettikçe Dave patikanın yakınındaki yumuşak karda tökezleyerek ilerliyordu.

Atacó a Solleks, mordiéndolo y empujándolo desde el costado del trineo.

Solleks'e saldırdı, onu ısırdı ve kızak tarafından itti.

Dave intentó saltar al arnés y recuperar su lugar de trabajo.

Dave koşum takımına atlayıp çalışma yerini geri almaya çalıştı.

Gritó, se quejó y lloró, dividido entre el dolor y el orgullo por el trabajo.

Acıyla emeğinin gururu arasında kalmış bir halde, bağırıyor, sızlanıyor ve ağlıyordu.

El mestizo usó su látigo para intentar alejar a Dave del equipo.

Melez, Dave'i takımdan uzaklaştırmak için kırbacını kullandı.

Pero Dave ignoró el látigo y el hombre no pudo golpearlo más fuerte.

Ama Dave kırbacı görmezden geldi ve adam ona daha sert vuramadı.

Dave rechazó el camino más fácil detrás del trineo, donde la nieve estaba acumulada.

Dave, kızak arkasındaki karın sıkıştırıldığı daha kolay yolu reddetti.

En cambio, luchaba en la nieve profunda junto al sendero, en la miseria.

Bunun yerine, patikanın kenarındaki derin karda sefalet içinde mücadele etti.

Finalmente, Dave se desplomó, quedó tendido en la nieve y aullando de dolor.

Sonunda Dave yere yığıldı, karda yattı ve acı içinde inledi.

Gritó cuando el largo tren de trineos pasó a su lado uno por uno.

Uzun kızak kafilesi birer birer yanından geçerken haykırdı.

Aún con las fuerzas que le quedaban, se levantó y tropezó tras ellos.

Yine de kalan gücüyle ayağa kalktı ve onların peşinden
sendeleyerek yürüdü.

**Lo alcanzó cuando el tren se detuvo nuevamente y encontró
su viejo trineo.**

Tren tekrar durduğunda yetişip eski kızaklarını buldu.

**Pasó junto a los otros equipos y se quedó de nuevo al lado
de Solleks.**

Diğer takımların arasından sıyrılıp tekrar Solleks'in yanına
geldi.

**Cuando el conductor se detuvo para encender su pipa, Dave
aprovechó su última oportunidad.**

Şoför piposunu yakmak için durduğunda Dave son şansını
kullandı.

Cuando el conductor regresó y gritó, el equipo no avanzó.

Şoför geri dönüp bağırdığında ise takım ilerlemedi.

**Los perros habían girado la cabeza, confundidos por la
parada repentina.**

Köpekler, aniden durmanın verdiği şaşkınlıkla başlarını
çevirmişlerdi.

**El conductor también estaba sorprendido: el trineo no se
había movido ni un centímetro hacia adelante.**

Sürücü de şok olmuştu; kızak bir santim bile ilerlememişti.

**Llamó a los demás para que vinieran a ver qué había
sucedido.**

Diğerlerine seslenerek gelip ne olduğunu görmelerini söyledi.

**Dave había mordido las riendas de Solleks, rompiéndolas
ambas.**

Dave, Solleks'in dizginlerini çiğnemiş, ikisini de parçalamıştı.

**Ahora estaba de pie frente al trineo, nuevamente en su
posición correcta.**

Şimdi kızak önünde, hak ettiği pozisyonda duruyordu.

**Dave miró al conductor y le rogó en silencio que se
mantuviera en el carril.**

Dave şoföre baktı, sessizce iz bırakmaması için yalvardı.

**El conductor estaba desconcertado, sin saber qué hacer con
el perro que luchaba.**

Sürücü, çırpınan köpeği için ne yapacağını bilemeyerek şaşkına döndü.

Los otros hombres hablaron de perros que habían muerto al ser sacados a la calle.

Diğer adamlar dışarı çıkarılıp öldürülen köpeklerden bahsettiler.

Contaron sobre perros viejos o heridos cuyo corazón se rompió al ser abandonados.

Yaşlı veya yaralı köpeklerin geride bırakıldıklarında kalplerinin kırıldığını anlattılar.

Estuvieron de acuerdo en que era una misericordia dejar que Dave muriera mientras aún estaba en su arnés.

Dave'in hala koşum takımıyla ölmesine izin vermenin bir merhamet olduğunu kabul ettiler.

Lo volvieron a sujetar al trineo y Dave tiró con orgullo.

Kızağa tekrar bağlandı ve Dave gururla çekti.

Aunque a veces gritaba, trabajaba como si el dolor pudiera ignorarse.

Bazen ağlasa da sanki acıyı görmezden gelebilirmiş gibi çalışıyordu.

Más de una vez se cayó y fue arrastrado antes de levantarse de nuevo.

Birkaç kez düştü ve tekrar ayağa kalkmadan önce sürüklendi.

Un día, el trineo pasó por encima de él y desde ese momento empezó a cojear.

Bir ara kızak üzerinden geçti ve o andan itibaren topallamaya başladı.

Aún así, trabajó hasta llegar al campamento y luego se acostó junto al fuego.

Yine de kampa varıncaya kadar çalıştı, sonra da ateşin başında uzandı.

Por la mañana, Dave estaba demasiado débil para viajar o incluso mantenerse en pie.

Sabah olduğunda Dave, yola çıkamayacak ve hatta ayakta duramayacak kadar güçsüzdü.

En el momento de preparar el arnés, intentó alcanzar a su conductor con un esfuerzo tembloroso.

Koşum takımının takılması sırasında titrek bir çabayla
sürücüsüne ulaşmaya çalıştı.
**Se obligó a levantarse, se tambaleó y se desplomó sobre el
suelo nevado.**
Kendini zorlayarak ayağa kalktı, sendeledi ve karlı zemine
yığıldı.
**Utilizando sus patas delanteras, arrastró su cuerpo hacia el
área del arnés.**
Ön ayaklarını kullanarak vücudunu koşum alanına doğru
sürükledi.
**Avanzó poco a poco, centímetro a centímetro, hacia los
perros de trabajo.**
Kendini santim santim, çalışan köpeklere doğru çekti.
**Sus fuerzas se acabaron, pero siguió avanzando en su último
y desesperado esfuerzo.**
Gücü tükendi, ama son çaresiz hamlesiyle hareket etmeye
devam etti.
**Sus compañeros de equipo lo vieron jadeando en la nieve,
todavía deseando unirse a ellos.**
Takım arkadaşları onun karda soluk soluğa kaldığını ve hâlâ
onlara katılmayı özlediğini gördüler.
**Lo oyeron aullar de dolor mientras dejaban atrás el
campamento.**
Kampı geride bırakırken onun üzüntüyle bağırdığını
duydular.
**Cuando el equipo desapareció entre los árboles, el grito de
Dave resonó detrás de ellos.**
Takım ağaçların arasında kaybolurken Dave'in çığlığı
arkalarında yankılandı.
**El tren de trineos se detuvo brevemente después de cruzar
un tramo de bosque junto al río.**
Kızak treni, nehir kıyısındaki bir bölümü geçtikten sonra kısa
bir süre durdu.
**El mestizo escocés caminó lentamente de regreso hacia el
campamento que estaba detrás.**
İskoç melezi yavaşça arkadaki kampa doğru yürüdü.

Los hombres dejaron de hablar cuando lo vieron salir del tren de trineos.

Adamlar onun kızak treninden indiğini görünce konuşmayı bıraktılar.

Entonces un único disparo se oyó claro y nítido en el camino.

Sonra patikanın karşısından tek bir el silah sesi duyuldu, net ve keskin bir şekilde.

El hombre regresó rápidamente y ocupó su lugar sin decir palabra.

Adam hemen geri döndü ve tek kelime etmeden yerini aldı.

Los látigos crujieron, las campanas tintinearon y los trineos rodaron por la nieve.

Kırbaçlar şaklıyor, çanlar şıngırdadı ve kızaklar karda yol aldı.

Pero Buck sabía lo que había sucedido... y todos los demás perros también.

Ama Buck olan biteni biliyordu; diğer köpekler de biliyordu.

El trabajo de las riendas y el sendero
Dizginlerin ve İz Sürmenin Zorluğu

Treinta días después de salir de Dawson, el Salt Water Mail llegó a Skaguay.
Dawson'dan ayrıldıktan otuz gün sonra Salt Water Mail Skaguay'a ulaştı.

Buck y sus compañeros tomaron la delantera, llegando en lamentables condiciones.
Buck ve takım arkadaşları, acınası bir durumda olsalar da öne geçtiler.

Buck había bajado de ciento cuarenta a ciento quince libras.
Buck 75 kilodan 85 kiloya düşmüştü.

Los otros perros, aunque más pequeños, habían perdido aún más peso corporal.
Diğer köpekler daha küçük olmalarına rağmen daha fazla kilo kaybetmişlerdi.

Pike, que antes fingía cojear, ahora arrastraba tras él una pierna realmente herida.
Bir zamanlar sahte bir topallama yaşayan Pike, şimdi gerçekten yaralı bacağını arkasından sürüklüyordu.

Solleks cojeaba mucho y Dub tenía un omóplato torcido.
Solleks çok topallıyordu ve Dub'ın kürek kemiği de burkulmuştu.

Todos los perros del equipo tenían las patas doloridas por las semanas que pasaron en el sendero helado.
Takımdaki her köpeğin haftalardır buzlu yolda yürümesi nedeniyle ayakları yara içindeydi.

Ya no tenían resorte en sus pasos, sólo un movimiento lento y arrastrado.
Adımlarında hiç canlılık kalmamıştı, sadece yavaş, sürünen bir hareket vardı.

Sus pies golpeaban el sendero con fuerza y cada paso añadía más tensión a sus cuerpos.
Ayakları sertçe yola basıyordu, her adımda vücutlarına daha fazla yük biniyordu.

No estaban enfermos, sólo agotados más allá de toda
recuperación natural.
Hasta değillerdi, sadece doğal iyileşmenin ötesinde bitkin
düşmüşlerdi.
No era el cansancio de un día duro que se curaba con una
noche de descanso.
Bu, bir gecelik dinlenmeyle düzelen, bir günün yorgunluğu
değildi.
Fue un agotamiento acumulado lentamente a lo largo de
meses de esfuerzo agotador.
Aylarca süren yorucu çabalar sonucunda yavaş yavaş oluşan
bir yorgunluktu bu.
No quedaban reservas de fuerza: habían agotado todas las
que tenían.
Hiçbir yedek güçleri kalmamıştı; ellerindeki her zerreyi
tüketmişlerdi.
Cada músculo, fibra y célula de sus cuerpos estaba gastado y
desgastado.
Vücutlarındaki her kas, her lif, her hücre tükenmiş ve
yıpranmıştı.
Y había una razón: habían recorrido dos mil quinientas
millas.
Ve bunun bir nedeni vardı; iki bin beş yüz mil yol kat
etmişlerdi.
Habían descansado sólo cinco días durante las últimas mil
ochocientas millas.
Son bin sekiz yüz milde sadece beş gün dinlenmişlerdi.
Cuando llegaron a Skaguay, parecían apenas capaces de
mantenerse en pie.
Skaguay'a vardıklarında ayakta durmakta bile güçlük
çekiyorlardı.
Se esforzaron por mantener las riendas tensas y permanecer
delante del trineo.
Dizginleri sıkı tutmak ve kızakların önünde kalmak için
çabalıyorlardı.
En las bajadas sólo lograron evitar ser atropellados.
Yokuş aşağı inerken ise ezilmekten kurtuluyorlardı.

"Sigan adelante, pobres pies doloridos", dijo el conductor mientras cojeaban.

"Yürümeye devam edin, zavallı yaralı ayaklar," dedi şoför aksayarak ilerlerken.

"Este es el último tramo, luego todos tendremos un largo descanso, seguro".

"Bu son bölüm, sonra hepimiz uzun bir dinlenme yapacağız, kesinlikle."

"Un descanso verdaderamente largo", prometió mientras los observaba tambalearse hacia adelante.

"Gerçekten uzun bir dinlenme," diye söz verdi, onların sendeleyerek ilerlemesini izlerken.

Los conductores esperaban que ahora tuvieran un descanso largo y necesario.

Sürücüler artık uzun ve ihtiyaç duydukları bir molaya kavuşacaklarını umuyorlardı.

Habían recorrido mil doscientas millas con sólo dos días de descanso.

Sadece iki günlük dinlenmeyle bin iki yüz mil yol kat etmişlerdi.

Por justicia y razón, sintieron que se habían ganado tiempo para relajarse.

Adil olmak ve akıl yürütmek adına rahatlamak için zaman kazandıklarını düşünüyorlardı.

Pero eran demasiados los que habían llegado al Klondike y muy pocos los que se habían quedado en casa.

Fakat Klondike'a çok fazla kişi gelmişti ve çok azı evde kalmıştı.

Las cartas de las familias llegaron en masa, creando montañas de correo retrasado.

Ailelerden gelen mektuplar, gecikmiş posta yığınlarının oluşmasına neden oldu.

Llegaron órdenes oficiales: nuevos perros de la Bahía de Hudson tomarían el control.

Resmi emirler geldi; Hudson Körfezi'ndeki yeni köpekler görevi devralacaktı.

Los perros exhaustos, ahora llamados inútiles, debían ser eliminados.

Artık işe yaramaz hale gelen bitkin köpeklerin bertaraf edilmesi gerekiyordu.

Como el dinero importaba más que los perros, los iban a vender a bajo precio.

Çünkü köpekler paradan daha önemliydi ve ucuza satılacaklardı.

Pasaron tres días más antes de que los perros sintieran lo débiles que estaban.

Köpeklerin ne kadar güçsüz olduklarını anlamaları üç gün daha sürdü.

En la cuarta mañana, dos hombres de Estados Unidos compraron todo el equipo.

Dördüncü sabah, Amerika'dan iki adam tüm takımı satın aldı.

La venta incluía todos los perros, además de sus arneses usados.

Satışa tüm köpekler ve yıpranmış koşum takımları da dahil edildi.

Los hombres se llamaban entre sí "Hal" y "Charles" mientras completaban el trato.

Anlaşmayı tamamlayan adamlar birbirlerine "Hal" ve "Charles" diye seslendiler.

Charles era un hombre de mediana edad, pálido, con labios flácidos y puntas de bigote feroces.

Charles orta yaşlı, solgun yüzlü, sarkık dudaklı ve sert bıyık uçlu bir adamdı.

Hal era un hombre joven, de unos diecinueve años, que llevaba un cinturón lleno de cartuchos.

Hal, on dokuz yaşlarında genç bir adamdı ve fişek dolu bir kemer takıyordu.

El cinturón contenía un gran revólver y un cuchillo de caza, ambos sin usar.

Kemerinde kullanılmamış büyük bir tabanca ve bir av bıçağı vardı.

Esto demostró lo inexperto e inadecuado que era para la vida en el norte.

Kuzey yaşamına ne kadar deneyimsiz ve uygunsuz olduğunu gösteriyordu.

Ninguno de los dos pertenecía a la naturaleza; su presencia desafiaba toda razón.

Hiçbir adam vahşi doğaya ait değildi; onların varlığı her türlü mantığa meydan okuyordu.

Buck observó cómo el dinero intercambiaba manos entre el comprador y el agente.

Buck, alıcı ile emlakçı arasında para alışverişinin gerçekleştiğini izledi.

Sabía que los conductores de trenes correos abandonaban su vida como el resto.

Posta treni sürücülerinin de diğerleri gibi hayatından çıkacağını biliyordu.

Siguieron a Perrault y a François, ahora desaparecidos sin posibilidad de recuperación.

Artık hatırlanamayacak durumda olan Perrault ve François'yı takip ettiler.

Buck y el equipo fueron conducidos al descuidado campamento de sus nuevos dueños.

Buck ve ekibi yeni sahiplerinin bakımsız kampına götürüldüler.

La tienda se hundía, los platos estaban sucios y todo estaba desordenado.

Çadır çökmüştü, tabaklar kirliydi, her şey darmadağındı.

Buck también notó que había una mujer allí: Mercedes, la esposa de Charles y hermana de Hal.

Buck orada bir kadın daha olduğunu fark etti; Mercedes, Charles'ın karısı ve Hal'in kız kardeşi.

Formaban una familia completa, aunque no eran aptos para el recorrido.

Tam bir aileydiler ama patikaya pek uygun değillerdi.

Buck observó nervioso cómo el trío comenzó a empacar los suministros.

Buck, üçlünün malzemeleri toplamaya başlamasını gergin bir şekilde izliyordu.

Trabajaron duro, pero sin orden: sólo alboroto y esfuerzos desperdiciados.

Çok çalışıyorlardı ama düzensiz bir şekilde; sadece telaş ve boşa giden bir emek.

La tienda estaba enrollada hasta formar un volumen demasiado grande para el trineo.

Çadır kızak için çok büyük olacak şekilde yuvarlanıp hantal bir hale getirilmişti.

Los platos sucios se empaquetaron sin limpiarlos ni secarlos.

Kirli bulaşıklar hiç temizlenmeden veya kurutulmadan paketleniyordu.

Mercedes revoloteaba por todos lados, hablando, corrigiendo y entrometiéndose constantemente.

Mercedes sürekli konuşuyor, düzeltiyor ve karışıyordu.

Cuando le ponían un saco en el frente, ella insistía en que lo pusieran en la parte de atrás.

Ön tarafa çuval konulduğunda, çuvalın arka tarafa konulması konusunda ısrarcıydı.

Metió la bolsa en el fondo y al siguiente momento la necesitó.

Çuvalı dibe yerleştirdi ve bir sonraki an ona ihtiyacı oldu.

De esta manera, el trineo fue desempaquetado nuevamente para alcanzar la bolsa específica.

Böylece kızak tekrar açılıp belirli bir çantaya ulaşıldı.

Cerca de allí, tres hombres estaban parados afuera de una tienda de campaña, observando cómo se desarrollaba la escena.

Yakınlarda, üç adam bir çadırın dışında durmuş, olup biteni izliyordu.

Sonrieron, guiñaron el ojo y sonrieron ante la evidente confusión de los recién llegados.

Yeni gelenlerin apaçık şaşkınlığına gülümsediler, göz kırptılar ve sırıttılar.

"Ya tienes una carga bastante pesada", dijo uno de los hombres.

"Zaten çok ağır bir yükün var," dedi adamlardan biri.

"No creo que debas llevar esa tienda de campaña, pero es tu elección".

"Bence o çadırı taşımamalısın ama bu senin seçimin."

"¡Inimaginable!", exclamó Mercedes levantando las manos con desesperación.

"Aklıma bile gelmedi!" diye haykırdı Mercedes, çaresizlik içinde ellerini havaya kaldırarak.

"¿Cómo podría viajar sin una tienda de campaña donde refugiarme?"

"Çadır altında kalmadan nasıl seyahat edebilirim ki?"

"Es primavera, ya no volverás a ver el frío", respondió el hombre.

"Bahar geldi, bir daha soğuk hava görmeyeceksin," diye cevapladı adam.

Pero ella meneó la cabeza y ellos siguieron apilando objetos en el trineo.

Ama o başını iki yana salladı ve onlar eşyaları kızaklara yığmaya devam ettiler.

La carga se elevó peligrosamente a medida que añadían los últimos elementos.

Son şeyler eklendikçe yük tehlikeli bir şekilde yükseldi.

"¿Crees que el trineo se deslizará?" preguntó uno de los hombres con mirada escéptica.

"Kızak gidebilir mi sence?" diye sordu adamlardan biri şüpheci bir bakışla.

"¿Por qué no debería?", replicó Charles con gran fastidio.

"Neden olmasın ki?" diye tersledi Charles, keskin bir sinirle.

—Está bien —dijo rápidamente el hombre, alejándose un poco de la ofensa.

"Ah, sorun değil," dedi adam hemen, gücenmekten kaçınarak.

"Solo me preguntaba, me pareció que tenía la parte superior demasiado pesada".

"Sadece merak ediyordum, bana biraz fazla üstten ağır göründü."

Charles se dio la vuelta y ató la carga lo mejor que pudo.

Charles arkasını döndü ve yükü elinden geldiğince bağlamaya çalıştı.

Pero las ataduras estaban sueltas y el embalaje en general estaba mal hecho.

Ancak bağlamalar gevşekti ve paketleme genel olarak kötü yapılmıştı.

"Claro, los perros tirarán de eso todo el día", dijo otro hombre con sarcasmo.

"Elbette, köpekler bunu bütün gün çekecektir," dedi başka bir adam alaycı bir şekilde.

—Por supuesto —respondió Hal con frialdad, agarrando el largo palo del trineo.

"Elbette," diye soğuk bir şekilde cevapladı Hal, kızaktaki uzun gergi çubuğunu tutarak.

Con una mano en el poste, blandía el látigo con la otra.

Bir eli sopanın üzerinde, diğer eliyle kırbacı sallıyordu.

"¡Vamos!", gritó. "¡Muévanse!", instando a los perros a empezar.

"Hadi gidelim!" diye bağırdı. "Hadi!" diyerek köpekleri harekete geçmeye teşvik etti.

Los perros se inclinaron hacia el arnés y se tensaron durante unos instantes.

Köpekler koşum takımına yaslanıp birkaç saniye zorlandılar.

Entonces se detuvieron, incapaces de mover ni un centímetro el trineo sobrecargado.

Sonra durdular, aşırı yüklenmiş kızakları bir santim bile oynatamadılar.

—¡Esos brutos perezosos! —gritó Hal, levantando el látigo para golpearlos.

"Tembel hayvanlar!" diye bağırdı Hal, kırbacı kaldırıp onlara vurarak.

Pero Mercedes entró corriendo y le arrebató el látigo de las manos a Hal.

Ama Mercedes hemen gelip kırbacı Hal'in elinden aldı.

—Oh, Hal, no te atrevas a hacerles daño —gritó alarmada.

"Ah Hal, sakın onlara zarar vermeye kalkma," diye korkuyla bağırdı.

"Prométeme que serás amable con ellos o no daré un paso más".

"Bana onlara karşı nazik olacağına söz ver, yoksa bir adım daha ileri gitmem."

—No sabes nada de perros —le espetó Hal a su hermana.

"Köpekler hakkında hiçbir şey bilmiyorsun," diye çıkıştı Hal kız kardeşine.

"Son perezosos y la única forma de moverlos es azotándolos".

"Onlar tembeldir ve onları hareket ettirmenin tek yolu onları kırbaçlamaktır."

"Pregúntale a cualquiera, pregúntale a uno de esos hombres de allí si dudas de mí".

"Kime sorsanız sorun, eğer benden şüphe ediyorsanız şuradaki adamlardan birine sorun."

Mercedes miró a los espectadores con ojos suplicantes y llorosos.

Mercedes, yalvaran, yaşlı gözlerle seyircilere baktı.

Su rostro mostraba lo profundamente que odiaba ver cualquier dolor.

Yüzünden, acının görüntüsünden ne kadar nefret ettiği anlaşılıyordu.

"Están débiles, eso es todo", dijo un hombre. "Están agotados".

"Onlar zayıf, hepsi bu," dedi bir adam. "Yıpranmışlar."

"Necesitan descansar, han trabajado demasiado tiempo sin descansar".

"Dinlenmeye ihtiyaçları var. Uzun süre ara vermeden çalıştırıldılar."

—Maldito sea el resto —murmuró Hal con el labio curvado.

"Geri kalanı lanet olsun," diye mırıldandı Hal, dudağını bükerek.

Mercedes jadeó, visiblemente dolida por la grosera palabra que pronunció.

Mercedes, onun bu kaba sözünden dolayı açıkça acı çekerek nefesini tuttu.

Aún así, ella se mantuvo leal y defendió instantáneamente a su hermano.

Ama yine de sadık kaldı ve hemen kardeşini savundu.

—No le hagas caso a ese hombre —le dijo a Hal—. Son nuestros perros.

"O adamı umursama," dedi Hal'e. "Onlar bizim köpeklerimiz."

"Los conduces como mejor te parezca, haz lo que creas correcto".

"Onları uygun gördüğünüz şekilde yönlendirin, doğru olduğunu düşündüğünüz şeyi yapın."

Hal levantó el látigo y volvió a golpear a los perros sin piedad.

Hal kırbacı kaldırdı ve köpeklere yine acımasızca vurdu.

Se lanzaron hacia adelante, con el cuerpo agachado y los pies hundidos en la nieve.

İleri doğru atıldılar, vücutları alçaktı, ayakları kara saplanıyordu.

Ponían toda su fuerza en tirar, pero el trineo no se movía.

Bütün güçlerini kızak çekmeye harcıyorlardı ama kızak hareket etmiyordu.

El trineo quedó atascado, como un ancla congelada en la nieve compacta.

Kızak, sıkışmış karın içine donmuş bir çapa gibi saplanıp kalmıştı.

Tras un segundo esfuerzo, los perros se detuvieron de nuevo, jadeando con fuerza.

İkinci denemeden sonra köpekler tekrar durdu, soluk soluğaydılar.

Hal levantó el látigo una vez más, justo cuando Mercedes interfirió nuevamente.

Hal, tam Mercedes'in müdahalesi sırasında kırbacı bir kez daha kaldırdı.

Ella cayó de rodillas frente a Buck y abrazó su cuello.

Buck'ın önünde diz çöktü ve boynuna sarıldı.

Las lágrimas llenaron sus ojos mientras le suplicaba al perro exhausto.

Yorgun köpeğe yalvarırken gözleri yaşlarla doldu.

"Pobres queridos", dijo, "¿por qué no tiran más fuerte?"

"Zavallıcıklar," dedi, "neden daha sert çekmiyorsunuz?"

"Si tiras, no te azotarán así".

- 131 -

"Çekersen böyle kırbaçlanmazsın."

A Buck no le gustaba Mercedes, pero estaba demasiado cansado para resistirse a ella ahora.

Buck, Mercedes'ten hoşlanmıyordu ama artık ona karşı koyamayacak kadar yorgundu.

Él aceptó sus lágrimas como una parte más de ese día miserable.

Onun gözyaşlarını, o sefil günün bir parçası olarak kabul etti.

Uno de los hombres que observaban finalmente habló después de contener su ira.

İzleyenlerden biri öfkesini bastırdıktan sonra nihayet konuştu.

"No me importa lo que les pase a ustedes, pero esos perros importan".

"Sizlere ne olacağı umurumda değil ama o köpekler önemli."

"Si quieres ayudar, suelta ese trineo: está congelado hasta la nieve".

"Yardım etmek istiyorsan, o kızakları çöz, karda donmuş."

"Presiona con fuerza el polo G, derecha e izquierda, y rompe el sello de hielo".

"Gee-direğine sağa ve sola sertçe bastırın ve buz örtüsünü kırın."

Se hizo un tercer intento, esta vez siguiendo la sugerencia del hombre.

Bu kez adamın önerisi üzerine üçüncü bir girişimde bulunuldu.

Hal balanceó el trineo de un lado a otro, soltando los patines.

Hal kızakları bir yandan diğer yana sallayarak kızakların gevşemesini sağladı.

El trineo, aunque sobrecargado y torpe, finalmente avanzó con dificultad.

Kızak aşırı yüklenmiş ve kullanışsız olmasına rağmen sonunda öne doğru sendeledi.

Buck y los demás tiraron salvajemente, impulsados por una tormenta de latigazos.

Buck ve diğerleri, kırbaç darbelerinin etkisiyle çılgınca çekiştiriyorlardı.

Cien metros más adelante, el sendero se curvaba y descendía hacia la calle.

Yüz metre ileride patika kıvrılıp sokağa doğru eğimleniyordu.

Se hubiera necesitado un conductor habilidoso para mantener el trineo en posición vertical.

Kızakları dik tutabilmek için yetenekli bir sürücüye ihtiyaç duyulacaktı.

Hal no era hábil y el trineo se volcó al girar en la curva.

Hal beceriksizdi ve kızak virajı dönerken devrildi.

Las ataduras sueltas cedieron y la mitad de la carga se derramó sobre la nieve.

Gevşek bağlar koptu ve yükün yarısı kara döküldü.

Los perros no se detuvieron; el trineo, más ligero, siguió volando de lado.

Köpekler durmadı; daha hafif olan kızak yan yatarak uçtu.

Enojados por el abuso y la pesada carga, los perros corrieron más rápido.

Kötü muameleden ve ağır yükten öfkelenen köpekler daha hızlı koşmaya başladılar.

Buck, furioso, echó a correr, con el equipo siguiéndolo detrás.

Buck öfkeyle koşmaya başladı, takım da onu takip etti.

Hal gritó "¡Guau! ¡Guau!", pero el equipo no le hizo caso.

Hal "Whoa! Whoa!" diye bağırdı ama takım ona hiç aldırış etmedi.

Tropezó, cayó y fue arrastrado por el suelo por el arnés.

Ayağı kaydı, düştü ve koşum takımı tarafından yerde sürüklendi.

El trineo volcado saltó sobre él mientras los perros corrían delante.

Devrilen kızak köpeklerin önünden geçerken onun üzerinden geçti.

El resto de los suministros se dispersaron por la concurrida calle de Skaguay.

Geriye kalan malzemeler Skaguay'ın işlek caddelerine dağılmıştı.

La gente bondadosa se apresuró a detener a los perros y recoger el equipo.

İyi kalpli insanlar köpekleri durdurmak ve malzemeleri toplamak için koştular.

También dieron consejos, contundentes y prácticos, a los nuevos viajeros.

Ayrıca yeni gezginlere açık ve pratik tavsiyelerde bulundular.

"Si quieres llegar a Dawson, lleva la mitad de la carga y el doble de perros".

"Dawson'a ulaşmak istiyorsanız yükün yarısını alın ve köpek sayısını iki katına çıkarın."

Hal, Charles y Mercedes escucharon, aunque no con entusiasmo.

Hal, Charles ve Mercedes dinliyorlardı ama pek de coşkulu değillerdi.

Instalaron su tienda de campaña y comenzaron a clasificar sus suministros.

Çadırlarını kurup, erzaklarını ayırmaya başladılar.

Salieron alimentos enlatados, lo que hizo reír a carcajadas a los espectadores.

Ortaya çıkan konserveler, görenleri kahkahalara boğdu.

"¿Enlatado en el camino? Te morirás de hambre antes de que se derrita", dijo uno.

"Yolda konserve yiyecek mi? Erimeden önce açlıktan ölürsün," dedi biri.

¿Mantas de hotel? Mejor tíralas todas.

"Otel battaniyeleri mi? Hepsini atsan daha iyi olur."

"Si también deshazte de la tienda de campaña, aquí nadie lava los platos".

"Çadırı da boşaltın, burada kimse bulaşık yıkamaz."

¿Crees que estás viajando en un tren Pullman con sirvientes a bordo?

"Sen hizmetçilerin olduğu bir Pullman trenine bindiğini mi sanıyorsun?"

El proceso comenzó: todos los objetos inútiles fueron arrojados a un lado.

Süreç başladı; işe yaramayan her şey bir kenara atıldı.

Mercedes lloró cuando sus maletas fueron vaciadas en el suelo nevado.

Mercedes, çantalarının karlı zemine boşaltılmasıyla ağladı.

Ella sollozaba por cada objeto que tiraba, uno por uno, sin pausa.

Tek tek atılan her eşyaya durmaksızın hıçkıra hıçkıra ağlıyordu.

Ella juró no dar un paso más, ni siquiera por diez Charleses.

Bir adım daha atmamaya yemin etti; on Charles bile olsa.

Ella le rogó a cada persona cercana que le permitiera conservar sus cosas preciosas.

Yakınında bulunan herkesten değerli eşyalarını kendisine vermelerini rica ediyordu.

Por último, se secó los ojos y comenzó a arrojar incluso la ropa más importante.

En sonunda gözlerini sildi ve hayati önem taşıyan giysileri bile fırlatmaya başladı.

Cuando terminó con los suyos, comenzó a vaciar los suministros de los hombres.

Kendi işini bitirince erkeklerinkini boşaltmaya başladı.

Como un torbellino, destrozó las pertenencias de Charles y Hal.

Bir hortum gibi Charles ve Hal'in eşyalarını parçaladı.

Aunque la carga se redujo a la mitad, todavía era mucho más pesada de lo necesario.

Yük yarı yarıya azalmış olsa da, yine de gereğinden çok daha ağırdı.

Esa noche, Charles y Hal salieron y compraron seis perros nuevos.

O gece Charles ve Hal dışarı çıkıp altı yeni köpek satın aldılar.

Estos nuevos perros se unieron a los seis originales, además de Teek y Koona.

Bu yeni köpekler orijinal altı köpeğe Teek ve Koona'nın da eklenmesiyle eklenmiştir.

Juntos formaron un equipo de catorce perros enganchados al trineo.

Kızaklara bağlanan on dört köpekten oluşan bir ekip oluşturdular.

Pero los nuevos perros no eran aptos y estaban mal entrenados para el trabajo con trineos.

Ancak yeni köpekler kızak işine uygun değildi ve yetersiz eğitimliydiler.

Tres de los perros eran pointers de pelo corto y uno era un Terranova.

Köpeklerden üçü kısa tüylü pointer cinsi, biri ise Newfoundland cinsiydi.

Los dos últimos perros eran mestizos, sin ninguna raza ni propósito claros.

Son iki köpeğin cinsi veya amacı belli olmayan melez köpekler olduğu ortaya çıktı.

No entendieron el camino y no lo aprendieron rápidamente.

İzi anlayamadılar ve çabuk öğrenemediler.

Buck y sus compañeros los miraron con desprecio y profunda irritación.

Buck ve arkadaşları onları küçümseyerek ve derin bir öfkeyle izliyorlardı.

Aunque Buck les enseñó lo que no debían hacer, no podía enseñarles cuál era el deber.

Buck onlara ne yapmamaları gerektiğini öğretse de, görev bilincini öğretemedi.

No se adaptaron bien a la vida en senderos ni al tirón de las riendas y los trineos.

Patikalarda yürümeye, dizgin ve kızakların çekimine pek alışamadılar.

Sólo los mestizos intentaron adaptarse, e incluso a ellos les faltó espíritu de lucha.

Sadece melezler uyum sağlamaya çalıştılar, onlar bile mücadele ruhundan yoksundu.

Los demás perros estaban confundidos, debilitados y destrozados por su nueva vida.

Diğer köpekler ise yeni hayatlarından dolayı şaşkın, güçsüz ve bitkin durumdaydılar.

Con los nuevos perros desorientados y los viejos exhaustos, la esperanza era escasa.

Yeni köpeklerin hiçbir şeyden haberi olmaması ve eskilerinin de bitkin olması nedeniyle umut zayıftı.

El equipo de Buck había recorrido dos mil quinientas millas de senderos difíciles.

Buck'ın ekibi iki bin beş yüz mil zorlu patika yolunu kat etmişti.

Aún así, los dos hombres estaban alegres y orgullosos de su gran equipo de perros.

Yine de iki adam neşeliydi ve büyük köpek takımlarıyla gurur duyuyorlardı.

Creían que viajaban con estilo, con catorce perros enganchados.

On dört köpeği bir arada taşıyarak şık bir yolculuk yaptıklarını sanıyorlardı.

Habían visto trineos partir hacia Dawson y otros llegar desde allí.

Dawson'a giden kızakları ve oradan gelen kızakları görmüşlerdi.

Pero nunca habían visto uno tirado por tantos catorce perros.

Ama daha önce hiç on dört köpeğin çektiğini görmemişlerdi.

Había una razón por la que equipos como ese eran raros en el desierto del Ártico.

Bu tür takımların Arktik vahşi doğasında nadir olmasının bir nedeni vardı.

Ningún trineo podría transportar suficiente comida para alimentar a catorce perros durante el viaje.

Hiçbir kızak, on dört köpeğin yolculuk boyunca beslenebileceği kadar yiyecek taşıyamazdı.

Pero Charles y Hal no lo sabían: habían hecho los cálculos.

Ama Charles ve Hal bunu bilmiyorlardı; hesaplamışlardı.

Planificaron la comida: tanta cantidad por perro, tantos días, y listo.

Yiyecekleri şöyle yazdılar: köpek başına şu kadar, şu kadar gün, tamam.

Mercedes miró sus figuras y asintió como si tuviera sentido.

Mercedes onların rakamlarına baktı ve sanki mantıklıymış gibi başını salladı.

Todo le parecía muy sencillo, al menos en el papel.

Her şey ona, en azından kağıt üzerinde, çok basit görünüyordu.

A la mañana siguiente, Buck guió al equipo lentamente por la calle nevada.

Ertesi sabah Buck, ekibi karlı sokaktan ağır ağır yukarı doğru yönlendirdi.

No había energía ni espíritu en él ni en los perros detrás de él.

Ne kendisinde ne de arkasındaki köpeklerde ne bir enerji ne de bir ruh vardı.

Estaban muertos de cansancio desde el principio: no les quedaban reservas.

Baştan itibaren çok yorgunlardı, yedekleri kalmamıştı.

Buck ya había hecho cuatro viajes entre Salt Water y Dawson.

Buck, Salt Water ile Dawson arasında dört sefer yapmıştı.

Ahora, enfrentado nuevamente el mismo desafío, no sentía nada más que amargura.

Şimdi aynı iz ile tekrar karşı karşıya geldiğinde hissettiği tek şey buruklukta.

Su corazón no estaba en ello, ni tampoco el corazón de los otros perros.

Onun yüreği bu işte değildi, diğer köpeklerin yüreği de yoktu.

Los nuevos perros eran tímidos y los huskies carecían de confianza.

Yeni köpekler ürkekti ve Sibirya kurdu da güven duygusundan yoksundu.

Buck sintió que no podía confiar en estos dos hombres ni en su hermana.

Buck, bu iki adama ya da kız kardeşlerine güvenemeyeceğini hissetti.

No sabían nada y no mostraron señales de aprender en el camino.

Hiçbir şey bilmiyorlardı ve yolda hiçbir öğrenme belirtisi göstermiyorlardı.

Estaban desorganizados y carecían de cualquier sentido de disciplina.

Dağınıktılar ve disiplin duygusundan yoksunlardı.

Les tomó media noche montar un campamento descuidado cada vez.

Her seferinde özensiz bir kamp kurmaları yarım geceyi alıyordu.

Y la mitad de la mañana siguiente la pasaron otra vez jugueteando con el trineo.

Ertesi sabahın yarısını yine kızakla uğraşarak geçirdiler.

Al mediodía, a menudo se detenían simplemente para arreglar la carga desigual.

Öğle vaktine doğru, sadece dengesiz yükü düzeltmek için bile duruyorlardı.

Algunos días, viajaron menos de diez millas en total.

Bazı günler toplamda on milden daha az yol kat ediyorlardı.

Otros días ni siquiera conseguían salir del campamento.

Diğer günlerde ise kamptan hiç ayrılmayı başaramadılar.

Nunca llegaron a cubrir la distancia alimentaria planificada.

Planlanan yiyecek mesafesine asla yaklaşamadılar.

Como era de esperar, muy rápidamente se quedaron sin comida para los perros.

Beklendiği gibi köpekler için yiyecek çok kısa sürede tükendi.

Empeoró las cosas sobrealimentándolos en los primeros días.

İlk günlerde aşırı besleme yaparak durumu daha da kötüleştirdiler.

Esto acercaba la hambruna con cada ración descuidada.

Her dikkatsiz rasyonla açlık daha da yaklaşıyordu.

Los nuevos perros no habían aprendido a sobrevivir con muy poco.

Yeni köpekler henüz çok az şeyle yaşamayı öğrenmemişlerdi.

Comieron con hambre, con apetitos demasiado grandes para el camino.

Yol boyunca yiyebilecekleri kadar büyük iştahlarla, açgözlülükle yediler.

Al ver que los perros se debilitaban, Hal creyó que la comida no era suficiente.

Köpeklerin zayıfladığını gören Hal, verilen yiyeceğin yeterli olmadığını düşündü.

Duplicó las raciones, empeorando aún más el error.

Tazminatı iki katına çıkarınca hata daha da büyüdü.

Mercedes añadió más problemas con lágrimas y suaves súplicas.

Mercedes ise gözyaşlarıyla ve yumuşak yalvarışlarla soruna katkıda bulundu.

Cuando no pudo convencer a Hal, alimentó a los perros en secreto.

Hal'i ikna edemeyince köpekleri gizlice besledi.

Ella robó de los sacos de pescado y se lo dio a sus espaldas.

Balık çuvallarından çalıp, arkasından onlara verdi.

Pero lo que los perros realmente necesitaban no era más comida: era descanso.

Ancak köpeklerin gerçekten ihtiyaç duyduğu şey daha fazla yiyecek değil, dinlenmeydi.

Iban a poca velocidad, pero el pesado trineo aún seguía avanzando.

Zamanları kötüydü ama ağır kızak hâlâ sürükleniyordu.

Ese peso solo les quitaba las fuerzas que les quedaban cada día.

Sadece bu ağırlık bile her gün kalan güçlerini tüketiyordu.

Luego vino la etapa de desalimentación ya que los suministros escasearon.

Daha sonra, kaynaklar azaldığında yetersiz beslenme aşamasına geçildi.

Una mañana, Hal se dio cuenta de que la mitad de la comida para perros ya había desaparecido.

Hal bir sabah köpek mamasının yarısının bittiğini fark etti.

Sólo habían recorrido una cuarta parte de la distancia total del recorrido.

Toplam parkur mesafesinin sadece dörtte birini kat etmişlerdi.

No se podía comprar más comida por ningún precio que se ofreciera.

Artık ne fiyat teklif edilirse edilsin, yiyecek satın alınamıyordu.

Redujo las raciones de los perros por debajo de la ración diaria estándar.

Köpeklerin porsiyonlarını günlük standart rasyonun altına düşürdü.

Al mismo tiempo, exigió viajes más largos para compensar las pérdidas.

Aynı zamanda kayıpların telafisi için daha uzun bir yolculuk talep etti.

Mercedes y Carlos apoyaron este plan, pero fracasaron en su ejecución.

Mercedes ve Charles bu planı desteklediler ancak uygulamada başarısız oldular.

Su pesado trineo y su falta de habilidad hicieron que el avance fuera casi imposible.

Ağır kızakları ve beceri eksiklikleri ilerlemeyi neredeyse imkansız hale getiriyordu.

Era fácil dar menos comida, pero imposible forzar más esfuerzo.

Daha az yemek vermek kolaydı, ama daha fazla çaba harcamak imkânsızdı.

No podían salir temprano ni tampoco viajar horas extras.

Ne erken yola çıkabildiler, ne de ekstra saatlerce yolculuk yapabildiler.

No sabían cómo trabajar con los perros, ni tampoco ellos mismos.

Ne köpekleri nasıl çalıştıracaklarını biliyorlardı, ne de kendilerini.

El primer perro que murió fue Dub, el desafortunado pero trabajador ladrón.

Ölen ilk köpek, talihsiz ama çalışkan hırsız Dub'dı.

Aunque a menudo lo castigaban, Dub había hecho su parte sin quejarse.

Sık sık cezalandırılsa da Dub, şikayet etmeden üzerine düşeni yapmıştı.

Su hombro lesionado empeoró sin cuidados ni necesidad de descanso.

Yaralı omzu, bakım görmediği ve istirahat etmesine gerek kalmadığı için daha da kötüleşti.

Finalmente, Hal usó el revólver para acabar con el sufrimiento de Dub.

Sonunda Hal, tabancayı kullanarak Dub'ın acısına son verdi.

Un dicho común afirma que los perros normales mueren con raciones para perros esquimales.

Yaygın bir söze göre normal köpekler husky rasyonuyla beslenirse ölür.

Los seis nuevos compañeros de Buck tenían sólo la mitad de la porción de comida del husky.

Buck'ın altı yeni arkadaşının yiyeceğinin sadece yarısı kadarı Sibirya kurdunun payına düşüyordu.

Primero murió el Terranova y después los tres bracos de pelo corto.

Önce Newfoundland cinsi köpek öldü, ardından üç kısa tüylü av köpeği.

Los dos mestizos resistieron más tiempo pero finalmente perecieron como el resto.

İki melez yavru daha uzun süre dayandılar ama sonunda diğerleri gibi yok oldular.

Para entonces, todas las comodidades y la dulzura de Southland habían desaparecido.

Bu sırada Güney'in bütün güzellikleri ve nezaketi kalmamıştı.

Las tres personas habían perdido los últimos vestigios de su educación civilizada.

Üç kişi de medeni terbiyelerinin son izlerini bırakmışlardı.

Despojado de glamour y romance, el viaje al Ártico se volvió brutalmente real.

Göz kamaştırıcılığından ve romantizminden sıyrılan Arktika seyahatleri acımasızca gerçek oldu.

Era una realidad demasiado dura para su sentido de masculinidad y feminidad.

Bu, onların erkeklik ve kadınlık duygularına ağır gelen bir gerçekti.

Mercedes ya no lloraba por los perros, ahora lloraba sólo por ella misma.

Mercedes artık köpekler için ağlamıyor, sadece kendisi için ağlıyordu.

Pasó su tiempo llorando y peleando con Hal y Charles.

Zamanını ağlayarak ve Hal ve Charles ile kavga ederek geçiriyordu.

Pelear era lo único que nunca estaban demasiado cansados para hacer.

Kavga etmek, aslı yapmaktan yorulmadıkları tek şeydi.

Su irritabilidad surgió de la miseria, creció con ella y la superó.

Onların sinirlilikleri sefaletten kaynaklanıyordu, sefaletle birlikte büyüyor ve sefaleti aşıyordu.

La paciencia del camino, conocida por quienes trabajan y sufren con bondad, nunca llegó.

Çalışıp didinenlerin, acı çekenlerin bildiği yol sabrı hiçbir zaman gelmedi.

Esa paciencia que conserva dulce la palabra a pesar del dolor les era desconocida.

Acı içinde sözü tatlı kılan o sabrı bilmiyorlardı.

No tenían ni un ápice de paciencia ni la fuerza que suponía sufrir con gracia.

Onlarda sabırdan eser yoktu, acı çekmekten gelen zarafetten gelen bir güç yoktu.

Estaban rígidos por el dolor: les dolían los músculos, los huesos y el corazón.

Acıdan kaskatı kesilmişlerdi; kasları, kemikleri ve kalpleri sızlıyordu.

Por eso se volvieron afilados de lengua y rápidos para usar palabras ásperas.

Bundan dolayı dilleri keskinleşti ve sert söz söylemekte çabuk davrandılar.

Cada día comenzaba y terminaba con voces enojadas y amargas quejas.

Her gün öfkeli sesler ve acı şikayetlerle başlıyor ve bitiyordu.

Charles y Hal discutían cada vez que Mercedes les daba una oportunidad.

Charles ve Hal, Mercedes onlara fırsat verdiğinde sürekli kavga ediyorlardı.

Cada hombre creía que hacía más de lo que le correspondía en el trabajo.

Her adam işin adil kısmından fazlasını yaptığına inanıyordu.

Ninguno de los dos perdió la oportunidad de decirlo una y otra vez.

Bunu her ikisi de tekrar tekrar dile getirme fırsatını kaçırmadılar.

A veces Mercedes se ponía del lado de Charles, a veces del lado de Hal.

Bazen Mercedes Charles'ın, bazen de Hal'in tarafını tutuyordu.

Esto dio lugar a una gran e interminable disputa entre los tres.

Bu durum üçü arasında büyük ve bitmek bilmeyen bir kavgaya yol açtı.

Una disputa sobre quién debería cortar leña se salió de control.

Odun kesme işini kimin yapacağı konusunda çıkan anlaşmazlık kontrolden çıktı.

Pronto se nombraron padres, madres, primos y parientes muertos.

Kısa süre sonra babalar, anneler, kuzenler ve ölmüş akrabaların isimleri verildi.

Las opiniones de Hal sobre el arte o las obras de su tío se convirtieron en parte de la pelea.

Hal'in sanata veya amcasının oyunlarına ilişkin görüşleri mücadelenin bir parçası haline geldi.

Las creencias políticas de Charles también entraron en el debate.

Charles'ın siyasi görüşleri de tartışmaya dahil oldu.

Para Mercedes, incluso los chismes de la hermana de su marido parecían relevantes.

Mercedes'e göre, kocasının kız kardeşinin dedikodusu bile
önemliydi.
**Ella expresó sus opiniones sobre eso y sobre muchos de los
defectos de la familia de Charles.**
Bu konuda ve Charles'ın ailesinin birçok kusuru hakkında
görüşlerini dile getirdi.
**Mientras discutían, el fuego permaneció apagado y el
campamento medio montado.**
Tartışırken ateş söndü, kamp da yarı hazır bir halde kaldı.
Mientras tanto, los perros permanecieron fríos y sin comida.
Bu arada köpekler üşüyor ve yiyeceksiz kalıyorlardı.
**Mercedes tenía un motivo de queja que consideraba
profundamente personal.**
Mercedes'in çok kişisel olarak değerlendirdiği bir şikâyeti
vardı.
**Se sintió maltratada como mujer, negándole sus privilegios
de gentileza.**
Bir kadın olarak kötü muamele gördüğünü, nazik
ayrıcalıklarının elinden alındığını hissetti.
**Ella era bonita y dulce, y acostumbrada a la caballerosidad
toda su vida.**
Güzel ve yumuşak huyluydu, hayatı boyunca centilmenlik
gösterdi.
**Pero su marido y su hermano ahora la trataban con
impaciencia.**
Ama kocası ve kardeşi artık ona sabırsızlıkla yaklaşıyorlardı.
**Su costumbre era actuar con impotencia y comenzaron a
quejarse.**
Çaresizlik içinde davranmayı alışkanlık haline getirmişti ve
onlar da şikâyet etmeye başladılar.
Ofendida por esto, les hizo la vida aún más difícil.
Bu durumdan rahatsız olan kadın, onların hayatını daha da
zorlaştırdı.
**Ella ignoró a los perros e insistió en montar ella misma el
trineo.**
Köpekleri görmezden gelip kızaklara kendisi binmekte ısrar
etti.

Aunque parecía ligera de aspecto, pesaba ciento veinte libras.

Görünüşü zayıf olmasına rağmen, elli kilo ağırlığındaydı.

Esa carga adicional era demasiado para los perros hambrientos y débiles.

Aç ve güçsüz köpekler için bu ek yük çok fazlaydı.

Aún así, ella cabalgó durante días, hasta que los perros se desplomaron en las riendas.

Yine de, köpekler dizginlerde yığılıp kalana kadar günlerce at sırtında gitti.

El trineo se detuvo y Charles y Hal le rogaron que caminara.

Kızak duruyordu ve Charles ile Hal, onun yürümesini rica ediyorlardı.

Ellos suplicaron y rogaron, pero ella lloró y los llamó crueles.

Yalvarıp yakardılar, ama o ağladı ve onlara zalim dedi.

En una ocasión la sacaron del trineo con pura fuerza y enojo.

Bir keresinde onu büyük bir güç ve öfkeyle kızaktan aşağı çektiler.

Nunca volvieron a intentarlo después de lo que pasó aquella vez.

O olaydan sonra bir daha hiç denemediler.

Ella se quedó flácida como un niño mimado y se sentó en la nieve.

Şımarık bir çocuk gibi gevşekçe yürüyüp karda oturdu.

Ellos siguieron adelante, pero ella se negó a levantarse o seguirlos.

Onlar ilerlediler, ama o ayağa kalkmayı ya da arkalarından gelmeyi reddetti.

Después de tres millas, se detuvieron, regresaron y la llevaron de regreso.

Üç mil sonra durdular, geri döndüler ve onu geri taşıdılar.

La volvieron a cargar en el trineo, nuevamente usando la fuerza bruta.

Yine kaba kuvvet kullanarak onu kızağa yeniden yüklediler.

En su profunda miseria, fueron insensibles al sufrimiento de los perros.

Derin bir acı içinde oldukları için köpeklerin çektiği acılara duyarsızdılar.

Hal creía que uno debía endurecerse y forzar esa creencia a los demás.

Hal, insanın katılaşması gerektiğine inanıyordu ve bu inancı başkalarına da zorla kabul ettiriyordu.

Primero intentó predicar su filosofía a su hermana.

Felsefesini ilk önce kız kardeşine vaaz etmeye çalıştı

y luego, sin éxito, le predicó a su cuñado.

ve sonra, başarısızlıkla sonuçlanan bir şekilde, kayınbiraderine vaaz verdi.

Tuvo más éxito con los perros, pero sólo porque los lastimaba.

Köpeklerle daha başarılı oldu ama sadece onlara zarar verdiği için.

En Five Fingers, la comida para perros se quedó completamente sin comida.

Five Fingers'da köpek maması tamamen bitti.

Una vieja india desdentada vendió unas cuantas libras de cuero de caballo congelado

Dişsiz yaşlı bir kadın birkaç kilo dondurulmuş at derisi sattı

Hal cambió su revólver por la piel de caballo seca.

Hal, tabancasını kurutulmuş at derisi ile takas etti.

La carne había procedido de caballos hambrientos de ganaderos meses antes.

Et, aylar önce sığır yetiştiricilerinin aç bırakılmış atlarından gelmişti.

Congelada, la piel era como hierro galvanizado: dura y incomestible.

Dondurulduğunda deri galvanizli demir gibiydi; sert ve yenmezdi.

Los perros tenían que masticar sin parar la piel para poder comérsela.

Köpekler deriyi yiyebilmek için durmadan çiğnemek zorunda kalıyorlardı.

Pero las cuerdas correosas y el pelo corto no constituían apenas alimento.

Ama deri gibi ipler ve kısa saçlar pek de besin değildi.

La mayor parte de la piel era irritante y no era alimento en ningún sentido estricto.

Derinin büyük kısmı tahriş ediciydi ve gerçek anlamda yiyecek değildi.

Y durante todo ese tiempo, Buck se tambaleaba al frente, como en una pesadilla.

Ve tüm bunlar olurken Buck, bir kabustaymış gibi önde sendeledi.

Tiraba cuando podía, y cuando no, se quedaba tendido hasta que un látigo o un garrote lo levantaban.

Gücü yettiği zaman çekiyor, gücü yetmediği zaman kırbaç veya sopayla kaldırılıncaya kadar yatıyordu.

Su fino y brillante pelaje había perdido toda la rigidez y brillo que alguna vez tuvo.

İnce, parlak tüyleri bir zamanlar sahip olduğu sertliği ve parlaklığı kaybetmişti.

Su cabello colgaba lacio, enmarañado y cubierto de sangre seca por los golpes.

Saçları cansız, dağınık ve aldığı darbelerden dolayı kurumuş kanla pıhtılaşmıştı.

Sus músculos se encogieron hasta convertirse en cuerdas y sus almohadillas de carne estaban todas desgastadas.

Kasları adeta kordonlara dönüşmüş, et yastıkçıkları aşınmıştı.

Cada costilla, cada hueso se veía claramente a través de los pliegues de la piel arrugada.

Her kaburga, her kemik, kırışık deri kıvrımlarının arasından açıkça görünüyordu.

Fue desgarrador, pero el corazón de Buck no podía romperse.

Yüreği parçalayıcıydı ama Buck'ın yüreği kırılamıyordu.

El hombre del suéter rojo lo había probado y demostrado hacía mucho tiempo.

Kırmızı kazaklı adam bunu çoktan test etmiş ve kanıtlamıştı.

Tal como sucedió con Buck, sucedió con el resto de sus compañeros de equipo.

Buck'ın durumu neyse, diğer takım arkadaşlarının durumu da aynıydı.

Eran siete en total, cada uno de ellos un esqueleto andante de miseria.

Toplam yedi taneydiler, her biri yürüyen birer sefalet iskeletiydi.

Se habían vuelto insensibles a los latigazos y solo sentían un dolor distante.

Kırbaç darbelerine karşı duyarsızlaşmışlardı, yalnızca uzak bir acı hissediyorlardı.

Incluso la vista y el sonido les llegaban débilmente, como a través de una espesa niebla.

Hatta görüntü ve ses bile, yoğun bir sisin içinden geçercesine belli belirsiz duyuluyordu.

No estaban ni medio vivos: eran huesos con tenues chispas en su interior.

Yarı canlı değillerdi; içlerinde sönük kıvılcımlar olan kemiklerdi onlar.

Al detenerse, se desplomaron como cadáveres y sus chispas casi desaparecieron.

Durdurulduklarında cesetler gibi yere yığıldılar, kıvılcımları neredeyse yok olmuştu.

Y cuando el látigo o el garrote volvían a golpear, las chispas revoloteaban débilmente.

Ve kırbaç ya da sopa tekrar vurduğunda kıvılcımlar zayıfça çırpınıyordu.

Entonces se levantaron, se tambalearon hacia adelante y arrastraron sus extremidades hacia delante.

Sonra ayağa kalktılar, sendeleyerek ilerlediler ve bacaklarını öne doğru sürüklediler.

Un día el amable Billee se cayó y ya no pudo levantarse.

Bir gün nazik Billee düştü ve bir daha ayağa kalkamadı.

Hal había cambiado su revólver, por lo que utilizó un hacha para matar a Billee.

Hal tabancasını takas etmişti, bu yüzden Billee'yi öldürmek için baltayı kullandı.

Lo golpeó en la cabeza, luego le cortó el cuerpo y se lo llevó arrastrado.

Kafasına vurdu, sonra da gövdesini kesip sürükledi.

Buck vio esto, y también los demás; sabían que la muerte estaba cerca.

Buck bunu gördü ve diğerleri de gördü; ölümün yakın olduğunu biliyorlardı.

Al día siguiente Koona se fue, dejando sólo cinco perros en el equipo hambriento.

Ertesi gün Koona gitti ve açlık çeken ekipte sadece beş köpek kaldı.

Joe, que ya no era malo, estaba demasiado perdido como para darse cuenta de gran cosa.

Joe artık kötü biri değildi, pek bir şeyin farkında olmayacak kadar ileri gitmişti.

Pike, que ya no fingía su lesión, estaba apenas consciente.

Artık yaralıymış gibi davranmayan Pike, bilincini neredeyse kaybetmişti.

Solleks, todavía fiel, lamentó no tener fuerzas para dar.

Solleks hâlâ sadıktı, verecek gücünün olmamasına üzülüyordu.

Teek fue el que más perdió porque estaba más fresco, pero su rendimiento se estaba agotando rápidamente.

Teek daha dinç olduğu ve hızla zayıfladığı için en çok dövülen kişi oldu.

Y Buck, todavía a la cabeza, ya no mantenía el orden ni lo hacía cumplir.

Ve hala önde olan Buck artık düzeni sağlayamıyor ve uygulatmıyordu.

Medio ciego por la debilidad, Buck siguió el rastro sólo por el tacto.

Güçsüzlükten yarı kör olan Buck, sadece el yordamıyla izi takip ediyordu.

Era un hermoso clima primaveral, pero ninguno de ellos lo notó.

Güzel bir bahar havasıydı ama hiçbiri bunu fark etmemişti.

Cada día el sol salía más temprano y se ponía más tarde que el anterior.

Güneş her gün bir öncekinden daha erken doğuyor ve daha geç batıyordu.

A las tres de la mañana ya había amanecido; el crepúsculo duró hasta las nueve.

Sabahın üçü civarında şafak söktü; alacakaranlık dokuza kadar sürdü.

Los largos días estuvieron llenos del resplandor del sol primaveral.

Uzun günler bahar güneşinin tüm parlaklığıyla doluydu.

El silencio fantasmal del invierno se había transformado en un cálido murmullo.

Kışın hayaletsi sessizliği sıcak bir mırıltıya dönüşmüştü.

Toda la tierra estaba despertando, viva con la alegría de los seres vivos.

Bütün topraklar canlılığın sevinciyle uyanıyordu.

El sonido provenía de lo que había permanecido muerto e inmóvil durante el invierno.

Ses, kış boyunca ölü ve hareketsiz yatan bir yerden geliyordu.

Ahora, esas cosas se movieron nuevamente, sacudiéndose el largo sueño helado.

İşte o şeyler uzun süren don uykusundan uyanarak tekrar hareketlendiler.

La savia subía a través de los oscuros troncos de los pinos que esperaban.

Bekleyen çam ağaçlarının karanlık gövdelerinden özsu sızıyordu.

Los sauces y los álamos brotan brillantes y jóvenes brotes en cada ramita.

Söğütler ve kavaklar her dalda parlak genç tomurcuklar açıyor.

Los arbustos y las enredaderas se vistieron de un verde fresco a medida que el bosque cobraba vida.

Orman canlandıkça çalılar ve sarmaşıklar taze yeşilliğe büründü.

Los grillos cantaban por la noche y los insectos se arrastraban bajo el sol del día.

Geceleri cırcır böcekleri ötüyordu, böcekler gündüz güneşinde sürünüyordu.

Las perdices graznaban y los pájaros carpinteros picoteaban en lo profundo de los árboles.

Keklikler ötüyordu, ağaçkakanlar ağaçların derinliklerine dalıp gidiyordu.

Las ardillas parloteaban, los pájaros cantaban y los gansos graznaban al hablarles a los perros.

Sincaplar şakıyor, kuşlar şarkı söylüyor ve kazlar köpeklerin üzerine gaklıyordu.

Las aves silvestres llegaron en grupos afilados, volando desde el sur.

Güneyden gelen yabani kuşlar keskin kanatlar halinde uçarak geldiler.

De cada ladera llegaba la música de arroyos ocultos y caudalosos.

Her yamaçtan gizli, çağlayan derelerin müziği duyuluyordu.

Todas las cosas se descongelaron y se rompieron, se doblaron y volvieron a ponerse en movimiento.

Her şey eridi, çatladı, eğildi ve tekrar harekete geçti.

El Yukón se esforzó por romper las frías cadenas del hielo congelado.

Yukon, donmuş buzun soğuk zincirlerini kırmak için çabalıyordu.

El hielo se derritió desde abajo, mientras que el sol lo derritió desde arriba.

Alttaki buzlar erirken, üstteki güneş buzları eritiyordu.

Se abrieron agujeros de aire, se abrieron grietas y algunos trozos cayeron al río.

Hava delikleri açıldı, çatlaklar oluştu ve parçalar nehre düştü.

En medio de toda esta vida frenética y llameante, los viajeros se tambaleaban.

Bütün bu coşkulu ve alevli hayatın ortasında, yolcular sendeledi.

Dos hombres, una mujer y una jauría de perros esquimales caminaban como muertos.

İki adam, bir kadın ve bir Sibirya kurdu sürüsü ölü gibi yürüyordu.

Los perros caían, Mercedes lloraba, pero seguía montando el trineo.

Köpekler düşüyordu. Mercedes ağlıyordu ama hâlâ kızaktaydı.

Hal maldijo débilmente y Charles parpadeó con los ojos llorosos.

Hal zayıf bir küfür savurdu, Charles ise sulu gözlerini kırpıştırdı.

Se toparon con el campamento de John Thornton junto a la desembocadura del río Blanco.

White River'ın ağzında John Thornton'un kampına rastladılar.

Cuando se detuvieron, los perros cayeron al suelo, como si todos hubieran muerto.

Durduklarında köpekler sanki hepsi ölmüş gibi yere yığıldılar.

Mercedes se secó las lágrimas y miró a John Thornton.

Mercedes gözyaşlarını sildi ve John Thornton'a baktı.

Charles se sentó en un tronco, lenta y rígidamente, dolorido por el camino.

Charles, patikadan dolayı ağrıyan bir kütüğün üzerine yavaşça ve kaskatı oturdu.

Hal habló mientras Thornton tallaba el extremo del mango de un hacha.

Thornton bir balta sapının ucunu oyarken Hal konuşuyordu.

Él tallaba madera de abedul y respondía con respuestas breves y firmes.

Huş ağacını yonttu ve kısa, kesin yanıtlar verdi.

Cuando se le preguntó, dio consejos, seguro de que no serían seguidos.

Sorulduğunda, uygulanmayacağından emin olduğu tavsiyelerde bulundu.

Hal explicó: "Nos dijeron que el hielo del sendero se estaba desprendiendo".

Hal, "Bize buzun erimeye başladığını söylediler." diye
açıkladı.

**Dijeron que nos quedáramos allí, pero llegamos a White
River.**

"Yerimizde kalmamız gerektiğini söylediler ama White River'a
ulaştık."

**Terminó con un tono burlón, como para proclamar la victoria
en medio de las dificultades.**

Sanki zorluklara rağmen zafer kazandığını iddia ediyormuş
gibi alaycı bir tonla sözlerini tamamladı.

**—Y te dijeron la verdad —respondió John Thornton a Hal en
voz baja.**

"Ve sana doğruyu söylediler," diye cevapladı John Thornton
Hal'e sessizce.

**"El hielo puede ceder en cualquier momento; está a punto de
desprenderse".**

"Buz her an çözülebilir, düşmeye hazır."

**"Solo la suerte ciega y los tontos pudieron haber llegado tan
lejos con vida".**

"Sadece kör şans ve aptallar bu kadar uzağa canlı olarak
gelebilirdi."

**"Te lo digo directamente: no arriesgaría mi vida ni por todo
el oro de Alaska".**

"Size açıkça söylüyorum, Alaska'nın tüm altınları için
hayatımı riske atmam."

—Supongo que es porque no eres tonto —respondió Hal.

"Sanırım bunun sebebi senin aptal olmaman," diye cevapladı
Hal.

**—De todos modos, seguiremos hasta Dawson. —Desenrolló
el látigo.**

"Yine de Dawson'a doğru yola devam edeceğiz." Kırbacını
çözdü.

—¡Sube, Buck! ¡Hola! ¡Sube! ¡Vamos! —gritó con dureza.

"Hadi, Buck! Merhaba! Hadi, kalk! Hadi!" diye sertçe bağırdı.

**Thornton siguió tallando madera, sabiendo que los tontos
no escucharían razones.**

Thornton, aptalların mantığı duymayacağını bilerek kesmeye devam etti.

Detener a un tonto era inútil, y dos o tres tontos no cambiaban nada.

Bir aptalı durdurmak boşunaydı; iki veya üç aptalın olması da hiçbir şeyi değiştirmiyordu.

Pero el equipo no se movió ante la orden de Hal.

Ancak Hal'in emri üzerine ekip hareket etmedi.

A estas alturas, sólo los golpes podían hacerlos levantarse y avanzar.

Artık onları ayağa kaldırıp ileri çekebilecek tek şey darbelerdi.

El látigo golpeó una y otra vez a los perros debilitados.

Kırbaç, zayıf düşen köpeklerin üzerinden tekrar tekrar şaklıyordu.

John Thornton apretó los labios con fuerza y observó en silencio.

John Thornton dudaklarını sıkıca birbirine bastırdı ve sessizce izledi.

Solleks fue el primero en ponerse de pie bajo el látigo.

Kırbaç darbesi altında ilk ayağa kalkan Solleks oldu.

Entonces Teek lo siguió, temblando. Joe gritó al tambalearse.

Sonra Teek titreyerek onu takip etti. Joe sendeleyerek ayağa kalkarken ciyakladı.

Pike intentó levantarse, falló dos veces y finalmente se mantuvo en pie, tambaleándose.

Pike ayağa kalkmaya çalıştı, iki kez başarısız oldu, sonra en sonunda sendeleyerek ayağa kalktı.

Pero Buck yacía donde había caído, sin moverse en absoluto este momento.

Ama Buck düştüğü yerde yatıyordu, bu sefer hiç kıpırdamıyordu.

El látigo lo golpeaba una y otra vez, pero él no emitía ningún sonido.

Kırbaç ona defalarca vurdu ama o hiç ses çıkarmadı.

Él no se inmutó ni se resistió, simplemente permaneció quieto y en silencio.

Hiçbir şekilde gözünü kırpmadı, direnmedi, sadece hareketsiz ve sessiz kaldı.

Thornton se movió más de una vez, como si fuera a hablar, pero no lo hizo.

Thornton sanki konuşacakmış gibi birden fazla kez kıpırdandı, ama konuşmadı.

Sus ojos se humedecieron y el látigo siguió golpeando contra Buck.

Gözleri yaşla doldu, ama kırbaç hâlâ Buck'a çarpıyordu.

Finalmente, Thornton comenzó a caminar lentamente, sin saber qué hacer.

Sonunda Thornton ne yapacağını bilemeyerek yavaş yavaş yürümeye başladı.

Era la primera vez que Buck fallaba y Hal se puso furioso.

Buck'ın ilk başarısızlığıydı ve Hal öfkelenmeye başladı.

Dejó el látigo y en su lugar tomó el pesado garrote.

Kırbacı yere attı ve onun yerine ağır sopayı aldı.

El palo de madera cayó con fuerza, pero Buck todavía no se levantó para moverse.

Tahta sopa sertçe yere indi, ama Buck hâlâ hareket etmek için ayağa kalkmadı.

Al igual que sus compañeros de equipo, era demasiado débil, pero más que eso.

Takım arkadaşları gibi o da çok zayıftı; ama bundan da fazlası vardı.

Buck había decidido no moverse, sin importar lo que sucediera después.

Buck, bundan sonra ne olursa olsun hareket etmemeye karar vermişti.

Sintió algo oscuro y seguro flotando justo delante.

Az ileride karanlık ve kesin bir şeyin havada asılı kaldığını hissetti.

Ese miedo se apoderó de él tan pronto como llegó a la orilla del río.

Nehir kıyısına ulaştığı anda o korku onu ele geçirmişti.

La sensación no lo había abandonado desde que sintió el hielo fino bajo sus patas.

Patilerinin altındaki buzun inceldiğini hissettiğinden beri bu his onu terk etmemişti.

Algo terrible lo esperaba; lo sintió más allá del camino.

Korkunç bir şey bekliyordu; bunu patikanın hemen aşağısında hissetti.

No iba a caminar hacia esa cosa terrible que había delante.

Önündeki o korkunç şeye doğru yürümeyecekti

Él no iba a obedecer ninguna orden que lo llevara a esa cosa.

Kendisini o şeye götürecek hiçbir emre itaat etmeyecekti.

El dolor de los golpes apenas lo afectaba ahora: estaba demasiado lejos.

Darbelerin acısı artık ona dokunmuyordu, çok ileri gitmişti.

La chispa de la vida parpadeaba débilmente y se apagaba bajo cada golpe cruel.

Hayat kıvılcımı her acımasız darbenin altında zayıflıyor, sönüyordu.

Sus extremidades se sentían distantes; su cuerpo entero parecía pertenecer a otro.

Uzuvları uzaklardaydı; bütün bedeni sanki başkasına aitti.

Sintió un extraño entumecimiento mientras el dolor desapareció por completo.

Ağrı tamamen geçince garip bir uyuşukluk hissetti.

Desde lejos, sentía que lo golpeaban, pero apenas lo sabía.

Uzaktan dövüldüğünü hissediyordu ama farkında bile değildi.

Podía oír los golpes débilmente, pero ya no dolían realmente.

Gürültüleri belli belirsiz duyabiliyordu ama artık gerçekten acıtmıyordu.

Los golpes dieron en el blanco, pero su cuerpo ya no parecía el suyo.

Darbeler iniyordu ama bedeni artık kendisine ait değildi.

Entonces, de repente y sin previo aviso, John Thornton lanzó un grito salvaje.

Sonra ansızın, hiçbir uyarı olmaksızın, John Thornton vahşi bir çığlık attı.

Era un grito inarticulado, más el grito de una bestia que el de un hombre.

Anlaşılmaz bir çığlıktı, bir insandan çok bir hayvanın çığlığını andırıyordu.

Saltó hacia el hombre con el garrote y tiró a Hal hacia atrás.

Sopayla adamın üzerine atıldı ve Hal'i geriye doğru devirdi.

Hal voló como si lo hubiera golpeado un árbol y aterrizó con fuerza en el suelo.

Hal sanki bir ağaca çarpmış gibi uçtu ve sert bir şekilde yere indi.

Mercedes gritó en pánico y se llevó las manos a la cara.

Mercedes panikle yüksek sesle çığlık attı ve yüzünü tuttu.

Charles se limitó a mirar, se secó los ojos y permaneció sentado.

Charles sadece baktı, gözlerini sildi ve oturmaya devam etti.

Su cuerpo estaba demasiado rígido por el dolor para levantarse o ayudar en la pelea.

Vücudu acıdan öylesine kaskatı kesilmişti ki ayağa kalkamıyor ve kavgaya yardım edemiyordu.

Thornton se quedó de pie junto a Buck, temblando de furia, incapaz de hablar.

Thornton öfkeden titriyor, konuşamıyordu ve Buck'ın başında duruyordu.

Se estremeció de rabia y luchó por encontrar su voz a través de ella.

Öfkeden titriyor ve sesini duyurmak için çabalıyordu.

—Si vuelves a golpear a ese perro, te mataré —dijo finalmente.

"O köpeğe bir daha vurursan seni öldürürüm," dedi sonunda.

Hal se limpió la sangre de la boca y volvió a avanzar.

Hal ağzındaki kanı sildi ve tekrar öne çıktı.

—Es mi perro —murmuró—. ¡Quítate del medio o te curaré!

"Bu benim köpeğim," diye mırıldandı. "Yoldan çekil, yoksa seni düzeltirim."

"Voy a Dawson y no me lo vas a impedir", añadió.

"Dawson'a gidiyorum ve sen beni durduramayacaksın" diye ekledi.

Thornton se mantuvo firme entre Buck y el joven enojado.
Thornton, Buck ile öfkeli genç adam arasında kararlı bir
şekilde duruyordu.
No tenía intención de hacerse a un lado o dejar pasar a Hal.
Kenara çekilmeye veya Hal'in geçmesine izin vermeye hiç
niyeti yoktu.
Hal sacó su cuchillo de caza, largo y peligroso en la mano.
Hal, elindeki uzun ve tehlikeli av bıçağını çıkardı.
**Mercedes gritó, luego lloró y luego rió con una histeria
salvaje.**
Mercedes çığlık attı, sonra ağladı, sonra da çılgınca bir histeri
içinde güldü.
**Thornton golpeó la mano de Hal con el mango de su hacha,
fuerte y rápido.**
Thornton, balta sapıyla Hal'in eline sert ve hızlı bir şekilde
vurdu.
El cuchillo se soltó del agarre de Hal y voló al suelo.
Bıçak Hal'in elinden kurtulup yere uçtu.
**Hal intentó recoger el cuchillo y Thornton volvió a golpearle
los nudillos.**
Hal bıçağı almaya çalıştı, ama Thornton yine parmak
eklemlerine vurdu.
Entonces Thornton se agachó, agarró el cuchillo y lo sostuvo.
Sonra Thornton eğildi, bıçağı aldı ve tuttu.
**Con dos rápidos golpes del mango del hacha, cortó las
riendas de Buck.**
Balta sapıyla iki hızlı vuruşla Buck'ın dizginlerini kesti.
Hal ya no tenía fuerzas para luchar y se apartó del perro.
Hal'in artık mücadele gücü kalmamıştı ve köpekten uzaklaştı.
**Además, Mercedes necesitaba ahora ambos brazos para
mantenerse erguida.**
Ayrıca Mercedes'in ayakta kalabilmesi için artık iki koluna da
ihtiyacı vardı.
**Buck estaba demasiado cerca de la muerte como para volver
a ser útil para tirar de un trineo.**
Buck, kızak çekmek için tekrar kullanılamayacak kadar ölüme
yakındı.

Unos minutos después, se marcharon y se dirigieron río abajo.

Birkaç dakika sonra yola çıktılar ve nehre doğru yöneldiler.

Buck levantó la cabeza débilmente y los observó mientras salían del banco.

Buck başını güçsüzce kaldırdı ve onların bankadan çıkışını izledi.

Pike lideró el equipo, con Solleks en la parte trasera, al volante.

Pike takıma liderlik ederken, Solleks ise direksiyon başında en arkada yer aldı.

Joe y Teek caminaron entre ellos, ambos cojeando por el cansancio.

Joe ve Teek aralarında yürüyorlardı, ikisi de yorgunluktan topallıyordu.

Mercedes se sentó en el trineo y Hal agarró el largo palo.

Mercedes kızakta oturuyordu, Hal ise uzun gergi çubuğunu tutuyordu.

Charles se tambaleó detrás, sus pasos torpes e inseguros.

Charles geride tökezledi, adımları beceriksiz ve kararsızdı.

Thornton se arrodilló junto a Buck y buscó con delicadeza los huesos rotos.

Thornton, Buck'ın yanına diz çöktü ve kırık kemiklerini nazikçe yokladı.

Sus manos eran ásperas pero se movían con amabilidad y cuidado.

Elleri sertti ama şefkat ve özenle hareket ediyordu.

El cuerpo de Buck estaba magullado pero no mostraba lesiones duraderas.

Buck'ın vücudu morluklar içindeydi ama kalıcı bir hasar yoktu.

Lo que quedó fue un hambre terrible y una debilidad casi total.

Geriye korkunç bir açlık ve neredeyse tam bir halsizlik kaldı.

Cuando esto quedó claro, el trineo ya había avanzado mucho río abajo.

Bu netleştiğinde kızak nehrin aşağısına doğru epeyce ilerlemişti.

El hombre y el perro observaron cómo el trineo se deslizaba lentamente sobre el hielo agrietado.

Adam ve köpek, kızakların çatlayan buzun üzerinde yavaşça ilerlemesini izliyorlardı.

Luego vieron que el trineo se hundía en un hueco.

Daha sonra kızakların çukurun içine battığını gördüler.

El mástil voló hacia arriba, con Hal todavía aferrándose a él en vano.

Çubuk havaya uçtu, Hal ise hâlâ boşuna ona tutunuyordu.

El grito de Mercedes les llegó a través de la fría distancia.

Mercedes'in çığlığı soğuk mesafeleri aşarak onlara ulaştı.

Charles se giró y dio un paso atrás, pero ya era demasiado tarde.

Charles dönüp geri çekildi, ama çok geçti.

Una capa de hielo entera cedió y todos ellos cayeron al suelo.

Bütün bir buz tabakası koptu ve hepsi aşağı düştü.

Los perros, los trineos y las personas desaparecieron en el agua negra que había debajo.

Köpekler, kızaklar ve insanlar aşağıdaki karanlık suda kaybolup gittiler.

En el hielo por donde habían pasado sólo quedaba un amplio agujero.

Geçtikleri yerde sadece buzda geniş bir delik kalmıştı.

El sendero se había hundido por completo, tal como Thornton había advertido.

Thornton'un uyardığı gibi, patikanın tabanı çökmüştü.

Thornton y Buck se miraron el uno al otro y guardaron silencio por un momento.

Thornton ve Buck bir an sessiz kalarak birbirlerine baktılar.

—Pobre diablo —dijo Thornton suavemente, y Buck le lamió la mano.

"Zavallı şeytan," dedi Thornton yumuşak bir sesle ve Buck elini yaladı.

Por el amor de un hombre
Bir Adamın Aşkı İçin

John Thornton se congeló los pies en el frío del diciembre anterior.
John Thornton, geçen Aralık ayındaki soğukta ayaklarını dondurmuştu.

Sus compañeros lo hicieron sentir cómodo y lo dejaron recuperarse solo.
Ortakları onu rahatlattılar ve iyileşmesi için yalnız bıraktılar.

Subieron al río para recoger una balsa de troncos para aserrar para Dawson.
Dawson için bir sal kereste toplamak üzere nehre doğru gittiler.

Todavía cojeaba ligeramente cuando rescató a Buck de la muerte.
Buck'ı ölümden kurtardığında hâlâ hafifçe topallıyordu.

Pero como el clima cálido continuó, incluso esa cojera desapareció.
Ancak havaların ısınmasıyla birlikte aksama da ortadan kalktı.

Durante los largos días de primavera, Buck descansaba a orillas del río.
Uzun bahar günlerinde Buck nehir kıyısında uzanıp dinleniyordu.

Observó el agua fluir y escuchó a los pájaros y a los insectos.
Akan suyu izliyor, kuşların ve böceklerin seslerini dinliyordu.

Lentamente, Buck recuperó su fuerza bajo el sol y el cielo.
Buck, güneşin ve gökyüzünün altında yavaş yavaş gücünü yeniden kazandı.

Un descanso fue maravilloso después de viajar tres mil millas.
Üç bin mil yol kat ettikten sonra dinlenmek harika bir duyguydu.

Buck se volvió perezoso a medida que sus heridas sanaban y su cuerpo se llenaba.
Buck, yaraları iyileştikçe ve vücudu dolgunlaştıkça tembelleşti.

Sus músculos se reafirmaron y la carne volvió a cubrir sus huesos.

Kasları güçlendi ve kemikleri etle kaplandı.

Todos estaban descansando: Buck, Thornton, Skeet y Nig.

Hepsi dinleniyordu: Buck, Thornton, Skeet ve Nig.

Esperaron la balsa que los llevaría a Dawson.

Kendilerini Dawson'a götürecek olan salı beklediler.

Skeet era un pequeño setter irlandés que se hizo amigo de Buck.

Skeet, Buck ile arkadaş olan küçük bir İrlanda setteriydi.

Buck estaba demasiado débil y enfermo para resistirse a ella en su primer encuentro.

Buck, ilk karşılaşmalarında ona karşı koyamayacak kadar zayıf ve hastaydı.

Skeet tenía el rasgo de sanador que algunos perros poseen naturalmente.

Skeet, bazı köpeklerin doğuştan sahip olduğu şifacı özelliğe sahipti.

Como una gata madre, lamió y limpió las heridas abiertas de Buck.

Bir anne kedi gibi Buck'ın açık yaralarını yalayıp temizliyordu.

Todas las mañanas, después del desayuno, repetía su minucioso trabajo.

Her sabah kahvaltıdan sonra özenli çalışmalarını tekrarlıyordu.

Buck llegó a esperar su ayuda tanto como la de Thornton.

Buck, Thornton'ın yardımını beklediği kadar onun da yardımını bekliyordu.

Nig también era amigable, pero menos abierto y menos cariñoso.

Nig de arkadaş canlısıydı ama daha az açık sözlü ve daha az şefkatliydi.

Nig era un perro grande y negro, mitad sabueso y mitad lebrel.

Nig, yarı tazı yarı geyik tazısı olan büyük, siyah bir köpekti.

Tenía ojos sonrientes y un espíritu bondadoso sin límites.

Gülen gözleri ve sonsuz bir iyilik ruhu vardı.

Para sorpresa de Buck, ninguno de los perros mostró celos hacia él.

Buck'ın şaşkınlığına rağmen, iki köpek de ona karşı kıskançlık göstermiyordu.

Tanto Skeet como Nig compartieron la amabilidad de John Thornton.

Hem Skeet hem de Nig, John Thornton'ın nezaketini paylaşıyordu.

A medida que Buck se hacía más fuerte, lo atrajeron hacia juegos de perros tontos.

Buck güçlendikçe onu aptalca köpek oyunlarına çekmeye başladılar.

Thornton también jugaba a menudo con ellos, incapaz de resistirse a su alegría.

Thornton da sık sık onlarla oynuyordu, onların neşesine dayanamıyordu.

De esta manera lúdica, Buck pasó de la enfermedad a una nueva vida.

Buck, bu eğlenceli yolla hastalıktan yeni bir hayata doğru yol aldı.

El amor, el amor verdadero, ardiente y apasionado, finalmente era suyo.

Aşk—gerçek, yakıcı ve tutkulu aşk—en sonunda onun olmuştu.

Nunca había conocido ese tipo de amor en la finca de Miller.

Miller'ın malikanesinde böyle bir aşkı hiç tatmamıştı.

Con los hijos del Juez había compartido trabajo y aventuras.

Yargıcın oğullarıyla birlikte hem işi hem de macerayı paylaşmıştı.

En los nietos vio un orgullo rígido y jactancioso.

Torunlarında ise katı ve övüngen bir gurur gördü.

Con el propio juez Miller mantuvo una amistad respetuosa.

Yargıç Miller'la arasında saygılı bir dostluk vardı.

Pero el amor que era fuego, locura y adoración llegó con Thornton.

Ama ateş, delilik ve tapınma olan aşk Thornton'la geldi.

Este hombre había salvado la vida de Buck, y eso solo significaba mucho.

Bu adam Buck'ın hayatını kurtarmıştı ve bu bile tek başına çok şey ifade ediyordu.

Pero más que eso, John Thornton era el tipo de maestro ideal.

Ama bundan da öte, John Thornton ideal türden bir ustaydı.

Otros hombres cuidaban perros por obligación o necesidad laboral.

Diğer adamlar ise görev gereği veya iş gereği köpek bakıyorlardı.

John Thornton cuidaba a sus perros como si fueran sus hijos.

John Thornton köpeklerine sanki çocuklarıymış gibi bakıyordu.

Él se preocupaba por ellos porque los amaba y simplemente no podía evitarlo.

Onlara değer veriyordu çünkü onları seviyordu ve buna engel olamıyordu.

John Thornton vio incluso más lejos de lo que la mayoría de los hombres lograron ver.

John Thornton çoğu insanın görebildiğinden daha uzağı gördü.

Nunca se olvidó de saludarlos amablemente o decirles alguna palabra de aliento.

Onları selamlamayı, onlara güzel sözler söylemeyi hiç ihmal etmiyordu.

Le encantaba sentarse con los perros para tener largas charlas, o "gases", como él decía.

Köpeklerle oturup uzun sohbetler etmeyi severdi, ya da kendi deyimiyle "gazlı" sohbetler etmeyi.

Le gustaba agarrar bruscamente la cabeza de Buck entre sus fuertes manos.

Buck'ın başını güçlü ellerinin arasına sertçe almaktan hoşlanıyordu.

Luego apoyó su cabeza contra la de Buck y lo sacudió suavemente.

Sonra başını Buck'ın başına yasladı ve onu hafifçe salladı.

Mientras tanto, él llamaba a Buck con nombres groseros que significaban amor para Buck.

Bu arada Buck'a kaba isimler takıyordu, bu Buck için aşk anlamına geliyordu.

Para Buck, ese fuerte abrazo y esas palabras le trajeron una profunda alegría.

Buck için o sert kucaklaşma ve o sözler derin bir mutluluk getirdi.

Su corazón parecía latir con fuerza de felicidad con cada movimiento.

Her hareketinde yüreği mutluluktan yerinden fırlayacak gibiydi.

Cuando se levantó de un salto, su boca parecía como si se estuviera riendo.

Sonra ayağa kalktığında ağzı sanki gülüyormuş gibi görünüyordu.

Sus ojos brillaban intensamente y su garganta temblaba con una alegría tácita.

Gözleri ışıl ışıl parlıyor, boğazı dile getiremediği bir sevinçle titriyordu.

Su sonrisa se detuvo en ese estado de emoción y afecto resplandeciente.

O duygu ve parıldayan şefkat hali içinde gülümsemesi hâlâ duruyordu.

Entonces Thornton exclamó pensativo: "¡Dios! ¡Casi puede hablar!"

Sonra Thornton düşünceli bir şekilde haykırdı, "Tanrım! Neredeyse konuşabiliyor!"

Buck tenía una extraña forma de expresar amor que casi causaba dolor.

Buck'ın sevgiyi ifade etme biçimi neredeyse acıya sebep olacak kadar tuhaftı.

A menudo apretaba muy fuerte la mano de Thornton entre los dientes.

Thornton'un elini sık sık dişlerinin arasına alırdı.

La mordedura iba a dejar marcas profundas que permanecerían durante algún tiempo.

Isırığın derin izleri bir süre daha kalacaktı.

Buck creía que esos juramentos eran de amor y Thornton lo sabía también.

Buck bu yeminlerin sevgi olduğuna inanıyordu ve Thornton da aynı şeyi biliyordu.

La mayoría de las veces, el amor de Buck se demostraba en una adoración silenciosa, casi silenciosa.

Buck'ın sevgisi çoğu zaman sessiz, neredeyse sessiz bir hayranlıkla kendini gösteriyordu.

Aunque se emocionaba cuando lo tocaban o le hablaban, no buscaba atención.

Dokunulduğunda veya kendisiyle konuşulduğunda heyecanlansa da, ilgi çekmeye çalışmıyordu.

Skeet empujó su nariz bajo la mano de Thornton hasta que él la acarició.

Skeet, Thornton'ın elinin altına burnunu soktu ve okşadı.

Nig se acercó en silencio y apoyó su gran cabeza en la rodilla de Thornton.

Nig sessizce yaklaştı ve büyük başını Thornton'un dizine yasladı.

Buck, por el contrario, se conformaba con amar desde una distancia respetuosa.

Buck ise saygılı bir mesafeden sevmekten memnundu.

Durante horas permaneció tendido a los pies de Thornton, alerta y observando atentamente.

Thornton'un ayaklarının dibinde saatlerce uyanık bir şekilde yattı ve dikkatle izledi.

Buck estudió cada detalle del rostro de su amo y su más mínimo movimiento.

Buck, efendisinin yüzündeki her ayrıntıyı ve en ufak hareketi inceledi.

O yacía más lejos, estudiando la figura del hombre en silencio.

Ya da daha uzağa uzanıp sessizce adamın siluetini inceledi.

Buck observó cada pequeño movimiento, cada cambio de postura o gesto.

Buck her küçük hareketi, her duruş veya jest değişikliğini izliyordu.

Tan poderosa era esta conexión que a menudo atraía la mirada de Thornton.

Bu bağ o kadar güçlüydü ki sık sık Thornton'un bakışlarını üzerine çekiyordu.

Sostuvo la mirada de Buck sin palabras, pero el amor brillaba claramente a través de ella.

Hiçbir şey söylemeden Buck'ın gözleriyle buluştu, gözlerinden açıkça sevgi akıyordu.

Durante mucho tiempo después de ser salvado, Buck nunca perdió de vista a Thornton.

Kurtarıldıktan sonra bile Buck, Thornton'ı uzun süre gözden kaybetmedi.

Cada vez que Thornton salía de la tienda, Buck lo seguía de cerca afuera.

Thornton çadırdan her çıktığında Buck onu yakından takip ederek dışarı çıkıyordu.

Todos los amos severos de las Tierras del Norte habían hecho que Buck tuviera miedo de confiar.

Kuzey'deki bütün sert efendiler Buck'ın güvenmekten korkmasına neden olmuştu.

Temía que ningún hombre pudiera seguir siendo su amo durante más de un corto tiempo.

Hiçbir adamın kısa bir süreden fazla efendisi kalamayacağından korkuyordu.

Temía que John Thornton desapareciera como Perrault y François.

John Thornton'un Perrault ve François gibi ortadan kaybolacağından korkuyordu.

Incluso por la noche, el miedo a perderlo acechaba el sueño inquieto de Buck.

Buck'ın huzursuz uykuları, onu kaybetme korkusuyla geceleri bile devam ediyordu.

Cuando Buck se despertó, salió a escondidas al frío y fue a la tienda de campaña.

Buck uyandığında, soğuk havaya çıktı ve çadıra gitti.

Escuchó atentamente el suave sonido de la respiración en su interior.

İçeriden gelen yumuşak nefes sesini dikkatle dinledi.

A pesar del profundo amor de Buck por John Thornton, lo salvaje siguió vivo.

Buck'ın John Thornton'a olan derin aşkına rağmen vahşi doğa hayatta kalmayı başardı.

Ese instinto primitivo, despertado en el Norte, no desapareció.

Kuzey'de uyanan o ilkel içgüdü kaybolmadı.

El amor trajo devoción, lealtad y el cálido vínculo del fuego.

Aşk, bağlılığı, sadakati ve şöminenin sıcak bağını getirdi.

Pero Buck también mantuvo sus instintos salvajes, agudos y siempre alerta.

Ama Buck aynı zamanda vahşi içgüdülerini, keskin ve her zaman tetikte olmayı da sürdürdü.

No era sólo una mascota domesticada de las suaves tierras de la civilización.

O, uygarlığın yumuşak topraklarından gelen evcil bir evcil hayvan değildi.

Buck era un ser salvaje que había venido a sentarse junto al fuego de Thornton.

Buck, Thornton'un ateşinin yanına oturmaya gelen vahşi bir varlıktı.

Parecía un perro del Sur, pero en su interior vivía lo salvaje.

Güneyli bir köpeğe benziyordu ama içinde vahşilik yaşıyordu.

Su amor por Thornton era demasiado grande como para permitirle robarle algo.

Thornton'a olan sevgisi, adamın malını çalmasına izin vermeyecek kadar büyüktü.

Pero en cualquier otro campamento, robaría con valentía y sin pausa.

Ama başka bir kampta olsaydı, hiç duraksamadan ve cüretkarca çalardı.

Era tan astuto al robar que nadie podía atraparlo ni acusarlo.

Hırsızlıkta o kadar ustaydı ki, kimse onu yakalayamıyor ve suçlayamıyordu.

Su rostro y su cuerpo estaban cubiertos de cicatrices de muchas peleas pasadas.

Yüzü ve vücudu geçmişteki birçok kavgadan kalma yara izleriyle doluydu.

Buck seguía luchando con fiereza, pero ahora luchaba con más astucia.

Buck hâlâ sert bir şekilde dövüşüyordu ama artık daha kurnazca dövüşüyordu.

Skeet y Nig eran demasiado amables para pelear, y eran de Thornton.

Skeet ve Nig dövüşemeyecek kadar naziktiler ve onlar Thornton'ındı.

Pero cualquier perro extraño, por fuerte o valiente que fuese, cedía.

Ama ne kadar güçlü veya cesur olursa olsun, herhangi bir yabancı köpek ona boyun eğiyordu.

De lo contrario, el perro se encontraría luchando contra Buck; luchando por su vida.

Aksi takdirde köpek kendini Buck'la savaşırken, yaşam mücadelesi verirken bulacaktı.

Buck no tuvo piedad una vez que decidió pelear contra otro perro.

Buck, bir başka köpekle dövüşmeyi seçtiğinde hiç merhamet göstermedi.

Había aprendido bien la ley del garrote y el colmillo en las Tierras del Norte.

Kuzey'de sopa ve diş yasasını iyi öğrenmişti.

Él nunca renunció a una ventaja y nunca se retractó de la batalla.

Hiçbir zaman elindeki avantajı kaybetmedi ve savaştan geri adım atmadı.

Había estudiado a los Spitz y a los perros más feroces del correo y de la policía.

Spitz'i ve posta ve polis köpeklerinin en vahşilerini incelemişti.

Sabía claramente que no había término medio en un combate salvaje.

Vahşi bir mücadelede orta yol olmadığını açıkça biliyordu.

Él debía gobernar o ser gobernado; mostrar misericordia significaba mostrar debilidad.

Yönetmek ya da yönetilmek gerekiyordu; merhamet göstermek, acizlik göstermek anlamına geliyordu.

Mercy era una desconocida en el crudo y brutal mundo de la supervivencia.

Hayatta kalma mücadelesinin acımasız ve vahşi dünyasında merhamet bilinmiyordu.

Mostrar misericordia era visto como miedo, y el miedo conducía rápidamente a la muerte.

Merhamet göstermek korku olarak görülüyordu ve korku da hızla ölüme yol açıyordu.

La antigua ley era simple: matar o ser asesinado, comer o ser comido.

Eski yasa basitti: öldür ya da öldürül, ye ya da yen.

Esa ley vino desde las profundidades del tiempo, y Buck la siguió plenamente.

Bu yasa zamanın derinliklerinden geliyordu ve Buck da bu yasaya harfiyen uyuyordu.

Buck era mayor que su edad y el número de respiraciones que tomaba.

Buck, yaşından ve aldığı nefes sayısından daha yaşlıydı.

Conectó claramente el pasado antiguo con el momento presente.

Eski geçmişi günümüzle net bir şekilde bağdaştırdı.

Los ritmos profundos de las épocas lo atravesaban como mareas.

Çağların derin ritimleri gelgitler gibi onun içinden geçiyordu.

El tiempo latía en su sangre con la misma seguridad con la que las estaciones movían la tierra.

Zaman, mevsimlerin dünyayı hareket ettirmesi gibi, kanında da aynı kesinlikle atıyordu.

Se sentó junto al fuego de Thornton, con el pecho fuerte y los colmillos blancos.

Thornton'un ateşinin başında oturuyordu, güçlü göğüslüydü ve dişleri beyazdı.

Su largo pelaje ondeaba, pero detrás de él los espíritus de los perros salvajes observaban.

Uzun tüyleri dalgalanıyordu ama arkasında vahşi köpeklerin ruhları onu izliyordu.

Lobos medio y lobos completos se agitaron dentro de su corazón y sus sentidos.

Yüreğinde ve duyularında yarı kurtlar ve tam kurtlar kıpırdanıyordu.

Probaron su carne y bebieron la misma agua que él.

Onun etinin tadına baktılar ve onunla aynı suyu içtiler.

Olfatearon el viento junto a él y escucharon el bosque.

Onunla birlikte rüzgârı kokluyor, ormanı dinliyorlardı.

Susurraron los significados de los sonidos salvajes en la oscuridad.

Karanlıkta duyulan vahşi seslerin anlamlarını fısıldadılar.

Ellos moldearon sus estados de ánimo y guiaron cada una de sus reacciones tranquilas.

Onun ruh hallerini şekillendiriyor ve her sessiz tepkisine rehberlik ediyorlardı.

Se quedaron con él mientras dormía y se convirtieron en parte de sus sueños más profundos.

Uyurken yanında yatıyorlardı ve onun derin rüyalarının bir parçası oluyorlardı.

Soñaron con él, más allá de él, y constituyeron su propio espíritu.

Onunla birlikte, ondan ötede rüya gördüler ve onun ruhunu oluşturdular.

Los espíritus de la naturaleza llamaron con tanta fuerza que Buck se sintió atraído.

Vahşi doğanın ruhları öyle güçlü bir şekilde sesleniyordu ki Buck kendini çekilmiş hissetti.

Cada día, la humanidad y sus reivindicaciones se debilitaban más en el corazón de Buck.

Her geçen gün insanlık ve iddiaları Buck'ın yüreğinde biraz daha zayıflıyordu.

En lo profundo del bosque, un llamado extraño y emocionante estaba por surgir.

Ormanın derinliklerinden, tuhaf ve heyecan verici bir çağrı yükselecekti.

Cada vez que escuchaba el llamado, Buck sentía un impulso que no podía resistir.

Buck her çağrıyı duyduğunda karşı koyamadığı bir dürtü hissediyordu.

Él iba a alejarse del fuego y de los caminos humanos trillados.

Ateşten ve insanların çiğnediği yollardan yüz çevirecekti.

Iba a adentrarse en el bosque, avanzando sin saber por qué.

Nedenini bilmeden ormana doğru ilerleyecekti.

Él no cuestionó esta atracción porque el llamado era profundo y poderoso.

Bu çekimi sorgulamadı, çünkü çağrı derin ve güçlüydü.

A menudo, alcanzaba la sombra verde y la tierra suave e intacta.

Sık sık yeşil gölgeye ve yumuşak, el değmemiş toprağa ulaştı

Pero entonces el fuerte amor por John Thornton lo atrajo de nuevo al fuego.

Ama sonra John Thornton'a duyduğu güçlü aşk onu tekrar ateşe çekti.

Sólo John Thornton realmente pudo sostener en sus manos el corazón salvaje de Buck.

Buck'ın vahşi yüreğini gerçekten kavrayan tek kişi John Thornton'dı.

El resto de la humanidad no tenía ningún valor o significado duradero para Buck.

Buck için insanlığın geri kalanının kalıcı bir değeri veya anlamı yoktu.

Los extraños podrían elogiarlo o acariciar su pelaje con manos amistosas.

Yabancılar onu övebilir veya dost elleriyle tüylerini okşayabilirler.

Buck permaneció impasible y se alejó por demasiado afecto.

Buck, fazla sevgiden dolayı tepkisiz kaldı ve uzaklaştı.

Hans y Pete llegaron con la balsa que habían esperado durante tanto tiempo.

Hans ve Pete uzun zamandır beklenen salla geldiler

Buck los ignoró hasta que supo que estaban cerca de Thornton.

Buck, Thornton'a yaklaştıklarını öğrenene kadar onları görmezden geldi.

Después de eso, los toleró, pero nunca les mostró total calidez.

Ondan sonra onlara tahammül etti ama hiçbir zaman tam sıcaklık göstermedi.

Él aceptaba comida o gentileza de ellos como si les estuviera haciendo un favor.

Sanki onlara bir iyilik yapıyormuş gibi onlardan yiyecek veya iyilik alıyordu.

Eran como Thornton: sencillos, honestos y claros en sus pensamientos.

Onlar da Thornton gibiydiler; sade, dürüst ve düşünceleri açıktı.

Todos juntos viajaron al aserradero de Dawson y al gran remolino.

Hep birlikte Dawson'ın kereste fabrikasına ve büyük girdaba doğru yola çıktılar

En su viaje aprendieron a comprender profundamente la naturaleza de Buck.

Yolculukları sırasında Buck'ın doğasını derinlemesine anlamaya başladılar.

No intentaron acercarse como lo habían hecho Skeet y Nig.

Skeet ve Nig'in yaptığı gibi yakınlaşmaya çalışmadılar.

Pero el amor de Buck por John Thornton solo se profundizó con el tiempo.

Ancak Buck'ın John Thornton'a olan aşkı zamanla daha da derinleşti.

Sólo Thornton podía colocar una mochila en la espalda de Buck en el verano.

Yazın Buck'ın sırtına bir paket koyabilecek tek kişi Thornton'dı.

Cualquiera que fuera lo que Thornton ordenaba, Buck estaba dispuesto a hacerlo a cabalidad.

Thornton ne emrederse Buck onu tam olarak yapmaya hazırdı.

Un día, después de que dejaron Dawson hacia las cabeceras del río Tanana,

Bir gün, Dawson'dan ayrılıp Tanana'nın kaynaklarına doğru yola çıktıklarında,

El grupo se sentó en un acantilado que caía un metro hasta el lecho rocoso desnudo.

Grup, üç metre derinliğindeki çıplak kayanın olduğu bir uçurumun üzerine oturdu.

John Thornton se sentó cerca del borde y Buck descansó a su lado.

John Thornton kenarda oturuyordu ve Buck da onun yanında dinleniyordu.

Thornton tuvo una idea repentina y llamó la atención de los hombres.

Thornton'un aklına aniden bir fikir geldi ve adamların dikkatini çekti.

Señaló hacia el otro lado del abismo y le dio a Buck una única orden.

Uçurumun öte tarafını işaret etti ve Buck'a tek bir emir verdi.

—¡Salta, Buck! —dijo, extendiendo el brazo por encima del precipicio.

"Atla, Buck!" dedi ve kolunu uçurumun üzerinden savurdu.

En un momento, tuvo que agarrar a Buck, quien estaba saltando para obedecer.

Bir an sonra, itaat etmek için sıçrayan Buck'ı yakalamak zorundaydı.

Hans y Pete corrieron hacia adelante y los pusieron a ambos a salvo.

Hans ve Pete ileri atılıp ikisini de güvenli bir yere çektiler.

Cuando todo terminó y recuperaron el aliento, Pete habló.

Her şey bittikten ve nefesler tutulduktan sonra Pete konuştu.

"El amor es extraño", dijo, conmocionado por la feroz devoción del perro.

"Aşk çok tuhaf," dedi, köpeğin vahşi bağlılığından sarsılarak.

Thornton meneó la cabeza y respondió con seriedad y calma.

Thornton başını iki yana salladı ve sakin bir ciddiyetle cevap
verdi.

"No, el amor es espléndido", dijo, "pero también terrible".
"Hayır, aşk muhteşemdir," dedi, "ama aynı zamanda
korkunçtur."

"A veces, debo admitirlo, este tipo de amor me da miedo".
"Bazen itiraf etmeliyim ki, bu tür aşk beni korkutuyor."

Pete asintió y dijo: "Odiaría ser el hombre que te toque".
Pete başını salladı ve "Sana dokunan adam olmaktan nefret
ederim." dedi.

Miró a Buck mientras hablaba, serio y lleno de respeto.
Konuşurken Buck'a ciddi ve saygılı bir şekilde baktı.

—¡Py Jingo! —dijo Hans rápidamente—. Yo tampoco, señor.
"Py Jingo!" dedi Hans hemen. "Ben de, hayır efendim."

**Antes de que terminara el año, los temores de Pete se
hicieron realidad en Circle City.**
Yıl bitmeden Pete'in korkuları Circle City'de gerçek oldu.

**Un hombre cruel llamado Black Burton provocó una pelea
en el bar.**
Black Burton adında zalim bir adam barda kavga çıkardı.

**Estaba enojado y malicioso, arremetiendo contra un nuevo
novato.**
Öfkeliydi ve kötü niyetliydi, yeni gelen bir acemiye
saldırıyordu.

**John Thornton entró en escena, tranquilo y afable como
siempre.**
John Thornton her zamanki gibi sakin ve iyi huylu bir şekilde
araya girdi.

**Buck yacía en un rincón, con la cabeza gacha, observando a
Thornton de cerca.**
Buck, başını öne eğmiş bir şekilde köşede yatıyor, Thornton'ı
dikkatle izliyordu.

**Burton atacó de repente, y su puñetazo hizo que Thornton
girara.**
Burton aniden saldırdı ve yumruğu Thornton'ı döndürdü.

Sólo la barandilla de la barra evitó que se estrellara con fuerza contra el suelo.

Sadece barın korkuluğu onun sert bir şekilde yere çakılmasını engelledi.

Los observadores oyeron un sonido que no era un ladrido ni un aullido.

Gözlemciler havlama veya uluma olmayan bir ses duydular

Un rugido profundo salió de Buck mientras se lanzaba hacia el hombre.

Buck adama doğru atılırken derin bir kükreme duyuldu.

Burton levantó el brazo y apenas salvó su vida.

Burton kolunu havaya kaldırdı ve canını zor kurtardı.

Buck se estrelló contra él y lo tiró al suelo.

Buck ona çarptı ve onu yere serdi.

Buck mordió profundamente el brazo del hombre y luego se abalanzó sobre su garganta.

Buck adamın kolunu ısırdı, sonra da boğazına doğru hamle yaptı.

Burton sólo pudo bloquearlo parcialmente y su cuello quedó destrozado.

Burton ancak kısmen bloke edebildi ve boynu yarıldı.

Los hombres se apresuraron a entrar, con los garrotes en alto, y apartaron a Buck del hombre sangrante.

Adamlar sopalarını kaldırarak içeri daldılar ve Buck'ı kanayan adamın üzerinden attılar.

Un cirujano trabajó rápidamente para detener la fuga de sangre.

Bir cerrah hızla kanın dışarı akmasını durdurmak için harekete geçti.

Buck caminaba de un lado a otro y gruñía, intentando atacar una y otra vez.

Buck volta atıyor ve homurdanıyor, tekrar tekrar saldırmaya çalışıyordu.

Sólo los golpes con los palos le impidieron llegar hasta Burton.

Burton'a ulaşmasını engelleyen tek şey sopaları sallamaktı.

Allí mismo se convocó y celebró una asamblea de mineros.

Hemen orada bir madenci toplantısı düzenlendi.

Estuvieron de acuerdo en que Buck había sido provocado y votaron por liberarlo.

Buck'ın kışkırtıldığını kabul ettiler ve serbest bırakılması yönünde oy kullandılar.

Pero el feroz nombre de Buck ahora resonaba en todos los campamentos de Alaska.

Ama Buck'ın sert adı artık Alaska'daki her kampta yankılanıyordu.

Más tarde ese otoño, Buck salvó a Thornton nuevamente de una nueva manera.

Aynı sonbaharda Buck, Thornton'u yeni bir şekilde kurtardı.

Los tres hombres guiaban un bote largo por rápidos agitados.

Üç adam, uzun bir tekneyi engebeli akıntılarda yönlendiriyorlardı.

Thornton tripulaba el bote, gritando instrucciones para llegar a la costa.

Thornton tekneyi yönetiyor ve kıyı şeridine giden yolu tarif ediyordu.

Hans y Pete corrieron por la tierra, sosteniendo una cuerda de árbol a árbol.

Hans ve Pete ağaçtan ağaca ip tutarak karada koştular.

Buck seguía el ritmo en la orilla, siempre observando a su amo.

Buck, efendisini sürekli gözetleyerek kıyıda ilerliyordu.

En un lugar desagradable, las rocas sobresalían bajo el agua rápida.

Hızlı akan suyun altında çirkin bir yerde kayalar belirdi.

Hans soltó la cuerda y Thornton dirigió el bote hacia otro lado.

Hans ipi bıraktı ve Thornton tekneyi geniş bir açıyla dümenledi.

Hans corrió para alcanzar el barco nuevamente más allá de las rocas peligrosas.

Hans tehlikeli kayaların yanından geçip tekneye yetişmek için hızla koştu.

El barco superó la cornisa pero se topó con una parte más fuerte de la corriente.

Tekne çıkıntıdan kurtuldu ancak akıntının daha güçlü bir kısmına çarptı.

Hans agarró la cuerda demasiado rápido y desequilibró el barco.

Hans ipi çok hızlı yakaladı ve teknenin dengesini bozdu.

El barco se volcó y se estrelló contra la orilla, boca abajo.

Tekne alabora oldu ve dipten yukarı doğru kıyıya çarptı.

Thornton fue arrojado y arrastrado hacia la parte más salvaje del agua.

Thornton dışarı atıldı ve suyun en vahşi noktasına sürüklendi.

Ningún nadador habría podido sobrevivir en esas aguas turbulentas y mortales.

Hiçbir yüzücü o ölümcül, hızlı sularda hayatta kalamazdı.

Buck saltó instantáneamente y persiguió a su amo río abajo.

Buck hemen atıldı ve efendisini nehir boyunca kovaladı.

Después de trescientos metros, llegó por fin a Thornton.

Üç yüz metre kadar yürüdükten sonra sonunda Thornton'a ulaştı.

Thornton agarró la cola de Buck y Buck se giró hacia la orilla.

Thornton, Buck'ın kuyruğunu yakaladı ve Buck kıyıya doğru döndü.

Nadó con todas sus fuerzas, luchando contra el arrastre salvaje del agua.

Suyun vahşi sürüklenmesine karşı koyarak tüm gücüyle yüzdü.

Se movieron río abajo más rápido de lo que podían llegar a la orilla.

Kıyıya ulaşabileceklerinden daha hızlı bir şekilde akıntı yönünde hareket ettiler.

Más adelante, el río rugía cada vez más fuerte mientras caía en rápidos mortales

Önümüzde, nehir ölümcül akıntılara doğru akarken daha da gürültülü bir şekilde kükredi.

Las rocas cortaban el agua como los dientes de un peine enorme.

Kayalar, büyük bir tarağın dişleri gibi suyu kesiyordu.

La atracción del agua cerca de la caída era salvaje e ineludible.

Suyun düşüşe yakın çekimi vahşi ve kaçınılmazdı.

Thornton sabía que nunca podrían llegar a la costa a tiempo.

Thornton kıyıya zamanında ulaşamayacaklarını biliyordu.

Raspó una roca, se estrelló contra otra,

Bir kayanın üzerinden geçti, ikincisine çarptı,

Y entonces se estrelló contra una tercera roca, agarrándola con ambas manos.

Ve sonra üçüncü bir kayaya çarptı ve onu iki eliyle yakaladı.

Soltó a Buck y gritó por encima del rugido: "¡Vamos, Buck! ¡Vamos!".

Buck'ı bıraktı ve gürültünün arasından bağırdı: "Hadi, Buck! Hadi!"

Buck no pudo mantenerse a flote y fue arrastrado por la corriente.

Buck su üstünde kalmayı başaramadı ve akıntıya kapıldı.

Luchó con todas sus fuerzas, intentando girar, pero no consiguió ningún progreso.

Çok mücadele etti, dönmek için çabaladı ama hiçbir ilerleme kaydedemedi.

Entonces escuchó a Thornton repetir la orden por encima del rugido del río.

Sonra Thornton'un nehrin uğultusu arasında emri tekrarladığını duydu.

Buck salió del agua y levantó la cabeza como para echar una última mirada.

Buck sudan çıktı, son bir kez bakmak istercesine başını kaldırdı.

Luego se giró y obedeció, nadando hacia la orilla con resolución.

Sonra dönüp itaat etti ve kararlılıkla kıyıya doğru yüzdü.

Pete y Hans lo sacaron a tierra en el último momento posible.

Pete ve Hans onu son anda kıyıya çektiler.

Sabían que Thornton podría aferrarse a la roca sólo por unos minutos más.

Thornton'un kayaya ancak birkaç dakika daha tutunabileceğini biliyorlardı.

Corrieron por la orilla hasta un lugar mucho más arriba de donde estaba colgado.

Asılı olduğu yerden çok daha yukarıda bir noktaya kadar koşarak kıyıya çıktılar.

Ataron la cuerda del bote al cuello y los hombros de Buck con cuidado.

Teknenin ipini Buck'ın boynuna ve omuzlarına dikkatlice bağladılar.

La cuerda estaba ajustada pero lo suficientemente suelta para permitir la respiración y el movimiento.

İp sıkıydı ama nefes alıp hareket edebilecek kadar da gevşekti.

Luego lo lanzaron nuevamente al caudaloso y mortal río.

Sonra onu tekrar çağlayan, ölümcül nehre fırlattılar.

Buck nadó con valentía, pero perdió su ángulo debido a la fuerza de la corriente.

Buck cesurca yüzdü ama akıntının hızına karşı açısını kaçırdı.

Se dio cuenta demasiado tarde de que iba a dejar atrás a Thornton.

Thornton'u geride bırakacağını çok geç fark etti.

Hans tiró de la cuerda con fuerza, como si Buck fuera un barco que se hundía.

Hans, Buck'ı alabora olmuş bir tekneymiş gibi ipi sertçe çekti.

La corriente lo arrastró hacia abajo y desapareció bajo la superficie.

Akıntı onu suyun altına çekti ve su altında kayboldu.

Su cuerpo chocó contra el banco antes de que Hans y Pete pudieran sacarlo.

Hans ve Pete onu kurtarana kadar cesedi kıyıya çarptı.

Estaba medio ahogado y le sacaron el agua a golpes.

Yarı boğulmuş haldeydi, onu suyun dışına kadar dövdüler.

Buck se puso de pie, se tambaleó y volvió a desplomarse en el suelo.

Buck ayağa kalktı, sendeledi ve tekrar yere yığıldı.

Entonces oyeron la voz de Thornton llevada débilmente por el viento.

Sonra Thornton'un sesinin rüzgârla hafifçe taşındığını duydular.

Aunque las palabras no eran claras, sabían que estaba cerca de morir.

Sözcükler belirsiz olsa da onun ölümün eşiğinde olduğunu biliyorlardı.

El sonido de la voz de Thornton golpeó a Buck como una sacudida eléctrica.

Thornton'un sesi Buck'a elektrik şoku gibi çarptı.

Saltó y corrió por la orilla, regresando al punto de lanzamiento.

Ayağa fırladı ve koşarak kıyıya çıktı, fırlatma noktasına geri döndü.

Nuevamente ataron la cuerda a Buck, y nuevamente entró al arroyo.

İpi tekrar Buck'a bağladılar ve tekrar dereye girdi.

Esta vez nadó directo y firmemente hacia el agua que palpitaba.

Bu sefer doğrudan ve kararlı bir şekilde akan suya doğru yüzdü.

Hans soltó la cuerda con firmeza mientras Pete evitaba que se enredara.

Hans ipi yavaşça serbest bırakırken Pete ipin dolaşmasını engelliyordu.

Buck nadó con fuerza hasta que estuvo alineado justo encima de Thornton.

Buck, Thornton'un hemen yukarısında sıralanana kadar hızla yüzdü.

Luego se dio la vuelta y se lanzó hacia abajo como un tren a toda velocidad.

Sonra dönüp tam hızla bir tren gibi aşağıya doğru hücum etti.

Thornton lo vio venir, se preparó y le rodeó el cuello con los brazos.

Thornton onun geldiğini gördü, kendini hazırladı ve kollarını onun boynuna doladı.

Hans ató la cuerda fuertemente alrededor de un árbol mientras ambos eran arrastrados hacia abajo.

Hans ipi sıkıca bir ağaca bağladı ve ikisi de aşağı çekildi.

Cayeron bajo el agua y se estrellaron contra rocas y escombros del río.

Su altına düşüp kayalara ve nehir döküntülerine çarptılar.

En un momento Buck estaba arriba y al siguiente Thornton se levantó jadeando.

Bir an Buck zirvedeydi, bir sonraki an Thornton soluk soluğa ayağa kalkıyordu.

Maltratados y asfixiados, se desviaron hacia la orilla y se pusieron a salvo.

Yıpranmış ve boğulmuş bir halde kıyıya ve güvenliğe doğru yöneldiler.

Thornton recuperó el conocimiento, acostado sobre un tronco a la deriva.

Thornton bilincini yeniden kazandı ve bir kütüğün üzerine uzandı.

Hans y Pete trabajaron duro para devolverle el aliento y la vida.

Hans ve Pete, ona nefes ve hayat vermek için çok uğraştılar.

Su primer pensamiento fue para Buck, que yacía inmóvil y flácido.

İlk aklına gelen şey hareketsiz ve bitkin yatan Buck oldu.

Nig aulló sobre el cuerpo de Buck y Skeet le lamió la cara suavemente.

Nig, Buck'ın cesedinin başında uluyordu ve Skeet onun yüzünü nazikçe yaladı.

Thornton, dolorido y magullado, examinó a Buck con manos cuidadosas.

Thornton, yara bere içinde, Buck'ı dikkatle inceledi.

Encontró tres costillas rotas, pero ninguna herida mortal en el perro.

Köpeğin üç kaburgasının kırıldığı, ancak ölümcül bir yaraya rastlanmadığı belirtildi.

"Eso lo resuelve", dijo Thornton. "Acamparemos aquí". Y así lo hicieron.

"Bu meseleyi halleder," dedi Thornton. "Burada kamp yapıyoruz." Ve öyle de yaptılar.

Se quedaron hasta que las costillas de Buck sanaron y pudo caminar nuevamente.

Buck'ın kaburgaları iyileşene ve tekrar yürüyebilene kadar orada kaldılar.

Ese invierno, Buck realizó una hazaña que aumentó aún más su fama.

Buck o kış, ününü daha da artıracak bir başarıya imza attı.

Fue menos heroico que salvar a Thornton, pero igual de impresionante.

Thornton'u kurtarmak kadar kahramanca değildi ama aynı derecede etkileyiciydi.

En Dawson, los socios necesitaban suministros para un viaje lejano.

Dawson'da ortakların uzak bir yolculuk için malzemelere ihtiyacı vardı.

Querían viajar hacia el Este, hacia tierras vírgenes y silvestres.

Doğuya, el değmemiş vahşi topraklara doğru seyahat etmek istiyorlardı.

La escritura de Buck en el Eldorado Saloon hizo posible ese viaje.

Buck'ın Eldorado Saloon'daki tapusu bu seyahati mümkün kıldı.

Todo empezó con hombres alardeando de sus perros mientras bebían.

Her şey erkeklerin içki içerken köpekleriyle övünmesiyle başladı.

La fama de Buck lo convirtió en blanco de desafíos y dudas.

Buck'ın şöhreti onu zorlukların ve şüphelerin hedefi haline getirdi.

Thornton, orgulloso y tranquilo, se mantuvo firme en la defensa del nombre de Buck.

Thornton, gururlu ve sakin bir şekilde, Buck'ın adını
savunmada kararlı bir duruş sergiledi.

**Un hombre dijo que su perro podía levantar doscientos
cincuenta kilos con facilidad.**

Bir adam köpeğinin 250 kilo ağırlığı rahatlıkla çekebildiğini
söyledi.

Otro dijo seiscientos, y un tercero se jactó de setecientos.

Bir başkası altı yüz dedi, bir üçüncüsü de yedi yüz diye
övündü.

**"¡Pfft!" dijo John Thornton, "Buck puede tirar de un trineo
de mil libras".**

"Pfft!" dedi John Thornton, "Buck bin kiloluk bir kızak
çekebilir."

**Matthewson, un Rey de Bonanza, se inclinó hacia delante y
lo desafió.**

Bonanza Kralı Matthewson öne doğru eğildi ve ona meydan
okudu.

¿Crees que puede poner tanto peso en movimiento?

"O kadar ağırlığı harekete geçirebileceğini mi sanıyorsun?"

"¿Y crees que puede tirar del peso cien yardas enteras?"

"Ve sen onun bu yükü yüz metre kadar taşıyabileceğini mi
düşünüyorsun?"

**Thornton respondió con frialdad: «Sí. Buck es lo
suficientemente bueno como para hacerlo».**

Thornton soğukkanlılıkla cevap verdi, "Evet. Buck bunu
yapabilecek kadar köpek."

**"Pondrá mil libras en movimiento y las arrastrará cien
yardas".**

"Bin pound ağırlığındaki bir yükü harekete geçirip yüz metre
kadar çekecek."

**Matthewson sonrió lentamente y se aseguró de que todos los
hombres escucharan sus palabras.**

Matthewson yavaşça gülümsedi ve sözlerinin herkes
tarafından duyulmasını sağladı.

Tengo mil dólares que dicen que no puede. Ahí está.

"Bin dolarım var, ona bunu yapamayacağını söylüyor. İşte
burada."

Arrojó un saco de polvo de oro del tamaño de una salchicha sobre la barra.

Sosis büyüklüğündeki altın tozu dolu bir keseyi bara sertçe çarptı.

Nadie dijo una palabra. El silencio se hizo denso y tenso a su alrededor.

Kimse tek kelime etmedi. Sessizlik etraflarında ağır ve gergin bir hal aldı.

El engaño de Thornton —si es que lo hubo— había sido tomado en serio.

Thornton'un blöfü -eğer gerçekten blöfse- ciddiye alınmıştı.

Sintió que el calor le subía a la cara mientras la sangre le subía a las mejillas.

Yanaklarına kan hücum ederken yüzünün ısındığını hissetti.

En ese momento su lengua se había adelantado a su razón.

O an aklının önüne dili geçmişti.

Realmente no sabía si Buck podría mover mil libras.

Buck'ın bin poundu kaldırabileceğini gerçekten bilmiyordu.

¡Media tonelada! Solo su tamaño le hacía sentir un gran peso en el corazón.

Yarım ton! Sadece büyüklüğü bile kalbini ağırlaştırıyordu.

Tenía fe en la fuerza de Buck y creía que era capaz.

Buck'ın gücüne inanıyordu ve onun yetenekli olduğunu düşünüyordu.

Pero nunca se había enfrentado a un desafío así, no de esta manera.

Ama daha önce hiç böyle bir zorlukla karşılaşmamıştı.

Una docena de hombres lo observaban en silencio, esperando ver qué haría.

Bir düzine adam sessizce onu izliyor, ne yapacağını bekliyordu.

Él no tenía el dinero, ni tampoco Hans ni Pete.

Parası yoktu, Hans'ın ve Pete'in de yoktu.

"Tengo un trineo afuera", dijo Matthewson fría y directamente.

"Dışarıda bir kızak var," dedi Matthewson soğuk ve net bir şekilde.

"Está cargado con veinte sacos de cincuenta libras cada uno, todo de harina.

"Yirmi çuval dolusu, her biri elli kilo ağırlığında, hepsi un.

Así que no dejen que un trineo perdido sea su excusa ahora", añadió.

Bu yüzden kaybolan kızak bahaneniz olmasın" diye ekledi.

Thornton permaneció en silencio. No sabía qué decir.

Thornton sessiz kaldı. Ne söyleyeceğini bilmiyordu.

Miró a su alrededor los rostros sin verlos con claridad.

Etrafına baktı ama yüzleri net göremedi.

Parecía un hombre congelado en sus pensamientos, intentando reiniciarse.

Düşüncelere dalmış, yeniden başlamaya çalışan bir adam gibi görünüyordu.

Luego vio a Jim O'Brien, un amigo de la época de Mastodon.

Daha sonra Mastodon günlerinden arkadaşı Jim O'Brien'ı gördü.

Ese rostro familiar le dio un coraje que no sabía que tenía.

Tanıdık yüz ona bilmediği bir cesaret verdi.

Se giró y preguntó en voz baja: "¿Puedes prestarme mil?"

Döndü ve alçak sesle sordu: "Bana bin dolar borç verebilir misin?"

"Claro", dijo O'Brien, dejando caer un pesado saco junto al oro.

"Elbette," dedi O'Brien, altınların olduğu ağır bir keseyi yere bırakarak.

"Pero la verdad, John, no creo que la bestia pueda hacer esto".

"Ama doğrusu John, canavarın bunu yapabileceğine inanmıyorum."

Todos los que estaban en el Eldorado Saloon corrieron hacia afuera para ver el evento.

Eldorado Saloon'daki herkes etkinliği izlemek için dışarı koştu.

Abandonaron las mesas y las bebidas, e incluso los juegos se pausaron.

Masalar ve içecekler bırakıldı, hatta oyunlara bile ara verildi.

Comerciantes y jugadores acudieron para presenciar el final de la audaz apuesta.

Krupiyeler ve kumarbazlar bu cesur bahsin sonuna tanıklık etmek için geldiler.

Cientos de personas se reunieron alrededor del trineo en la calle helada y abierta.

Buzlu açık sokakta kızak etrafında yüzlerce kişi toplanmıştı.

El trineo de Matthewson estaba cargado con un montón de sacos de harina.

Matthewson'un kızakları un çuvallarıyla doluydu.

El trineo había permanecido parado durante horas a temperaturas bajo cero.

Kızak saatlerdir eksi derecelerde bekliyordu.

Los patines del trineo estaban congelados y pegados a la nieve compacta.

Kızakların ayakları sıkıştırılmış karda donmuştu.

Los hombres ofrecieron dos a uno de que Buck no podría mover el trineo.

Erkekler Buck'ın kızak hareket ettiremeyeceğine ikiye bir oranında bahis koydular.

Se desató una disputa sobre lo que realmente significaba "break out".

"Kaçmak" ifadesinin gerçekte ne anlama geldiği konusunda bir tartışma çıktı.

O'Brien dijo que Thornton debería aflojar la base congelada del trineo.

O'Brien, Thornton'un kızakların donmuş tabanını gevşetmesi gerektiğini söyledi.

Buck pudo entonces "escapar" de un comienzo sólido e inmóvil.

Buck daha sonra sağlam ve hareketsiz bir başlangıçtan "sıyrılabilir".

Matthewson argumentó que el perro también debe liberar a los corredores.

Matthewson, köpeğin koşucuları da serbest bırakması gerektiğini savundu.

Los hombres que habían escuchado la apuesta estuvieron de acuerdo con la opinión de Matthewson.

Bahsi dinleyen adamlar da Matthewson'un görüşüne katılıyorlardı.

Con esa decisión, las probabilidades aumentaron a tres a uno en contra de Buck.

Bu kararla birlikte, Buck'ın lehine olan bahis oranı üçe bire çıktı.

Nadie se animó a asumir las crecientes probabilidades de tres a uno.

Üç-bir oranındaki artış karşısında kimse öne çıkmadı.

Ningún hombre creyó que Buck pudiera realizar la gran hazaña.

Hiçbir adam Buck'ın bu büyük başarıyı elde edebileceğine inanmıyordu.

Thornton se había apresurado a hacer la apuesta, cargado de dudas.

Thornton, şüphelerle dolu bir şekilde bahse girmişti.

Ahora miró el trineo y el equipo de diez perros que estaba a su lado.

Şimdi kızak ve yanındaki on köpekli takıma bakıyordu.

Ver la realidad de la tarea la hizo parecer más imposible.

Görevin gerçekliğini görünce, bunun daha da imkânsız olduğu ortaya çıktı.

Matthewson estaba lleno de orgullo y confianza en ese momento.

Matthewson o an gurur ve özgüvenle doluydu.

—¡Tres a uno! —gritó—. ¡Apuesto mil más, Thornton!

"Üçte bir!" diye bağırdı. "Bin daha bahse girerim, Thornton!

"¿Qué dices?" añadió lo suficientemente alto para que todos lo oyeran.

"Ne diyorsun?" diye ekledi, herkesin duyabileceği kadar yüksek sesle.

El rostro de Thornton mostraba sus dudas, pero su ánimo se había elevado.

Thornton'un yüzünde şüpheler vardı ama morali yükselmişti.

Ese espíritu de lucha ignoraba las probabilidades y no temía a nada en absoluto.

O mücadeleci ruh, hiçbir şeyden korkmaz, hiçbir zorluğa aldırmazdı.

Llamó a Hans y Pete para que trajeran todo su dinero a la mesa.

Hans ve Pete'i çağırıp tüm nakitlerini masaya getirmelerini istedi.

Les quedaba poco: sólo doscientos dólares en total.

Geriye pek az paraları kalmıştı; toplamda sadece iki yüz dolar.

Esta pequeña suma constituía su fortuna total en tiempos difíciles.

Bu küçük miktar, zor zamanlarında onların toplam servetiydi.

Aún así, apostaron toda su fortuna contra la apuesta de Matthewson.

Yine de Matthewson'ın bahsine karşı tüm servetlerini ortaya koydular.

El equipo de diez perros fue desenganchado y se alejó del trineo.

On köpekten oluşan takım kızaktan ayrıldı ve uzaklaştı.

Buck fue colocado en las riendas, vistiendo su arnés familiar.

Buck, alışık olduğu koşum takımını takarak dizginlerin başına geçti.

Había captado la energía de la multitud y sentía la tensión.

Kalabalığın enerjisini yakalamış, gerginliği hissetmişti.

De alguna manera, sabía que tenía que hacer algo por John Thornton.

Bir şekilde John Thornton için bir şeyler yapması gerektiğini biliyordu.

La gente murmuraba con admiración ante la orgullosa figura del perro.

İnsanlar köpeğin gururlu duruşuna hayranlıkla bakıp mırıldanıyorlardı.

Era delgado y fuerte, sin un solo gramo de carne extra.

Zayıf ve güçlüydü, vücudunda tek bir gram et yoktu.

Su peso total de ciento cincuenta libras era todo potencia y resistencia.

Yüz elli kilo ağırlığındaki adamın ağırlığı, tamamen güç ve dayanıklılıktan ibaretti.

El pelaje de Buck brillaba como la seda, espeso y saludable.

Buck'ın tüyleri ipek gibi parlıyordu, sağlık ve güçle kalınlaşmıştı.

El pelaje a lo largo de su cuello y hombros pareció levantarse y erizarse.

Boynundaki ve omuzlarındaki tüyler diken diken olmuş gibiydi.

Su melena se movía levemente, cada cabello vivo con su gran energía.

Yelesi hafifçe hareket ediyordu, her bir saç teli büyük enerjisiyle canlanıyordu.

Su pecho ancho y sus piernas fuertes hacían juego con su cuerpo pesado y duro.

Geniş göğsü ve güçlü bacakları, iri ve sert yapısına uygundu.

Los músculos se ondulaban bajo su abrigo, tensos y firmes como hierro.

Paltosunun altındaki kaslar gergin ve sıkı bir demir gibi dalgalanıyordu.

Los hombres lo tocaron y juraron que estaba construido como una máquina de acero.

Adamlar ona dokunuyor ve onun çelik bir makine gibi yapıldığına yemin ediyorlardı.

Las probabilidades bajaron levemente a dos a uno contra el gran perro.

Büyük köpeğe karşı bahisler ikiye bire düştü.

Un hombre de los bancos Skookum se adelantó, tartamudeando.

Skookum Benches'ten bir adam kekeleyerek öne doğru ilerledi.

—¡Bien, señor! ¡Ofrezco ochocientas libras por él, antes del examen, señor!

"İyi, efendim! Ona sekiz yüz teklif ediyorum—sınavdan önce, efendim!"

"¡Ochocientos, tal como está ahora mismo!" insistió el hombre.

"Şu anki haliyle sekiz yüz!" diye ısrar etti adam.

Thornton dio un paso adelante, sonrió y meneó la cabeza con calma.

Thornton öne çıktı, gülümsedi ve sakin bir şekilde başını salladı.

Matthewson intervino rápidamente con una voz de advertencia y el ceño fruncido.

Matthewson hemen uyarıcı bir ses tonuyla ve kaşlarını çatarak araya girdi.

—Debes alejarte de él —dijo—. Dale espacio.

"Ondan uzaklaşmalısın," dedi. "Ona alan ver."

La multitud quedó en silencio; sólo los jugadores seguían ofreciendo dos a uno.

Kalabalık sessizleşti; sadece kumarbazlar hâlâ ikiye bir teklif ediyordu.

Todos admiraban la complexión de Buck, pero la carga parecía demasiado grande.

Herkes Buck'ın yapısına hayrandı ama yük çok fazlaydı.

Veinte sacos de harina, cada uno de cincuenta libras de peso, parecían demasiados.

Her biri yirmişer kilo ağırlığında olan yirmi çuval un çok fazla görünüyordu.

Nadie estaba dispuesto a abrir su bolsa y arriesgar su dinero.

Hiç kimse kesesini açıp parasını riske atmaya yanaşmıyordu.

Thornton se arrodilló junto a Buck y tomó su cabeza con ambas manos.

Thornton, Buck'ın yanına diz çöktü ve başını iki elinin arasına aldı.

Presionó su mejilla contra la de Buck y le habló al oído.

Yanağını Buck'ın yanağına bastırdı ve kulağına konuştu.

Ya no había apretones juguetones ni susurros de insultos amorosos.

Artık ne şaka yollu tokalaşmalar, ne de fısıldanan sevgi dolu hakaretler vardı.

Él sólo murmuró suavemente: "Tanto como me amas, Buck".

Sadece yumuşak bir sesle mırıldandı, "Beni sevdiğin kadar, Buck."

Buck dejó escapar un gemido silencioso, su entusiasmo apenas fue contenido.

Buck sessizce sızlandı, hevesi zar zor kontrol ediliyordu.

Los espectadores observaron con curiosidad cómo la tensión llenaba el aire.

İzleyiciler, gerginliğir hakim olduğu olayı merakla izliyordu.

El momento parecía casi irreal, como algo más allá de la razón.

O an neredeyse gerçek dışıydı, sanki akıl almaz bir şeydi.

Cuando Thornton se puso de pie, Buck tomó suavemente su mano entre sus mandíbulas.

Thornton ayağa kalktığında Buck nazikçe elini çenesine aldı.

Presionó con los dientes y luego lo soltó lenta y suavemente.

Dişleriyle bastırdı, sonra yavaşça ve nazikçe bıraktı.

Fue una respuesta silenciosa de amor, no dicha, pero entendida.

Bu, söylenmeyen ama anlaşılan sessiz bir sevgi cevabıydı.

Thornton se alejó bastante del perro y dio la señal.

Thornton köpekten epeyce uzaklaştı ve işareti verdi.

—Ahora, Buck —dijo, y Buck respondió con calma y concentración.

"Hadi Buck," dedi ve Buck sakin bir şekilde cevap verdi.

Buck apretó las correas y luego las aflojó unos centímetros.

Buck önce telleri sıkılaştırdı, sonra birkaç santim gevşetti.

Éste era el método que había aprendido; su manera de romper el trineo.

Bu onun öğrendiği yöntemdi; kızak kırmanın yoluydu.

—¡Caramba! —gritó Thornton con voz aguda en el pesado silencio.

"Vay canına!" diye bağırdı Thornton, sesi yoğun sessizlikte tizdi.

Buck giró hacia la derecha y se lanzó con todo su peso.

Buck sağa döndü ve tüm ağırlığıyla hamle yaptı.

La holgura desapareció y la masa total de Buck golpeó las cuerdas apretadas.

Boşluk kayboldu ve Buck'ın tüm kütlesi sıkı raylara çarptı.

El trineo tembló y los patines produjeron un crujido crujiente.

Kızak titriyordu, kızaklardan çıtır çıtır sesler geliyordu.

—¡Ja! —ordenó Thornton, cambiando nuevamente la dirección de Buck.

"Haw!" diye emretti Thornton, Buck'ın yönünü tekrar değiştirerek.

Buck repitió el movimiento, esta vez tirando bruscamente hacia la izquierda.

Buck hareketi tekrarladı, bu sefer sertçe sola doğru çekti.

El trineo crujió más fuerte y los patines crujieron y se movieron.

Kızak daha da yüksek sesle çatırdadı, kızaklar kırılıp kaydı.

La pesada carga se deslizó ligeramente hacia un lado sobre la nieve congelada.

Ağır yük, donmuş karın üzerinde hafifçe yana doğru kaydı.

¡El trineo se había soltado del sendero helado!

Kızak buzlu patikanın pençesinden kurtulmuştu!

Los hombres contenían la respiración, sin darse cuenta de que ni siquiera estaban respirando.

Adamlar nefeslerini tuttular, nefes almadıklarının farkında bile değillerdi.

—¡Ahora, TIRA! —gritó Thornton a través del silencio helado.

"Şimdi ÇEK!" diye haykırdı Thornton, donmuş sessizliğin içinden.

La orden de Thornton sonó aguda, como el chasquido de un látigo.

Thornton'un emri kırbaç şaklaması gibi sert bir şekilde çınladı.

Buck se lanzó hacia adelante con una estocada feroz y estremecedora.

Buck sert ve sarsıcı bir hamleyle kendini öne doğru fırlattı.

Todo su cuerpo se tensó y se arrugó por la enorme tensión.

Bütün vücudu, bu büyük gerginlik karşısında gerildi ve buruştu.

Los músculos se ondulaban bajo su pelaje como serpientes que cobraban vida.

Kasları, canlanan yılanlar gibi tüylerinin altında dalgalanıyordu.

Su gran pecho estaba bajo y la cabeza estirada hacia delante, hacia el trineo.

Geniş göğsü alçaktı, başı kızaklara doğru uzanıyordu.

Sus patas se movían como un rayo y sus garras cortaban el suelo helado.

Patileri yıldırım gibi hareket ediyor, pençeleri donmuş toprağı kesiyordu.

Los surcos se abrieron profundos mientras luchaba por cada centímetro de tracción.

Her bir çekiş gücü için mücadele ederken, oluklar derinleşti.

El trineo se balanceó, tembló y comenzó un movimiento lento e inquieto.

Kızak sallandı, titredi ve yavaş, tedirgin bir hareket başladı.

Un pie resbaló y un hombre entre la multitud gimió en voz alta.

Bir ayağı kaydı ve kalabalığın içindeki bir adam yüksek sesle inledi.

Entonces el trineo se lanzó hacia adelante con un movimiento brusco y espasmódico.

Sonra kızak sarsıntılı, sert bir hareketle öne doğru fırladı.

No se detuvo de nuevo: media pulgada... una pulgada... dos pulgadas más.

Yine durmadı, yarım santim...bir santim...iki santim daha.

Los tirones se hicieron más pequeños a medida que el trineo empezó a ganar velocidad.

Kızak hızlandıkça sarsıntılar azaldı.

Pronto Buck estaba tirando con una potencia suave, uniforme y rodante

Çok geçmeden Buck düzgün, eşit ve yuvarlanan bir güçle çekmeye başladı.

Los hombres jadearon y finalmente recordaron respirar de nuevo.

Adamlar nefes nefese kaldılar ve sonunda tekrar nefes almayı hatırladılar.

No se habían dado cuenta de que su respiración se había detenido por el asombro.

Nefeslerinin hayretten kesildiğini fark etmemişlerdi.

Thornton corrió detrás, gritando órdenes breves y alegres.

Thornton arkasından koşup kısa ve neşeli emirler yağdırıyordu.

Más adelante había una pila de leña que marcaba la distancia.

Önümüzde mesafeyi belirleyen bir odun yığını vardı.

A medida que Buck se acercaba a la pila, los vítores se hacían cada vez más fuertes.

Buck yığına yaklaştıkça tezahüratlar giderek arttı.

Los aplausos aumentaron hasta convertirse en un rugido cuando Buck pasó el punto final.

Buck bitiş noktasını geçtiğinde tezahüratlar bir kükremeye dönüştü.

Los hombres saltaron y gritaron, incluso Matthewson sonrió.

Adamlar zıplayıp bağırıyorlardı, hatta Matthewson bile sırıtmaya başlamıştı.

Los sombreros volaron por el aire y los guantes fueron arrojados sin pensar ni rumbo.

Şapkalar havaya uçtu, eldivenler düşüncesizce ve amaçsızca fırlatıldı.

Los hombres se abrazaron y se dieron la mano sin saber a quién.

Adamlar, kiminle olduklarını bilmeden birbirlerinin elini sıktılar.

Toda la multitud vibró en una celebración salvaje y alegre.

Bütün kalabalık çılgınca, neşeli bir kutlamayla uğulduyordu.

Thornton cayó de rodillas junto a Buck con manos temblorosas.

Thornton titreyen elleriyle Buck'ın yanına diz çöktü.

Apretó su cabeza contra la de Buck y lo sacudió suavemente hacia adelante y hacia atrás.

Başını Buck'ın başına yasladı ve onu yavaşça ileri geri salladı.

Los que se acercaron le oyeron maldecir al perro con silencioso amor.

Yaklaşanlar onun köpeğe sessizce sevgiyle lanet okuduğunu duydular.

Maldijo a Buck durante un largo rato, suavemente, cálidamente, con emoción.

Uzun süre Buck'a küfür etti; yumuşakça, sıcak bir şekilde, duygu dolu bir şekilde.

—¡Bien, señor! ¡Bien, señor! —gritó el rey del Banco Skookum a toda prisa.

"İyi, efendim! İyi, efendim!" diye bağırdı Skookum Bench kralı aceleyle.

—¡Le daré mil, no, mil doscientos, por ese perro, señor!

"O köpek için size bin dolar, hayır bin iki yüz dolar veririm, efendim!"

Thornton se puso de pie lentamente, con los ojos brillantes de emoción.

Thornton yavaşça ayağa kalktı, gözleri duyguyla parlıyordu.

Las lágrimas corrían abiertamente por sus mejillas sin ninguna vergüenza.

Gözyaşları yanaklarından utanmadan akıyordu.

"Señor", le dijo al rey del Banco Skookum, firme y firme.

"Efendim," dedi Skookum Bench kralına, kararlı ve kararlı bir şekilde

—No, señor. Puede irse al infierno, señor. Esa es mi última respuesta.

"Hayır efendim. Cehenneme gidebilirsiniz efendim. Bu benim son cevabım."

Buck agarró suavemente la mano de Thornton con sus fuertes mandíbulas.

Buck, Thornton'un elini güçlü çeneleriyle nazikçe kavradı.

Thornton lo sacudió juguetonamente; su vínculo era más profundo que nunca.

Thornton onu şakacı bir şekilde salladı, aralarındaki bağ her zamankinden daha derindi.

La multitud, conmovida por el momento, retrocedió en silencio.

O anın heyecanıyla kalabalık sessizce geri çekildi.

Desde entonces nadie se atrevió a interrumpir tan sagrado afecto.

O günden sonra hiç kimse bu kutsal sevgiyi bozmaya cesaret edemedi.

El sonido de la llamada
Çağrının Sesi

Buck había ganado mil seiscientos dólares en cinco minutos.
Buck beş dakikada bin altı yüz dolar kazanmıştı.
El dinero permitió a John Thornton pagar algunas de sus deudas.
Bu para John Thornton'un borçlarının bir kısmını ödemesine olanak sağladı.
Con el resto del dinero se dirigió al Este con sus socios.
Geriye kalan parayla ortaklarıyla birlikte Doğu'ya doğru yola çıktı.
Buscaban una legendaria mina perdida, tan antigua como el país mismo.
Ülkenin kendisi kadar eski, efsanevi kayıp bir madeni arıyorlardı.
Muchos hombres habían buscado la mina, pero pocos la habían encontrado.
Madeni çok kişi aramıştı ama çok azı bulabilmişti.
Más de unos pocos hombres habían desaparecido durante la peligrosa búsqueda.
Tehlikeli görev sırasında birkaç adamdan fazlası kaybolmuştu.
Esta mina perdida estaba envuelta en misterio y vieja tragedia.
Bu kayıp maden hem gizemle hem de eski bir trajediyle sarmalanmıştı.
Nadie sabía quién había sido el primer hombre que encontró la mina.
Madeni ilk bulan adamın kim olduğu bilinmiyordu.
Las historias más antiguas no mencionan a nadie por su nombre.
En eski hikâyelerde hiç kimsenin ismi geçmez.
Siempre había habido allí una antigua y destartalada cabaña.
Orada her zaman eski, harap bir kulübe vardı.

Los hombres moribundos habían jurado que había una mina al lado de aquella vieja cabaña.

Ölmekte olan adamlar o eski kulübenin yanında bir maden olduğuna yemin etmişlerdi.

Probaron sus historias con oro como ningún otro en ningún otro lugar.

Hikayelerini başka hiçbir yerde bulunamayacak altınlarla kanıtladılar.

Ningún alma viviente había jamás saqueado el tesoro de aquel lugar.

Hiçbir canlı o yerden hazineyi yağmalamamıştı.

Los muertos estaban muertos, y los muertos no cuentan historias.

Ölüler ölmüştü ve ölü adamlar hikaye anlatmaz.

Entonces Thornton y sus amigos se dirigieron al Este.

Böylece Thornton ve arkadaşları Doğu'ya doğru yola koyuldular.

Pete y Hans se unieron, trayendo a Buck y seis perros fuertes.

Pete ve Hans da Buck ve altı güçlü köpeğiyle birlikte onlara katıldı.

Se embarcaron en un camino desconocido donde otros habían fracasado.

Başkalarının başarısız olduğu bilinmeyen bir yola doğru yola koyuldular.

Se deslizaron en trineo setenta millas por el congelado río Yukón.

Donmuş Yukon Nehri üzerinde yetmiş mil kızak kaydılar.

Giraron a la izquierda y siguieron el sendero hacia Stewart.

Sola dönüp patikayı takip ederek Stewart'a doğru ilerlediler.

Pasaron Mayo y McQuestion y siguieron adelante.

Mayo ve McQuestion'ı geçip daha da ileriye doğru ilerlediler.

El río Stewart se encogió y se convirtió en un arroyo, atravesando picos irregulares.

Stewart Nehri, engebeli zirveleri aşarak bir dereye dönüştü.

Estos picos afilados marcaban la columna vertebral del continente.

Bu sivri zirveler kıtanın omurgasını oluşturuyordu.

John Thornton exigía poco a los hombres y a la tierra salvaje.

John Thornton insanlardan veya vahşi topraklardan pek az şey talep ediyordu.

No temía a nada de la naturaleza y se enfrentaba a lo salvaje con facilidad.

Doğada hiçbir şeyden korkmuyordu ve vahşi doğayla rahatlıkla yüzleşiyordu.

Con sólo sal y un rifle, podría viajar a donde quisiera.

Sadece tuz ve bir tüfekle istediği yere seyahat edebilirdi.

Al igual que los nativos, cazaba alimentos mientras viajaba.

Yerliler gibi o da yolculuğu sırasında yiyecek avlıyordu.

Si no pescaba nada, seguía adelante, confiando en que la suerte le acompañaría.

Hiçbir şey yakalayamazsa şansına güvenerek yoluna devam ederdi.

En este largo viaje, la carne era lo principal que comían.

Bu uzun yolculukta yedikleri başlıca şey et oldu.

El trineo contenía herramientas y municiones, pero no un horario estricto.

Kızakta alet ve mühimmat vardı ama kesin bir zaman çizelgesi yoktu.

A Buck le encantaba este vagabundeo, la caza y la pesca interminables.

Buck bu gezintileri, bitmek bilmeyen avlanmayı ve balık tutmayı çok seviyordu.

Durante semanas estuvieron viajando día tras día.

Haftalardır her gün düzenli olarak yolculuk ediyorlardı.

Otras veces montaban campamentos y permanecían allí durante semanas.

Bazen kamp kurup haftalarca hareketsiz kalıyorlardı.

Los perros descansaron mientras los hombres cavaban en la tierra congelada.

Adamlar donmuş toprağı kazarken köpekler dinleniyordu.

Calentaron sartenes sobre el fuego y buscaron oro escondido.

Ateşte tavaları ısıtıp gizli altınları aradılar.

Algunos días pasaban hambre y otros días tenían fiestas.
Bazı günler aç kalıyorlardı, bazı günler ziyafet çekiyorlardı.
Sus comidas dependían de la presa y de la suerte de la caza.
Yemekleri avın türüne ve av şansına göre değişiyordu.
Cuando llegaba el verano, los hombres y los perros cargaban cargas sobre sus espaldas.
Yaz gelince adamlar ve köpekler yüklerini sırtlarına yüklerlerdi.
Navegaron por lagos azules escondidos en bosques de montaña.
Dağ ormanlarının arasında saklı mavi göllerde rafting yaptılar.
Navegaban en delgadas embarcaciones por ríos que ningún hombre había cartografiado jamás.
Daha önce hiç kimsenin haritası çıkaramadığı nehirlerde incecik teknelerle yolculuk yapıyorlardı.
Esos barcos se construyeron a partir de árboles que cortaban en la naturaleza.
Bu tekneler, doğada kesilen ağaçlardan yapılmıştı.

Los meses pasaron y ellos serpentearon por tierras salvajes y desconocidas.
Aylar geçti ve onlar bilinmez vahşi topraklarda dolaştılar.
No había hombres allí, aunque había rastros antiguos que indicaban que había habido hombres.
Orada hiç erkek yoktu, ama eski izler erkeklerin var olduğunu gösteriyordu.
Si la Cabaña Perdida fue real, entonces otras personas habían pasado por allí alguna vez.
Kayıp Kulübe gerçek olsaydı, o zaman başkaları da bir zamanlar buradan geçmiş olurdu.
Cruzaron pasos altos en medio de tormentas de nieve, incluso en verano.
Yaz aylarında bile tipide yüksek geçitlerden geçiyorlardı.
Temblaban bajo el sol de medianoche en las laderas desnudas de las montañas.

Çıplak dağ yamaçlarında gece yarısı güneşinin altında titriyorlardı.

Entre la línea de árboles y los campos de nieve, subieron lentamente.

Ağaçların arasından ve karlı arazilerden geçerek yavaşça tırmandılar.

En los valles cálidos, aplastaban nubes de mosquitos y moscas.

Sıcak vadilerde sivrisinek ve sinek sürülerini kovaladılar.

Recogieron bayas dulces cerca de los glaciares en plena floración del verano.

Yazın tam çiçek açmış buzulların yakınında tatlı meyveler topladılar.

Las flores que encontraron eran tan hermosas como las de las Tierras del Sur.

Buldukları çiçekler Güney'deki çiçekler kadar güzeldi.

Ese otoño llegaron a una región solitaria llena de lagos silenciosos.

O sonbaharda sessiz göllerle dolu ıssız bir bölgeye ulaştılar.

La tierra estaba triste y vacía, una vez llena de pájaros y bestias.

Bir zamanlar kuşlar ve hayvanlarla dolu olan topraklar hüzünlü ve boştu.

Ahora no había vida, sólo el viento y el hielo formándose en charcos.

Artık hiçbir hayat yoktu, sadece rüzgar ve göletlerde oluşan buzlar vardı.

Las olas golpeaban las orillas vacías con un sonido suave y triste.

Dalgalar boş kıyılara yumuşak, hüzünlü bir sesle çarpıyordu.

Llegó otro invierno y volvieron a seguir los viejos y tenues senderos.

Bir kış daha geldi ve yine silik, eski patikaları takip ettiler.

Éstos eran los rastros de hombres que habían buscado mucho antes que ellos.

Bunlar kendilerinden çok önceleri arayan adamların izleriydi.

Un día encontraron un camino que se adentraba profundamente en el bosque oscuro.

Bir gün karanlık ormanın derinliklerine doğru uzanan bir patika buldular.

Era un sendero antiguo y sintieron que la cabaña perdida estaba cerca.

Eski bir patikaydı ve kayıp kulübenin yakında olduğunu düşünüyorlardı.

Pero el sendero no conducía a ninguna parte y se perdía en el espeso bosque.

Ama patika hiçbir yere çıkmıyordu ve sık ormanın içinde kayboluyordu.

Nadie sabe quién hizo el sendero ni por qué lo hizo.

Bu izi kim yaptı ve neden yaptı, kimse bilmiyordu.

Más tarde encontraron los restos de una cabaña escondidos entre los árboles.

Daha sonra ağaçların arasında saklı bir kulübenin enkazını buldular.

Mantas podridas yacían esparcidas donde alguna vez alguien había dormido.

Bir zamanlar birinin uyuduğu yerde çürüyen battaniyeler dağılmıştı.

John Thornton encontró una pistola de chispa de cañón largo enterrada en el interior.

John Thornton, tüfeğin içinde gömülü uzun namlulu bir çakmaklı tüfek buldu.

Sabía que se trataba de un cañón de la Bahía de Hudson desde los primeros días de su comercialización.

İlk ticaret günlerinden itibaren bunun bir Hudson Körfezi silahı olduğunu biliyordu.

En aquella época, estas armas se intercambiaban por montones de pieles de castor.

O günlerde bu tür silahlar kunduz derileri ile takas ediliyordu.

Eso fue todo: no quedó ninguna pista del hombre que construyó el albergue.

Hepsi bu kadardı; kulübeyi inşa eden adamdan geriye hiçbir ipucu kalmamıştı.

Llegó nuevamente la primavera y no encontraron ninguna señal de la Cabaña Perdida.

Bahar yine geldi ve Kayıp Kulübe'den hiçbir iz bulamadılar.

En lugar de eso encontraron un valle amplio con un arroyo poco profundo.

Bunun yerine sığ bir derenin aktığı geniş bir vadi buldular.

El oro se extendía sobre el fondo de las sartenes como mantequilla suave y amarilla.

Altın, pürüzsüz, sarı tereyağı gibi tavaların tabanlarına yayılmıştı.

Se detuvieron allí y no buscaron más la cabaña.

Orada durdular ve kulübeyi daha fazla aramadılar.

Cada día trabajaban y encontraban miles en polvo de oro.

Her gün çalışıyorlardı ve binlercesini altın tozu içinde buluyorlardı.

Empaquetaron el oro en bolsas de piel de alce, de cincuenta libras cada una.

Altınları, her biri elli kilo ağırlığında geyik derisinden yapılmış torbalara koydular.

Las bolsas estaban apiladas como leña afuera de su pequeña cabaña.

Çantalar küçük kulübelerinin dışında odun gibi istiflenmişti.

Trabajaron como gigantes y los días pasaban como sueños rápidos.

Devler gibi çalışıyorlardı, günler de hızlı bir rüya gibi geçiyordu.

Acumularon tesoros a medida que los días interminables transcurrían rápidamente.

Sonsuz günler hızla akıp geçerken hazineleri biriktirdiler.

Los perros no tenían mucho que hacer excepto transportar carne de vez en cuando.

Köpeklerin arada sırada et taşımaktan başka yapacak pek bir şeyleri yoktu.

Thornton cazó y mató el animal, y Buck se quedó tendido junto al fuego.

Thornton avlanıp avlanırken, Buck da ateşin başında yatıyordu.

Pasó largas horas en silencio, perdido en sus pensamientos y recuerdos.

Uzun saatler boyunca sessizlik içinde, düşüncelere ve anılara dalarak vakit geçirdi.

La imagen del hombre peludo venía cada vez más a la mente de Buck.

Buck'ın aklına daha çok tüylü adam görüntüsü geliyordu.

Ahora que el trabajo escaseaba, Buck soñaba mientras parpadeaba ante el fuego.

Artık iş sıkıntısı yaşandığından Buck, ateşe bakarak gözlerini kırpıştırırken hayal kuruyordu.

En esos sueños, Buck vagaba con el hombre en otro mundo.

Buck o rüyalarda adamla birlikte başka bir dünyada dolaşıyordu.

El miedo parecía el sentimiento más fuerte en ese mundo distante.

Korku, o uzak dünyadaki en güçlü duygu gibi görünüyordu.

Buck vio al hombre peludo dormir con la cabeza gacha.

Buck, tüylü adamın başını öne eğmiş bir şekilde uyuduğunu gördü.

Tenía las manos entrelazadas y su sueño era inquieto y entrecortado.

Elleri kenetlenmişti, uykusu huzursuz ve bölünmüştü.

Solía despertarse sobresaltado y mirar con miedo hacia la oscuridad.

Birdenbire uyanır ve korkuyla karanlığa bakardı.

Luego echaba más leña al fuego para mantener la llama brillante.

Sonra ateşin alevini canlı tutmak için ateşe biraz daha odun atardı.

A veces caminaban por una playa junto a un mar gris e interminable.

Bazen gri, uçsuz bucaksız bir denizin kıyısındaki kumsalda yürüyorlardı.

El hombre peludo recogía mariscos y los comía mientras caminaba.

Tüylü adam yürürken kabuklu deniz ürünleri topluyor ve yiyordu.

Sus ojos buscaban siempre peligros ocultos en las sombras.

Gözleri daima gölgelerde saklı tehlikeleri arardı.

Sus piernas siempre estaban listas para correr ante la primera señal de amenaza.

Tehlikenin ilk belirtisinde bacakları her zaman koşmaya hazırdı.

Se arrastraron por el bosque, silenciosos y cautelosos, uno al lado del otro.

Ormanın içinde sessizce ve temkinle yan yana ilerliyorlardı.

Buck lo siguió de cerca y ambos se mantuvieron alerta.

Buck da onun peşinden gidiyordu ve ikisi de tetikteydi.

Sus orejas se movían y temblaban, sus narices olfateaban el aire.

Kulakları seğiriyor ve hareket ediyor, burunları havayı kokluyordu.

El hombre podía oír y oler el bosque tan agudamente como Buck.

Adam da Buck kadar keskin bir şekilde ormanı duyabiliyor ve koklayabiliyordu.

El hombre peludo se balanceó entre los árboles con una velocidad repentina.

Tüylü adam ağaçların arasından ani bir hızla ilerledi.

Saltaba de rama en rama sin perder nunca su agarre.

Daldan dala atlıyor, hiçbir zaman tutunmayı bırakmıyordu.

Se movió tan rápido sobre el suelo como sobre él.

Yer üstünde olduğu kadar yukarıda da aynı hızla hareket ediyordu.

Buck recordó las largas noches bajo los árboles, haciendo guardia.

Buck, ağaçların altında nöbet tutarak geçirdiği uzun geceleri hatırladı.

El hombre dormía recostado en las ramas, aferrado fuertemente.

Adam dalların arasında tüneyip sıkı sıkıya tutunarak uyuyordu.

Esta visión del hombre peludo estaba estrechamente ligada al llamado profundo.

Bu tüylü adam vizyonu derin çağrıyla yakından bağlantılıydı.

El llamado aún resonaba en el bosque con una fuerza inquietante.

Çağrı, ormanın içinden ürkütücü bir güçle hâlâ duyuluyordu.

La llamada llenó a Buck de anhelo y una inquieta sensación de alegría.

Bu çağrı Buck'ı özlemle ve huzursuz bir sevinçle doldurdu.

Sintió impulsos y agitaciones extrañas que no podía nombrar.

Adını koyamadığı garip dürtüler ve kıpırdanmalar hissediyordu.

A veces seguía la llamada hasta lo profundo del tranquilo bosque.

Bazen çağrıyı ormanın derinliklerine kadar takip ediyordu.

Buscó el llamado, ladrando suave o agudamente mientras caminaba.

Çağrıyı aradı, giderken yumuşak ya da sert bir şekilde havladı.

Olfateó el musgo y la tierra negra donde crecían las hierbas.

Otların yetiştiği yerdeki yosunları ve kara toprağı kokladı.

Resopló de alegría ante los ricos olores de la tierra profunda.

Derin toprağın zengin kokularını duyunca zevkten burnundan soluyordu.

Se agazapó durante horas detrás de troncos cubiertos de hongos.

Mantarla kaplı ağaç gövdelerinin arkasında saatlerce çömeldi.

Se quedó quieto, escuchando con los ojos muy abiertos cada pequeño sonido.

O, kıpırdamadan durdu ve kocaman gözlerle her küçük sesi dinledi.

Quizás esperaba sorprender al objeto que le había hecho el llamado.

Çağrıyı yapanı şaşırtmayı ummuş olabilir.

Él no sabía por qué actuaba así: simplemente lo hacía.

Neden böyle davrandığını bilmiyordu, sadece yapıyordu.

Los impulsos venían desde lo más profundo, más allá del pensamiento o la razón.

Bu dürtüler düşüncenin ve mantığın ötesinde, içimizden geliyordu.

Impulsos irresistibles se apoderaron de Buck sin previo aviso ni razón.

Buck'ın içinde hiçbir uyarı veya sebep olmaksızın karşı konulmaz dürtüler belirdi.

A veces dormitaba perezosamente en el campamento bajo el calor del mediodía.

Bazen öğle sıcağında kampta tembel tembel uyukluyordu.

De repente, su cabeza se levantó y sus orejas se levantaron en alerta.

Birdenbire başı kalktı ve kulakları irkildi.

Entonces se levantó de un salto y se lanzó hacia lo salvaje sin detenerse.

Sonra ayağa fırladı ve hiç duraksamadan vahşi doğaya doğru koştu.

Corrió durante horas por senderos forestales y espacios abiertos.

Saatlerce orman yollarında ve açık alanlarda koştu.

Le encantaba seguir los lechos de los arroyos secos y espiar a los pájaros en los árboles.

Kuru dere yataklarını takip etmeyi ve ağaçlardaki kuşları gözetlemeyi severdi.

Podría permanecer escondido todo el día, mirando a las perdices pavonearse.

Bütün gün saklanıp kekliklerin etrafta dolaşmasını izleyebilirdi.

Ellos tamborilearon y marcharon, sin percatarse de la presencia todavía de Buck.

Buck'ın hâlâ orada olduğunun farkında olmadan davul çalıp yürüyüşe geçtiler.

Pero lo que más le gustaba era correr al atardecer en verano.

Ama en çok sevdiği şey yaz aylarında alacakaranlıkta koşmaktı.

La tenue luz y los sonidos soñolientos del bosque lo llenaron de alegría.

Loş ışık ve uykulu orman sesleri onu neşeyle doldurdu.

Leyó las señales del bosque tan claramente como un hombre lee un libro.

Orman işaretlerini bir adamın kitap okuması gibi net bir şekilde okudu.

Y siempre buscaba aquella cosa extraña que lo llamaba.

Ve o, kendisini çağıran o garip şeyi her zaman aradı.

Ese llamado nunca se detuvo: lo alcanzaba despierto o dormido.

Bu çağrı hiç durmadı; uyanıkken de uyurken de ona ulaştı.

Una noche, se despertó sobresaltado, con los ojos alerta y las orejas alerta.

Bir gece, gözleri keskin, kulakları dik bir şekilde uyandı.

Sus fosas nasales se crisparon mientras su melena se erizaba en ondas.

Yelesi dalgalar halinde dikilirken burun delikleri seğiriyordu.

Desde lo profundo del bosque volvió a oírse el sonido, el viejo llamado.

Ormanın derinliklerinden o ses tekrar duyuldu, o eski çağrı.

Esta vez el sonido sonó claro, un aullido largo, inquietante y familiar.

Bu kez ses net bir şekilde çınladı; uzun, ürkütücü, tanıdık bir uluma.

Era como el grito de un husky, pero extraño y salvaje en tono.

Bir Sibirya kurdunun çığlığına benziyordu ama tuhaf ve vahşi bir tondaydı.

Buck reconoció el sonido al instante: había oído exactamente el mismo sonido hacía mucho tiempo.

Buck sesi hemen tanıdı; aynı sesi çok uzun zaman önce duymuştu.

Saltó a través del campamento y desapareció rápidamente en el bosque.

Kampın arasından atlayıp hızla ormanın derinliklerine doğru kayboldu.

A medida que se acercaba al sonido, disminuyó la velocidad y se movió con cuidado.

Sese yaklaştıkça yavaşladı ve dikkatli hareket etti.

Pronto llegó a un claro entre espesos pinos.

Kısa süre sonra sık çam ağaçlarının arasında bir açıklığa ulaştı.

Allí, erguido sobre sus cuartos traseros, estaba sentado un lobo de bosque alto y delgado.

Orada, dimdik ayakta duran, uzun boylu, zayıf bir orman kurdu oturuyordu.

La nariz del lobo apuntaba hacia el cielo, todavía haciendo eco del llamado.

Kurtun burnu göğe doğru bakıyordu, hâlâ çağrıyı yankılıyordu.

Buck no había emitido ningún sonido, pero el lobo se detuvo y escuchó.

Buck hiç ses çıkarmamıştı, ama kurt durup dinledi.

Sintiendo algo, el lobo se tensó y buscó en la oscuridad.

Bir şey hisseden kurt gerildi, karanlığı taradı.

Buck apareció sigilosamente, con el cuerpo agachado y los pies quietos sobre el suelo.

Buck, vücudu aşağıda, ayakları yere basar şekilde görüş alanına girdi.

Su cola estaba recta y su cuerpo enroscado por la tensión.

Kuyruğu dimdikti, vücudu gerginlikten sıkı sıkıya sarılmıştı.

Mostró al mismo tiempo una amenaza y una especie de amistad ruda.

Hem tehdit hem de bir tür sert dostluk gösteriyordu.

Fue el saludo cauteloso que compartían las bestias salvajes.

Bu, vahşi hayvanların paylaştığı temkinli bir selamlamaydı.

Pero el lobo se dio la vuelta y huyó tan pronto como vio a Buck.

Ama kurt Buck'ı görünce hemen dönüp kaçtı.

Buck lo persiguió, saltando salvajemente, ansioso por alcanzarlo.

Buck, onu yakalamak için çılgınca sıçrayarak peşinden gitti.

Siguió al lobo hasta un arroyo seco bloqueado por un atasco de madera.

Kurdu, bir odun yığınının tıkadığı kuru bir dereye kadar takip etti.

Acorralado, el lobo giró y se mantuvo firme.

Köşeye sıkışan kurt, dönüp dikildi.

El lobo gruñó y mordió a su presa como un perro husky atrapado en una pelea.

Kurt, kavgada sıkışmış bir Sibirya kurdu gibi hırlayıp saldırıyordu.

Los dientes del lobo chasquearon rápidamente y su cuerpo se erizó de furia salvaje.

Kurt dişlerini hızla tıkırdattı, vücudu vahşi bir öfkeyle diken diken oldu.

Buck no atacó, sino que rodeó al lobo con cautelosa amabilidad.

Buck saldırmadı ama kurdun etrafını dikkatli ve dostça bir şekilde çevreledi.

Intentó bloquear su escape con movimientos lentos e inofensivos.

Yavaş ve zararsız hareketlerle kaçışını engellemeye çalıştı.

El lobo estaba cauteloso y asustado: Buck pesaba tres veces más que él.

Kurt tedirgin ve korkmuştu; Buck ondan üç kat daha ağırdı.

La cabeza del lobo apenas llegaba hasta el enorme hombro de Buck.

Kurtun başı Buck'ın devasa omzuna ancak ulaşıyordu.

Al acecho de un hueco, el lobo salió disparado y la persecución comenzó de nuevo.

Bir boşluk arayan kurt hızla kaçtı ve kovalamaca yeniden başladı.

Varias veces Buck lo acorraló y el baile se repitió.

Buck onu birkaç kez köşeye sıkıştırdı ve dans tekrarlandı.

El lobo estaba delgado y débil, de lo contrario Buck no podría haberlo atrapado.

Kurt zayıf ve güçsüzdü, yoksa Buck onu yakalayamazdı.

Cada vez que Buck se acercaba, el lobo giraba y lo enfrentaba con miedo.

Buck her yaklaştığında kurt korkuyla dönüp ona doğru dönüyordu.

Luego, a la primera oportunidad, se lanzó de nuevo al bosque.

Sonra ilk fırsatta tekrar ormanın derinliklerine doğru koştu.

Pero Buck no se dio por vencido y finalmente el lobo comenzó a confiar en él.

Ama Buck pes etmedi ve sonunda kurt ona güvenmeye başladı.

Olió la nariz de Buck y los dos se pusieron juguetones y alertas.

Buck'ın burnunu kokladı ve ikisi de şakacı ve tetikte bir tavır takındılar.

Jugaban como animales salvajes, feroces pero tímidos en su alegría.

Vahşi hayvanlar gibi oynuyorlardı, sevinçleri vahşi ama bir o kadar da utangaçtı.

Después de un rato, el lobo se alejó trotando con calma y propósito.

Bir süre sonra kurt sakin ve kararlı bir şekilde uzaklaştı.

Le demostró claramente a Buck que tenía la intención de que lo siguieran.

Buck'a takip edilmek istediğini açıkça gösterdi.

Corrieron uno al lado del otro a través de la penumbra del crepúsculo.

Alacakaranlığın karanlığında yan yana koşuyorlardı.

Siguieron el lecho del arroyo hasta el desfiladero rocoso.

Dere yatağını takip ederek kayalık geçide doğru ilerlediler.

Cruzaron una divisoria fría donde había comenzado el arroyo.

Derenin başladığı yerde soğuk bir su yolunu geçtiler.

En la ladera más alejada encontraron un extenso bosque y numerosos arroyos.

Uzak yamaçta geniş bir orman ve birçok dere buldular.

Por esta vasta tierra corrieron durante horas sin parar.

Bu uçsuz bucaksız topraklarda saatlerce durmadan koştular.

El sol salió más alto, el aire se calentó, pero ellos siguieron corriendo.

Güneş yükseliyor, hava ısınıyordu ama onlar koşmaya devam ettiler.

Buck estaba lleno de alegría: sabía que estaba respondiendo a su llamado.

Buck sevinçle dolmuştu; çağrısına cevap verdiğini biliyordu.

Corrió junto a su hermano del bosque, más cerca de la fuente del llamado.

Ormandaki kardeşinin yanına, çağrının kaynağına doğru koştu.

Los viejos sentimientos regresaron, poderosos y difíciles de ignorar.

Eski duygular geri döndü, güçlü ve görmezden gelinmesi zor.

Éstas eran las verdades detrás de los recuerdos de sus sueños.

Rüyalarındaki anıların ardındaki gerçekler bunlardı.

Todo esto ya lo había hecho antes, en un mundo distante y sombrío.

Bütün bunları daha önce uzak ve karanlık bir dünyada yapmıştı.

Ahora lo hizo de nuevo, corriendo salvajemente con el cielo abierto encima.

Şimdi yine aynısını yaptı, üstündeki açık gökyüzünde çılgınca koşuyordu.

Se detuvieron en un arroyo para beber del agua fría que fluía.

Soğuk akan sudan içmek için bir derenin başında durdular.

Mientras bebía, Buck de repente recordó a John Thornton.

Buck içerken birden John Thornton'ı hatırladı.

Se sentó en silencio, desgarrado por la atracción de la lealtad y el llamado.

Sadakatin ve çağrının çekimiyle parçalanarak sessizce oturdu.

El lobo siguió trotando, pero regresó para impulsar a Buck a seguir adelante.

Kurt koşmaya devam etti, ama Buck'ı ileri doğru itmek için geri döndü.

Le olisqueó la nariz y trató de convencerlo con gestos suaves.

Burnunu çekti ve yumuşak hareketlerle onu kandırmaya çalıştı.

Pero Buck se dio la vuelta y comenzó a regresar por donde había venido.

Ama Buck arkasını dönüp geldiği yoldan geri yürümeye başladı.

El lobo corrió a su lado durante un largo rato, gimiendo silenciosamente.

Kurt uzun süre onun yanında koştu, sessizce inledi.

Luego se sentó, levantó la nariz y dejó escapar un largo aullido.

Sonra oturdu, burnunu kaldırdı ve uzun bir uluma sesi çıkardı.

Fue un grito triste, que se suavizó cuando Buck se alejó.

Buck uzaklaştıkça yumuşayan hüzünlü bir çığlıktı.

Buck escuchó mientras el sonido del grito se desvanecía lentamente en el silencio del bosque.

Buck, çığlığın sesinin ormanın sessizliğinde yavaş yavaş kaybolmasını dinledi.

John Thornton estaba cenando cuando Buck irrumpió en el campamento.

Buck kampa daldığında John Thornton akşam yemeğini yiyordu.

Buck saltó sobre él salvajemente, lamiéndolo, mordiéndolo y haciéndolo caer.

Buck vahşice üzerine atıldı, onu yaladı, ısırdı ve devirdi.

Lo derribó, se subió encima y le besó la cara.

Onu devirdi, üstüne çıktı ve yüzünü öptü.

Thornton lo llamó con cariño "hacer el tonto en general".

Thornton buna sevgiyle "genel aptalı oynamak" adını verdi.

Mientras tanto, maldijo a Buck suavemente y lo sacudió de un lado a otro.

Bu arada Buck'a hafifçe küfürler yağdırıyor ve onu ileri geri sallıyordu.

Durante dos días y dos noches enteras, Buck no abandonó el campamento ni una sola vez.

İki gün ve iki gece boyunca Buck bir kez bile kamptan ayrılmadı.

Se mantuvo cerca de Thornton y nunca lo perdió de vista.

Thornton'un yanından ayrılmıyor ve onu hiç gözden ayırmıyordu.

Lo siguió mientras trabajaba y lo observó mientras comía.

Çalışırken onu takip ediyor, yemek yerken onu izliyordu.

Acompañaba a Thornton con sus mantas por la noche y lo salía cada mañana.

Thornton'un geceleri battaniyesine sarındığını ve her sabah dışarı çıktığını görüyordu.

Pero pronto el llamado del bosque regresó, más fuerte que nunca.

Ama çok geçmeden ormanın çağrısı her zamankinden daha yüksek bir sesle geri döndü.

Buck volvió a inquietarse, agitado por los pensamientos del lobo salvaje.

Buck, vahşi kurt düşüncesiyle yeniden huzursuzlanmaya başladı.

Recordó el terreno abierto y correr uno al lado del otro.

Açık araziyi ve yan yana koşmayı hatırladı.

Comenzó a vagar por el bosque una vez más, solo y alerta.

Bir kez daha ormanın içinde yalnız ve uyanık bir şekilde dolaşmaya başladı.

Pero el hermano salvaje no regresó y el aullido no se escuchó.

Ama vahşi kardeş geri dönmedi ve uluma sesi duyulmadı.

Buck comenzó a dormir a la intemperie, manteniéndose alejado durante días.

Buck dışarıda uyumaya başladı, günlerce uzak kalıyordu.

Una vez cruzó la alta divisoria donde había comenzado el arroyo.

Bir ara derenin başladığı yüksek su yolunu geçti.

Entró en la tierra de la madera oscura y de los arroyos anchos y fluidos.

Koyu ormanların ve geniş akan derelerin ülkesine girdi.

Durante una semana vagó en busca de señales del hermano salvaje.

Bir hafta boyunca vahşi kardeşin izlerini aramak için dolaştı.

Mataba su propia carne y viajaba con pasos largos e incansables.

Kendi etini kesiyor ve uzun, yorulmak bilmez adımlarla ilerliyordu.

Pescaba salmón en un ancho río que llegaba al mar.

Denize ulaşan geniş bir nehirde somon balığı avlıyordu.

Allí luchó y mató a un oso negro enloquecido por los insectos.

Burada böceklerden deliye dönmüş bir kara ayıyla dövüşüp onu öldürdü.

El oso estaba pescando y corrió ciegamente entre los árboles.

Ayı balık tutuyordu ve ağaçların arasında kör bir şekilde koşuyordu.

La batalla fue feroz y despertó el profundo espíritu de lucha de Buck.

Savaş çok şiddetliydi ve Buck'ın derin mücadele ruhunu uyandırdı.

Dos días después, Buck regresó y encontró glotones en su presa.

İki gün sonra Buck, avının başında kurtlarla karşılaştı.

Una docena de ellos se pelearon con furia y ruidosidad por la carne.

On iki kişi et yüzünden gürültülü bir şekilde kavga ettiler.

Buck cargó y los dispersó como hojas en el viento.

Buck hücum etti ve onları rüzgardaki yapraklar gibi dağıttı.

Dos lobos permanecieron atrás, silenciosos, sin vida e inmóviles para siempre.

Geride iki kurt kalmıştı; sessiz, cansız ve sonsuza dek hareketsiz.

La sed de sangre se hizo más fuerte que nunca.

Kana susamışlık her zamankinden daha da artmıştı.

Buck era un cazador, un asesino, que se alimentaba de criaturas vivas.

Buck bir avcıydı, bir katildi, canlı yaratıklarla besleniyordu.

Sobrevivió solo, confiando en su fuerza y sus sentidos agudos.

Tek başına, gücüne ve keskin duyularına güvenerek hayatta kalmayı başardı.

Prosperó en la naturaleza, donde sólo los más resistentes podían vivir.

Sadece en dayanıklıların yaşayabildiği vahşi doğada gelişti.

A partir de esto, un gran orgullo surgió y llenó todo el ser de Buck.

Bundan büyük bir gurur yükseldi ve Buck'ın bütün benliğini doldurdu.

Su orgullo se reflejaba en cada uno de sus pasos, en el movimiento de cada músculo.

Gururu her adımında, her kasının kıpırtısında belli oluyordu.

Su orgullo era tan claro como sus palabras, y se reflejaba en su manera de comportarse.

Kendini nasıl taşıdığından gururu açıkça anlaşılıyordu.

Incluso su grueso pelaje parecía más majestuoso y brillaba más.

Kalın tüyleri bile daha görkemli görünüyordu, daha parlak parlıyordu.

Buck podría haber sido confundido con un lobo gigante.

Buck, dev bir orman kurduyla karıştırılabilirdi.

A excepción del color marrón en el hocico y las manchas sobre los ojos.

Ağzındaki kahverengi ve gözlerinin üstündeki lekeler hariç.

Y la raya blanca de pelo que corría por el centro de su pecho.

Ve göğsünün ortasından aşağı doğru uzanan beyaz tüyler.

Era incluso más grande que el lobo más grande de esa feroz raza.

O vahşi türün en iri kurdundàn bile daha büyüktü.
Su padre, un San Bernardo, le dio tamaño y complexión robusta.
Babasının St. Bernard olması ona iri ve ağır bir yapı kazandırmıştı.
Su madre, una pastora, moldeó esa masa hasta darle forma de lobo.
Annesi çobandı ve bu kütleyi kurt şekline soktu.
Tenía el hocico largo de un lobo, aunque más pesado y ancho.
Kurt ağzına benzeyen uzun bir burnu vardı, ama daha ağır ve genişti.
Su cabeza era la de un lobo, pero construida en una escala enorme y majestuosa.
Başı bir kurdunkine benziyordu ama devasa, görkemli bir yapıya sahipti.
La astucia de Buck era la astucia del lobo y de la naturaleza.
Buck'ın kurnazlığı kurt ve vahşinin kurnazlığıydı.
Su inteligencia provenía tanto del pastor alemán como del san bernardo.
Zekasını hem Almar Kurdu'ndan hem de St. Bernard'dan alıyordu.
Todo esto, más la dura experiencia, lo convirtieron en una criatura temible.
Bütün bunlar, üstüne bir de yaşadığı zorlu deneyimler eklenince, korkutucu bir yaratık haline geldi.
Era tan formidable como cualquier bestia que vagaba por las tierras salvajes del norte.
Kuzey vahşi doğasında dolaşan herhangi bir hayvan kadar korkutucuydu.
Viviendo sólo de carne, Buck alcanzó el máximo nivel de su fuerza.
Sadece etle beslenen Buck, gücünün zirvesine ulaştı.
Rebosaba poder y fuerza masculina en cada fibra de él.
Her zerresinden güç ve erkeklik kuvveti fışkırıyordu.
Cuando Thornton le acarició la espalda, sus pelos brillaron con energía.

Thornton sırtını okşadığında tüyleri enerjiyle diken diken oldu.

Cada cabello crujió, cargado con el toque de un magnetismo vivo.

Her bir saç teli, canlı bir manyetizmanın dokunuşuyla çıtırdadı.

Su cuerpo y su cerebro estaban afinados al máximo nivel posible.

Vücudu ve beyni olabilecek en iyi sese ayarlanmıştı.

Cada nervio, fibra y músculo trabajaba en perfecta armonía.

Her sinir, her lif, her kas mükemmel bir uyum içinde çalışıyordu.

Ante cualquier sonido o visión que requiriera acción, él respondía instantáneamente.

Herhangi bir sese veya görüntüye anında tepki veriyordu.

Si un husky saltaba para atacar, Buck podía saltar el doble de rápido.

Eğer bir Sibirya kurdu saldırmak için sıçrayacak olsaydı, Buck iki kat daha hızlı sıçrayabilirdi.

Reaccionó más rápido de lo que los demás pudieron verlo o escuchar.

Başkalarının görüp duyabileceğinden çok daha hızlı tepki veriyordu.

La percepción, la decisión y la acción se produjeron en un momento fluido.

Algı, karar ve eylem hepsi aynı akışkan anda gerçekleşti.

En realidad, estos actos fueron separados, pero demasiado rápidos para notarlos.

Gerçekte bu eylemler ayrı ayrıydı ama fark edilemeyecek kadar hızlıydı.

Los intervalos entre estos actos fueron tan breves que parecían uno solo.

Bu eylemler arasındaki boşluklar o kadar kısaydı ki, sanki tek bir eylemmiş gibi görünüyorlardı.

Sus músculos y su ser eran como resortes fuertemente enrollados.

Kasları ve vücudu sıkıca sarılmış yaylar gibiydi.

Su cuerpo rebosaba de vida, salvaje y alegre en su poder.

Vücudu hayatla dolup taşıyordu, gücü vahşi ve neşeliydi.

A veces sentía como si la fuerza fuera a estallar fuera de él por completo.

Bazen içindeki gücün tamamen patlayıp dışarı çıkacağını hissediyordu.

"Nunca vi un perro así", dijo Thornton un día tranquilo.

"Böyle bir köpek daha önce hiç görülmemişti," dedi Thornton sessiz bir günde.

Los socios observaron a Buck alejarse orgullosamente del campamento.

Ortaklar, Buck'ın kamp alanından gururla çıkışını izliyorlardı.

"Cuando lo crearon, cambió lo que un perro puede ser", dijo Pete.

Pete, "O yaratıldığında, bir köpeğin ne olabileceğini değiştirdi" dedi.

—¡Por Dios! Yo también lo creo —respondió Hans rápidamente.

"Aman Tanrım! Ben de öyle düşünüyorum," diye hemen kabul etti Hans.

Lo vieron marcharse, pero no el cambio que vino después.

Onun yürüyüşünü gördüler, ama sonrasında gelen değişimi görmediler.

Tan pronto como entró en el bosque, Buck se transformó por completo.

Buck ormana girdiği anda tamamen değişti.

Ya no marchaba, sino que se movía como un fantasma salvaje entre los árboles.

Artık yürümüyor, ağaçların arasında vahşi bir hayalet gibi dolaşıyordu.

Se quedó en silencio, con pasos de gato, un destello que pasaba entre las sombras.

Sessizleşti, kedi ayaklı, gölgelerin arasından geçen bir titreklik oldu.

Utilizó la cubierta con habilidad, arrastrándose sobre su vientre como una serpiente.

Yılan gibi karnının üzerinde sürünerek ustalıkla siper aldı.

Y como una serpiente, podía saltar hacia adelante y atacar en silencio.

Ve bir yılan gibi öne atılıp sessizce saldırabiliyordu.

Podría robar una perdiz nival directamente de su nido escondido.

Bir kekliği gizli yuvasından çalabilirdi.

Mató conejos dormidos sin hacer un solo sonido.

Uyuyan tavşanları tek bir ses çıkarmadan öldürüyordu.

Podía atrapar ardillas en el aire cuando huían demasiado lentamente.

Sincaplar çok yavaş kaçtıklarından onları havada yakalayabiliyordu.

Ni siquiera los peces en los estanques podían escapar de sus ataques repentinos.

Havuzlardaki balıklar bile onun ani saldırılarından kurtulamıyordu.

Ni siquiera los castores más inteligentes que arreglaban presas estaban a salvo de él.

Barajları onaran akıllı kunduzlar bile ondan güvende değildi.

Él mataba por comida, no por diversión, pero prefería matar a sus propias víctimas.

Eğlence için değil, yemek için öldürüyordu; ama kendi öldürdüklerini daha çok seviyordu.

Aun así, un humor astuto impregnaba algunas de sus cacerías silenciosas.

Yine de, sessiz avlarının bazılarında sinsi bir mizah duygusu hakimdi.

Se acercó sigilosamente a las ardillas, pero las dejó escapar.

Sincaplara doğru gizlice yaklaştı, ancak kaçmalarına izin verdi.

Iban a huir hacia los árboles, parloteando con terrible indignación.

Ağaçlara doğru kaçacaklardı, korkuyla öfkeyle gevezelik ediyorlardı.

A medida que llegaba el otoño, los alces comenzaron a aparecer en mayor número.

Sonbaharın gelmesiyle birlikte geyikler daha fazla sayıda görünmeye başladı.

Avanzaron lentamente hacia los valles bajos para encontrarse con el invierno.

Kışla buluşmak için yavaş yavaş alçak vadilere doğru ilerlediler.

Buck ya había derribado a un ternero joven y perdido.

Buck daha önce genç ve başıboş bir buzağıyı düşürmüştü.

Pero anhelaba enfrentarse a presas más grandes y peligrosas.

Ama daha büyük, daha tehlikeli bir avla karşılaşmayı özlüyordu.

Un día, en la divisoria, a la altura del nacimiento del arroyo, encontró su oportunidad.

Bir gün, su ayrımında, derenin başında fırsatı buldu.

Una manada de veinte alces había cruzado desde tierras boscosas.

Ormanlık alandan yirmi geyikten oluşan bir sürü gelmişti.

Entre ellos había un poderoso toro; el líder del grupo.

Bunların arasında grubun lideri olan güçlü bir boğa da vardı.

El toro medía más de seis pies de alto y parecía feroz y salvaje.

Boğanın boyu 1,80 metreden uzundu, vahşi ve vahşi görünüyordu.

Lanzó sus anchas astas, con catorce puntas ramificándose hacia afuera.

Geniş boynuzlarını savurdu, on dört ucu dışarı doğru dallanıyordu.

Las puntas de esas astas se extendían siete pies de ancho.

Boynuzların uçları yedi metreye kadar uzanıyordu.

Sus pequeños ojos ardieron de rabia cuando vio a Buck cerca.

Yakınlarda Buck'ı görünce küçük gözleri öfkeyle yandı.

Soltó un rugido furioso, temblando de furia y dolor.

Öfke ve acıdan titreyerek şiddetli bir kükreme çıkardı.

Una punta de flecha sobresalía cerca de su flanco, emplumada y afilada.

Yan tarafında tüylü ve sivri bir ok ucu vardı.

Esta herida ayudó a explicar su humor salvaje y amargado.
Bu yara onun vahşi, acı ruh halini açıklamaya yardımcı
oluyordu.
**Buck, guiado por su antiguo instinto de caza, hizo su
movimiento.**
Buck, kadim avlanma içgüdüsünün yönlendirmesiyle
harekete geçti.
Su objetivo era separar al toro del resto de la manada.
Boğayı sürüden ayırmayı amaçlıyordu.
No fue una tarea fácil: requirió velocidad y una astucia feroz.
Bu kolay bir iş değildi; hız ve acımasız bir kurnazlık
gerektiriyordu.
Ladró y bailó cerca del toro, fuera de su alcance.
Boğanın yakınında, ulaşamayacağı bir mesafede havladı ve
dans etti.
El alce atacó con enormes pezuñas y astas mortales.
Geyik, kocaman toynakları ve ölümcül boynuzlarıyla saldırıya
geçti.
**Un golpe podría haber acabado con la vida de Buck en un
instante.**
Tek bir darbe Buck'ın hayatına anında son verebilirdi.
Incapaz de dejar atrás la amenaza, el toro se volvió loco.
Tehlikeyi geride bırakamayan boğa çılgına döndü.
Él cargó con furia, pero Buck siempre se le escapaba.
Öfkeyle hücum etti, ama Buck her seferinde kaçıp gitti.
Buck fingió debilidad, lo que lo alejó aún más de la manada.
Buck, onu sürüden daha da uzaklaştırmak için zayıflık
numarası yaptı.
**Pero los toros jóvenes estaban a punto de atacar para
proteger al líder.**
Ancak genç boğalar lideri korumak için geri adım atacaklardı.
**Obligaron a Buck a retirarse y al toro a reincorporarse al
grupo.**
Buck'ı geri çekilmeye ve boğayı da gruba katılmaya zorladılar.
Hay una paciencia en lo salvaje, profunda e imparable.
Vahşi doğada derin ve durdurulamaz bir sabır vardır.

Una araña espera inmóvil en su red durante incontables horas.

Bir örümcek, sayısız saatler boyunca ağında hareketsiz bekler.

Una serpiente se enrosca sin moverse y espera hasta que llega el momento.

Yılan kıpırdamadan kıvrılır, zamanının gelmesini bekler.

Una pantera acecha hasta que llega el momento.

Bir panter pusuda bekler, ta ki o an gelene kadar.

Ésta es la paciencia de los depredadores que cazan para sobrevivir.

Bu, hayatta kalmak için avlanan yırtıcıların sabrıdır.

Esa misma paciencia ardía dentro de Buck mientras se quedaba cerca.

Buck ona yakın kaldıkça aynı sabır içinde yanıyordu.

Se quedó cerca de la manada, frenando su marcha y sembrando el miedo.

Sürünün yanında durarak yürüyüşünü yavaşlattı ve korku yarattı.

Provocaba a los toros jóvenes y acosaba a las vacas madres.

Genç boğaları kızdırıyor, anne inekleri rahatsız ediyordu.

Empujó al toro herido hacia una rabia más profunda e impotente.

Yaralı boğayı daha derin, çaresiz bir öfkeye sürükledi.

Durante medio día, la lucha se prolongó sin descanso alguno.

Yarım gün kadar süren mücadele hiç ara vermeden devam etti.

Buck atacó desde todos los ángulos, rápido y feroz como el viento.

Buck her açıdan, rüzgar kadar hızlı ve şiddetli bir şekilde saldırıyordu.

Impidió que el toro descansara o se escondiera con su manada.

Boğanın sürüyle birlikte dinlenmesini veya saklanmasını engelledi.

Buck desgastó la voluntad del alce más rápido que su cuerpo.

Buck geyiğin iradesini vücudundan daha hızlı yıprattı.

El día transcurrió y el sol se hundió en el cielo del noroeste.

Gün geçti ve güneş kuzeybatı göğünde alçaktan battı.

Los toros jóvenes regresaron más lentamente para ayudar a su líder.

Genç boğalar liderlerine yardım etmek için daha yavaş bir şekilde geri döndüler.

Las noches de otoño habían regresado y la oscuridad ahora duraba seis horas.

Sonbahar geceleri geri dönmüştü ve karanlık artık altı saat sürüyordu.

El invierno los estaba empujando cuesta abajo hacia valles más seguros y cálidos.

Kış onları daha güvenli ve sıcak vadilere doğru itiyordu.

Pero aún así no pudieron escapar del cazador que los retenía.

Ama yine de onları tutan avcıdan kurtulamadılar.

Sólo una vida estaba en juego: no la de la manada, sino la de su líder.

Söz konusu olan yalnızca bir hayattı; sürünün değil, liderlerinin hayatı.

Eso hizo que la amenaza fuera distante y no su preocupación urgente.

Bu durum, tehdidin uzakta olduğunu ve acil bir endişe kaynağı olmadığını gösteriyordu.

Con el tiempo, aceptaron ese coste y dejaron que Buck se llevara al viejo toro.

Zamanla bu bedeli kabullendiler ve Buck'ın yaşlı boğayı almasına izin verdiler.

Al caer la tarde, el viejo toro permanecía con la cabeza gacha.

Alacakaranlık çökerken yaşlı boğa başını öne eğmiş bir şekilde duruyordu.

Observó cómo la manada que había guiado se desvanecía en la luz que se desvanecía.

Önderlik ettiği sürünün, azalan ışıkta kayboluşunu izledi.

Había vacas que había conocido, terneros que una vez había engendrado.

Tanıdığı inekler vardı, bir zamanlar babası olduğu buzağılar.

Había toros más jóvenes con los que había luchado y gobernado en temporadas pasadas.

Geçmiş sezonlarda dövüştürdüğü ve yönettiği daha genç boğalar da vardı.

No pudo seguirlos, pues frente a él estaba agazapado nuevamente Buck.

Onları takip edemezdi çünkü Buck yine önünde çömelmişti.

El terror despiadado con colmillos bloqueó cualquier camino que pudiera tomar.

Acımasız dişli dehşet, onun gidebileceği her yolu kapatıyordu.

El toro pesaba más de trescientos kilos de densa potencia.

Boğa üç yüz kilodan daha ağır ve yoğun bir güce sahipti.

Había vivido mucho tiempo y luchado con ahínco en un mundo de luchas.

Mücadele dolu bir dünyada uzun yıllar yaşamış ve çok mücadele etmişti.

Pero ahora, al final, la muerte vino de una bestia muy inferior a él.

Ama şimdi, sonunda, ölüm kendisinden çok daha aşağıda bir canavardan geldi.

La cabeza de Buck ni siquiera llegó a alcanzar las enormes rodillas del toro.

Buck'ın başı boğanın kocaman eklemli dizlerinin hizasına bile gelmiyordu.

A partir de ese momento, Buck permaneció con el toro noche y día.

O andan itibaren Buck gece gündüz boğanın yanında kaldı.

Nunca le dio descanso, nunca le permitió pastar ni beber.

Ona asla dinlenme fırsatı vermedi, otlamasına veya su içmesine asla izin vermedi.

El toro intentó comer brotes tiernos de abedul y hojas de sauce.

Boğa genç huş ağacı sürgünlerini ve söğüt yapraklarını yemeye çalıştı.

Pero Buck lo ahuyentó, siempre alerta y siempre atacando.

Ama Buck her zaman tetikte ve her zaman saldırgan bir tavırla onu uzaklaştırdı.

Incluso ante arroyos que goteaban, Buck bloqueó cada intento de sed.

Buck, akan sularda bile her susuz girişimi engelliyordu.

A veces, desesperado, el toro huía a toda velocidad.

Bazen boğa çaresizlikten son sürat kaçıyordu.

Buck lo dejó correr, trotando tranquilamente detrás, nunca muy lejos.

Buck onun koşmasına izin verdi, sakin bir şekilde hemen arkasından koştu, asla fazla uzaklaşmadı.

Cuando el alce se detuvo, Buck se acostó, pero se mantuvo listo.

Geyik durduğunda Buck uzandı ama hazır kaldı.

Si el toro intentaba comer o beber, Buck atacaba con toda furia.

Boğa bir şey yemeye veya içmeye kalktığında Buck tüm öfkesiyle saldırıyordu.

La gran cabeza del toro se hundió aún más bajo sus enormes astas.

Boğanın büyük başı, geniş boynuzlarının altında daha da sarkmıştı.

Su paso se hizo más lento, el trote se hizo pesado, un paso tambaleante.

Adımları yavaşladı, tırıs ağırlaştı; tökezleyerek yürüdü.

A menudo se quedaba quieto con las orejas caídas y la nariz pegada al suelo.

Çoğu zaman kulakları düşük, burnu yere değecek şekilde hareketsiz dururdu.

Durante esos momentos, Buck se tomó tiempo para beber y descansar.

Buck o anlarda içki içip dinlenmeye vakit ayırıyordu.

Con la lengua afuera y los ojos fijos, Buck sintió que la tierra estaba cambiando.

Dilini çıkarıp gözlerini dikerek Buck, arazinin değiştiğini hissetti.

Sintió algo nuevo moviéndose a través del bosque y el cielo.

Ormanda ve gökyüzünde yeni bir şeyin hareket ettiğini hissetti.

A medida que los alces regresaban, también lo hacían otras criaturas salvajes.

Geyiklerin geri dönmesiyle birlikte vahşi doğanın diğer canlıları da geri döndü.

La tierra se sentía viva, con presencia, invisible pero fuertemente conocida.

Toprak, görünmeyen ama güçlü bir şekilde bilinen bir varlıkla canlanıyordu.

No fue por el sonido, ni por la vista, ni por el olfato que Buck supo esto.

Buck bunu ne sesinden, ne görüntüsünden, ne de kokusundan biliyordu.

Un sentimiento más profundo le decía que nuevas fuerzas estaban en movimiento.

Daha derin bir his ona yeni güçlerin harekete geçtiğini söylüyordu.

Una vida extraña se agitaba en los bosques y a lo largo de los arroyos.

Ormanda ve dere kenarlarında tuhaf bir canlılık vardı.

Decidió explorar este espíritu, después de que la caza se completara.

Av tamamlandıktan sonra bu ruhu keşfetmeye karar verdi.

Al cuarto día, Buck finalmente logró derribar al alce.

Dördüncü gün Buck sonunda geyiği indirmeyi başardı.

Se quedó junto a la presa durante un día y una noche enteros, alimentándose y descansando.

Bir gün ve bir gece boyunca avının yanında kalıp beslendi ve dinlendi.

Comió, luego durmió, luego volvió a comer, hasta que estuvo fuerte y lleno.

Yedi, sonra uyudu, sonra yine yedi, ta ki güçlenip tok oluncaya kadar.

Cuando estuvo listo, regresó hacia el campamento y Thornton.

Hazır olduğunda kampa ve Thornton'a doğru geri döndü.

Con ritmo constante, inició el largo viaje de regreso a casa.

Yavaş yavaş evine doğru uzun dönüş yolculuğuna başladı.

Corría con su incansable galope, hora tras hora, sin desviarse
jamás.
Yorulmak bilmez koşusuyla saatlerce koştu, bir an bile yoldan
sapmadı.
A través de tierras desconocidas, se movió recto como la
aguja de una brújula.
Bilinmeyen diyarlarda pusula ibresi gibi dümdüz ilerledi.
Su sentido de la orientación hacía que el hombre y el mapa
parecieran débiles en comparación.
Yön duygusu, insan ve haritanın yanında zayıf kalıyordu.
A medida que Buck corría, sentía con más fuerza la agitación
en la tierra salvaje.
Buck koştukça vahşi topraklardaki hareketliliği daha güçlü
hissediyordu.
Era un nuevo tipo de vida, diferente a la de los tranquilos
meses de verano.
Yaz aylarının sakinliğinden farklı, yeni bir hayattı.
Este sentimiento ya no llegaba como un mensaje sutil o
distante.
Bu his artık uzaktan gelen, belirsiz bir mesaj olarak
gelmiyordu.
Ahora los pájaros hablaban de esta vida y las ardillas
parloteaban sobre ella.
Artık kuşlar bu hayattan bahsediyor, sincaplar da onun
hakkında gevezelik ediyorlardı.
Incluso la brisa susurraba advertencias a través de los
árboles silenciosos.
Sessiz ağaçların arasından esen rüzgar bile uyarılar fısıldadı.
Varias veces se detuvo y olió el aire fresco de la mañana.
Birkaç kez durup temiz sabah havasını içine çekti.
Allí leyó un mensaje que le hizo avanzar más rápido.
Orada okuduğu bir mesaj onu daha hızlı ileri atılmaya
yöneltti.
Una fuerte sensación de peligro lo llenó, como si algo
hubiera salido mal.
Sanki bir şeyler ters gidiyormuş gibi, içini ağır bir tehlike
duygusu kapladı.

Temía que se avecinara una calamidad, o que ya hubiera ocurrido.

Felaketin gelmekte olduğundan veya çoktan geldiğinden korkuyordu.

Cruzó la última cresta y entró en el valle de abajo.

Son sırtı geçip aşağıdaki vadiye girdi.

Se movió más lentamente, alerta y cauteloso con cada paso.

Her adımda daha yavaş, daha dikkatli ve daha temkinli hareket ediyordu.

A tres millas de distancia encontró un nuevo rastro que lo hizo ponerse rígido.

Üç mil ötede onu serleştiren taze bir iz buldu.

El cabello de su cuello se onduló y se erizó en señal de alarma.

Boynundaki tüyler telaşla dalgalanıyor ve diken diken oluyordu.

El sendero conducía directamente al campamento donde Thornton esperaba.

Patikalar Thornton'un beklediği kampa doğru uzanıyordu.

Buck se movió más rápido ahora, su paso era silencioso y rápido.

Buck artık daha hızlı hareket ediyordu, adımları hem sessiz hem de hızlıydı.

Sus nervios se tensaron al leer señales que otros no verían.

Başkalarının fark etmeyeceği işaretleri okudukça sinirleri gerilmişti.

Cada detalle del recorrido contaba una historia, excepto la pieza final.

İzdeki her ayrıntı bir hikaye anlatıyordu; son parça hariç.

Su nariz le contaba sobre la vida que había transcurrido por allí.

Burnu ona buradan geçen hayatı anlatıyordu.

El olor le dio una imagen cambiante mientras lo seguía de cerca.

Koku, onun hemen arkasından takip ederken ona değişen bir görüntü veriyordu.

Pero el bosque mismo había quedado en silencio; anormalmente quieto.

Ama ormanın kendisi sessizliğe gömülmüştü; doğal olmayan bir durgunluk.

Los pájaros habían desaparecido, las ardillas estaban escondidas, silenciosas y quietas.

Kuşlar kaybolmuş, sincaplar saklanmış, sessiz ve hareketsizdi.

Sólo vio una ardilla gris, tumbada sobre un árbol muerto.

Sadece bir tane gri sincap gördü, o da ölü bir ağacın üzerinde yatıyordu.

La ardilla se mimetizó, rígida e inmóvil como una parte del bosque.

Sincap ormanın bir parçası gibi kaskatı ve hareketsiz bir şekilde ortalığa karışmıştı.

Buck se movía como una sombra, silencioso y seguro entre los árboles.

Buck ağaçların arasında bir gölge gibi sessiz ve emin adımlarla hareket ediyordu.

Su nariz se movió hacia un lado como si una mano invisible la tirara.

Burnu sanki görünmeyen bir el tarafından çekiliyormuş gibi yana doğru fırladı.

Se giró y siguió el nuevo olor hasta lo profundo de un matorral.

Döndü ve yeni kokuyu çalılığın derinliklerine kadar takip etti.

Allí encontró a Nig, que yacía muerto, atravesado por una flecha.

Orada Nig'i bir okla delinmiş halde ölü buldu.

La flecha atravesó su cuerpo y aún se le veían las plumas.

Ok, vücudunun içinden geçip gitti, tüyleri hâlâ görünüyordu.

Nig se arrastró hasta allí, pero murió antes de llegar para recibir ayuda.

Nig kendini oraya sürüklemiş, ancak yardıma yetişemeden ölmüştü.

Cien metros más adelante, Buck encontró otro perro de trineo.

Yüz metre kadar ötede Buck başka bir kızak köpeği buldu.

Era un perro que Thornton había comprado en Dawson City.

Thornton'un Dawson City'den satın aldığı bir köpekti.

El perro se encontraba en una lucha a muerte, agitándose con fuerza en el camino.

Köpek patikada ölüm kalım mücadelesi veriyordu.

Buck pasó a su alrededor, sin detenerse, con los ojos fijos hacia adelante.

Buck durmadan etrafından geçti, gözleri ileriye dikilmişti.

Desde la dirección del campamento llegaba un canto distante y rítmico.

Kampın olduğu taraftan uzaktan ritmik bir tezahürat duyuluyordu.

Las voces subían y bajaban en un tono extraño, inquietante y cantarín.

Sesler tuhaf, ürkütücü, şarkı söyler gibi bir tonda yükselip alçalıyordu.

Buck se arrastró hacia el borde del claro en silencio.

Buck sessizce açıklığın kenarına doğru süründü.

Allí vio a Hans tendido boca abajo, atravesado por muchas flechas.

Orada Hans'ı yüzüstü yatarken gördü, vücudu oklarla delinmişti.

Su cuerpo parecía el de un puercoespín, erizado de plumas.

Vücudu bir kirpiye benziyordu, tüylü oklarla kaplıydı.

En ese mismo momento, Buck miró hacia la cabaña en ruinas.

Aynı anda Buck harap olmuş kulübeye doğru baktı.

La visión hizo que se le erizara el pelo de la nuca y de los hombros.

Görüntü, adamın boynundaki ve omuzlarındaki tüylerin diken diken olmasına neden oldu.

Una tormenta de furia salvaje recorrió todo el cuerpo de Buck.

Buck'ın tüm bedenini vahşi bir öfke fırtınası sardı.

Gruñó en voz alta, aunque no sabía que lo había hecho.

Yüksek sesle hırladı, ama bunu yaptığını bilmiyordu.

El sonido era crudo, lleno de furia aterradora y salvaje.

Sesi çiğdi, dehşet verici, vahşi bir öfkeyle doluydu.

Por última vez en su vida, Buck perdió la razón ante la emoción.

Buck, hayatında son kez aklını duygularına kaptırdı.

Fue el amor por John Thornton lo que rompió su cuidadoso control.

John Thornton'a olan aşkı onun dikkatli kontrolünü bozdu.

Los Yeehats estaban bailando alrededor de la cabaña de abetos en ruinas.

Yeehatlar harap olmuş ladin kulübesinin etrafında dans ediyorlardı.

Entonces se escuchó un rugido y una bestia desconocida cargó hacia ellos.

Sonra bir kükreme duyuldu ve bilinmeyen bir canavar onlara doğru koştu.

Era Buck; una furia en movimiento; una tormenta viviente de venganza.

Buck'tı; harekete geçen bir öfke; yaşayan bir intikam fırtınası.

Se arrojó en medio de ellos, loco por la necesidad de matar.

Öldürme ihtiyacıyla çılgına dönmüş bir halde kendini onların arasına attı.

Saltó hacia el primer hombre, el jefe Yeehat, y acertó.

İlk adama, Yeehat şefine doğru atıldı ve isabetli vurdu.

Su garganta fue desgarrada y la sangre brotó a chorros.

Boğazı yarıldı ve kan fışkırdı.

Buck no se detuvo, sino que desgarró la garganta del siguiente hombre de un salto.

Buck durmadı ve tek bir sıçrayışta yanındaki adamın boğazını parçaladı.

Era imparable: desgarraba, cortaba y nunca se detenía a descansar.

Durdurulamazdı; parçalıyor, kesiyor, asla durup dinlenmiyordu.

Se lanzó y saltó tan rápido que sus flechas no pudieron tocarlo.

Öyle hızlı atıldı ve sıçradı ki, oklar ona dokunamadı.

Los Yeehats estaban atrapados en su propio pánico y confusión.

Yeehatlar kendi panik ve karmaşalarının içindeydiler.

Sus flechas no alcanzaron a Buck y se alcanzaron entre sí.

Okları Buck'ı ıskalayıp birbirlerine isabet etti.

Un joven le lanzó una lanza a Buck y golpeó a otro hombre.

Gençlerden biri Buck'a mızrak fırlattı ve bir başka adama isabet etti.

La lanza le atravesó el pecho y la punta le atravesó la espalda.

Mızrak göğsünü deldi, ucu sırtını deldi.

El terror se apoderó de los Yeehats y se retiraron por completo.

Yeehatlar'ın üzerine dehşet çöktü ve tam bir geri çekilmeye başladılar.

Gritaron al Espíritu Maligno y huyeron hacia las sombras del bosque.

Kötü Ruh'tan çığlık atıp ormanın gölgelerine doğru kaçtılar.

En verdad, Buck era como un demonio mientras perseguía a los Yeehats.

Gerçekten de Buck, Yeehat'ları kovalarken bir iblis gibiydi.

Él los persiguió a través del bosque, derribándolos como si fueran ciervos.

Ormanın içinden onların peşine düştü ve onları geyikler gibi yere serdi.

Se convirtió en un día de destino y terror para los asustados Yeehats.

Korkmuş Yeehatlar için bu bir kader ve dehşet günü haline geldi.

Se dispersaron por toda la tierra, huyendo lejos en todas direcciones.

Ülkenin dört bir yanına dağıldılar, her yöne doğru kaçıp gittiler.

Pasó una semana entera antes de que los últimos supervivientes se reunieran en un valle.

Son kurtulanların bir vadide buluşması tam bir hafta sürdü.

Sólo entonces contaron sus pérdidas y hablaron de lo sucedido.

Ancak ondan sonra kayıplarını saydılar ve yaşananları anlattılar.

Buck, después de cansarse de la persecución, regresó al campamento en ruinas.

Buck, kovalamacadan yorulduktan sonra harap olmuş kampa geri döndü.

Encontró a Pete, todavía en sus mantas, muerto en el primer ataque.

Pete'i ilk saldırıda öldürülmüş halde, hâlâ battaniyelerin içinde buldu.

Las señales de la última lucha de Thornton estaban marcadas en la tierra cercana.

Thornton'un son mücadelesinin izleri yakındaki toprakta görülüyordu.

Buck siguió cada rastro, olfateando cada marca hasta un punto final.

Buck her izi takip ediyor, her izi son noktasına kadar kokluyordu.

En el borde de un estanque profundo, encontró al fiel Skeet, tumbado inmóvil.

Derin bir havuzun kenarında sadık Skeet'i hareketsiz yatarken buldu.

La cabeza y las patas delanteras de Skeet estaban en el agua, inmóviles por la muerte.

Skeet'in başı ve ön pençeleri suyun içindeydi, ölüm anında hareketsizdi.

La piscina estaba fangosa y contaminada por el agua que salía de las compuertas.

Havuz çamurluydu ve su kanallarından gelen sularla kirlenmişti.

Su superficie nublada ocultaba lo que había debajo, pero Buck sabía la verdad.

Bulutlu yüzeyi altında ne olduğunu gizliyordu ama Buck gerçeği biliyordu.

Siguió el rastro del olor de Thornton hasta la piscina, pero el olor no lo condujo a ningún otro lugar.

Thornton'un kokusunu havuza kadar takip etti; ancak koku başka hiçbir yere gitmiyordu.

No había ningún olor que indicara que salía, solo el silencio de las aguas profundas.

Dışarıya doğru uzanan bir koku yoktu; sadece derin suların sessizliği vardı.

Buck permaneció todo el día cerca de la piscina, paseando de un lado a otro del campamento con tristeza.

Buck bütün gün havuzun başında durup keder içinde kampta volta atıyordu.

Vagaba inquieto o permanecía sentado en silencio, perdido en pesados pensamientos.

Huzursuzca dolaşıyor ya da ağır düşüncelere dalmış bir şekilde sessizce oturuyordu.

Él conocía la muerte: el fin de la vida; la desaparición de todo movimiento.

Ölümü, hayatın sonunu, bütün hareketin yok oluşunu biliyordu.

Comprendió que John Thornton se había ido y que nunca regresaría.

John Thornton'un gittiğini ve bir daha asla geri dönmeyeceğini anlamıştı.

La pérdida dejó en él un vacío que palpitaba como el hambre.

Bu kayıp, içinde açlık gibi zonklayan bir boşluk bırakmıştı.

Pero ésta era un hambre que la comida no podía calmar, por mucho que comiera.

Ama bu, ne kadar çok yerse yesin, hiçbir şeyin gideremediği bir açlıktı.

A veces, mientras miraba a los Yeehats muertos, el dolor se desvanecía.

Bazen ölü Yeehat'lara baktıkça acısı azalıyordu.

Y entonces un orgullo extraño surgió dentro de él, feroz y completo.

Ve sonra içinde tuhaf bir gurur yükseldi, vahşi ve tam.

Había matado al hombre, la presa más alta y peligrosa de todas.

Bütün avların en yücesi ve en tehlikelisi olan insanı öldürmüştü.

Había matado desafiando la antigua ley del garrote y el colmillo.

Sopa ve dişle öldürmenin eski yasasını hiçe sayarak öldürmüştü.

Buck olió sus cuerpos sin vida, curioso y pensativo.

Buck, meraklı ve düşünceli bir şekilde cansız bedenlerini kokladı.

Habían muerto con tanta facilidad, mucho más fácil que un husky en una pelea.

Çok kolay ölmüşlerdi; bir Sibirya kurdunun kavgada ölmesinden çok daha kolay.

Sin sus armas, no tenían verdadera fuerza ni representaban una amenaza.

Silahları olmadan gerçek bir güçleri veya tehditleri yoktu.

Buck nunca volvería a temerles, a menos que estuvieran armados.

Buck, silahlı olmadıkları sürece bir daha asla onlardan korkmayacaktı.

Sólo tenía cuidado cuando llevaban garrotes, lanzas o flechas.

Ancak ellerinde sopa, mızrak veya ok olduğunda dikkatli olurdu.

Cayó la noche y la luna llena se elevó por encima de las copas de los árboles.

Gece oldu ve dolunay ağaçların tepelerinden oldukça yükseğe çıktı.

La pálida luz de la luna bañaba la tierra con un resplandor suave y fantasmal, como el del día.

Ayın soluk ışığı toprağı gündüz gibi yumuşak, hayaletsi bir parıltıyla yıkıyordu.

A medida que la noche avanzaba, Buck seguía de luto junto al estanque silencioso.

Gece derinleşirken Buck hâlâ sessiz havuzun başında yas tutuyordu.

Entonces se dio cuenta de que había un movimiento diferente en el bosque.

Sonra ormanda farklı bir kıpırtı olduğunu fark etti.

El movimiento no provenía de los Yeehats, sino de algo más antiguo y más profundo.

Bu kıpırtı Yeehat'larcan değil, daha eski ve daha derin bir şeyden kaynaklanıyordu.

Se puso de pie, con las orejas levantadas y la nariz palpando la brisa con cuidado.

Ayağa kalktı, kulaklarını dikleştirdi, burnunu dikkatle rüzgara doğru süzdü.

Desde lejos llegó un grito débil y agudo que rompió el silencio.

Çok uzaklardan, sessizliği delen hafif, keskin bir çığlık duyuldu.

Luego, un coro de gritos similares siguió de cerca al primero.

Daha sonra ilkinin hemen ardından benzer haykırışlar korosu geldi.

El sonido se acercaba cada vez más y se hacía más fuerte a cada momento que pasaba.

Ses giderek yaklaşıyor, her geçen an daha da yükseliyordu.

Buck conocía ese grito: venía de ese otro mundo en su memoria.

Buck bu çığlığı tanıyordu; hafızasındaki o diğer dünyadan geliyordu.

Caminó hasta el centro del espacio abierto y escuchó atentamente.

Açık alanın ortasına doğru yürüdü ve dikkatle dinledi.

El llamado resonó, múltiple y más poderoso que nunca.

Çağrı her zamankinden daha güçlü ve çok sesli bir şekilde yankılandı.

Y ahora, más que nunca, Buck estaba listo para responder a su llamado.

Ve şimdi, her zamankinden daha fazla, Buck onun çağrısına cevap vermeye hazırdı.

John Thornton había muerto y ya no tenía ningún vínculo con el hombre.
John Thornton ölmüştü ve içinde insana dair hiçbir bağ kalmamıştı.
El hombre y todos sus derechos humanos habían desaparecido: él era libre por fin.
İnsan ve insana ait bütün haklar tükenmişti; sonunda özgürdü.
La manada de lobos estaba persiguiendo carne como lo hicieron alguna vez los Yeehats.
Kurt sürüsü, bir zamanlar Yeehat'ların yaptığı gibi et peşindeydi.
Habían seguido a los alces desde las tierras boscosas.
Ormanlık arazilerden geyikleri takip etmişlerdi.
Ahora, salvajes y hambrientos de presa, cruzaron hacia su valle.
Artık vahşileşmiş ve avlanmaya aç bir halde vadisine doğru ilerliyorlardı.
Llegaron al claro iluminado por la luna, fluyendo como agua plateada.
Ay ışığının aydınlattığı açıklığa gümüş su gibi akarak geldiler.
Buck permaneció quieto en el centro, inmóvil y esperándolos.
Buck ortada hareketsiz bir şekilde durmuş onları bekliyordu.
Su tranquila y gran presencia dejó a la manada en un breve silencio.
Sakin ve iri duruşu sürüyü kısa bir sessizliğe boğdu.
Entonces el lobo más atrevido saltó hacia él sin dudarlo.
Sonra en cesur kurt hiç tereddüt etmeden onun üzerine atıldı.
Buck atacó rápidamente y rompió el cuello del lobo de un solo golpe.
Buck hızlı bir hamle yaptı ve tek vuruşta kurdun boynunu kırdı.
Se quedó inmóvil nuevamente mientras el lobo moribundo se retorcía detrás de él.
Ölmekte olan kurt arkasında kıvrılırken yine hareketsiz kaldı.
Tres lobos más atacaron rápidamente, uno tras otro.

Üç kurt daha hızla, birbiri ardına saldırıya geçti.

Todos retrocedieron sangrando, con la garganta o los hombros destrozados.

Her biri kanlar içinde geri çekildi, boğazları veya omuzları kesilmişti.

Eso fue suficiente para que toda la manada se lanzara a una carga salvaje.

Bu, tüm sürünün çılgınca bir saldırıya geçmesi için yeterliydi.

Se precipitaron juntos, demasiado ansiosos y apiñados para golpear bien.

Hepsi birden hücuma geçtiler, çok istekli ve kalabalık oldukları için iyi bir vuruş yapamadılar.

La velocidad y habilidad de Buck le permitieron mantenerse por delante del ataque.

Buck'ın hızı ve becerisi, saldırının önünde kalmasını sağladı.

Giró sobre sus patas traseras, chasqueando y golpeando en todas direcciones.

Arka ayakları üzerinde dönerek her yöne doğru saldırıyordu.

Para los lobos, esto parecía como si su defensa nunca se abriera ni flaqueara.

Kurtlara göre bu, onun savunmasının hiç açılmadığı veya tökezlemediği anlamına geliyordu.

Se giró y atacó tan rápido que no pudieron alcanzarlo.

O kadar hızlı dönüp saldırdı ki, arkasına geçemediler.

Sin embargo, su número le obligó a ceder terreno y retroceder.

Ancak, onların çokluğu onu geri çekilmeye ve teslim olmaya zorladı.

Pasó junto a la piscina y bajó al lecho rocoso del arroyo.

Havuzun yanından geçip kayalık dere yatağına doğru ilerledi.

Allí se topó con un empinado banco de grava y tierra.

Orada çakıl ve topraktan oluşan dik bir yamaçla karşılaştı.

Se metió en un rincón cortado durante la antigua excavación de los mineros.

Madencilerin eski kazıları sırasında bir köşe kesiğine saplandı.

Ahora, protegido por tres lados, Buck se enfrentaba únicamente al lobo frontal.

Artık üç taraftan korunan Buck, yalnızca öndeki kurtla karşı karşıyaydı.

Allí se mantuvo a raya, listo para la siguiente ola de asalto.

Orada, bir sonraki saldırı dalgasına hazır bir şekilde bekledi.

Buck se mantuvo firme con tanta fiereza que los lobos retrocedieron.

Buck öyle sert bir şekilde direndi ki kurtlar geri çekildi.

Después de media hora, estaban agotados y visiblemente derrotados.

Yarım saat sonra bitkin ve açıkça yenik düşmüşlerdi.

Sus lenguas colgaban y sus colmillos blancos brillaban a la luz de la luna.

Dilleri dışarı sarkmıştı, beyaz dişleri ay ışığında parlıyordu.

Algunos lobos se tumbaron, con la cabeza levantada y las orejas apuntando hacia Buck.

Bazı kurtlar başlarını kaldırıp kulaklarını Buck'a doğru dikerek yere uzandılar.

Otros permanecieron inmóviles, alertas y observando cada uno de sus movimientos.

Diğerleri ise hareketsiz, tetikte duruyor ve onun her hareketini izliyorlardı.

Algunos se acercaron a la piscina y bebieron agua fría.

Birkaç kişi havuza doğru yürüyüp soğuk su içti.

Entonces un lobo gris, largo y delgado, se acercó sigilosamente.

Sonra uzun, zayıf bir gri kurt yavaşça öne doğru süründü.

Buck lo reconoció: era el hermano salvaje de antes.

Buck onu tanıdı; bu, az önceki vahşi kardeşti.

El lobo gris gimió suavemente y Buck respondió con un gemido.

Gri kurt yumuşak bir şekilde inledi ve Buck da inleyerek karşılık verdi.

Se tocaron las narices, en silencio y sin amenaza ni miedo.

Burunlarını sessizce, tehdit veya korku duymadan birbirine değdirdiler.

Luego vino un lobo más viejo, demacrado y lleno de cicatrices por muchas batallas.

Sonra, zayıflamış ve birçok savaştan yara almış yaşlı bir kurt geldi.

Buck empezó a gruñir, pero se detuvo y olió la nariz del viejo lobo.

Buck hırlamaya başladı ama sonra durup yaşlı kurdun burnunu kokladı.

El viejo se sentó, levantó la nariz y aulló a la luna.

Yaşlı adam oturdu, burnunu kaldırdı ve aya doğru uludu.

El resto de la manada se sentó y se unió al largo aullido.

Sürünün geri kalanı da oturup uzun ulumaya katıldı.

Y ahora el llamado llegó a Buck, inconfundible y fuerte.

Ve şimdi Buck'a gelen çağrı, açıkça ve güçlü bir şekildeydi.

Se sentó, levantó la cabeza y aulló con los demás.

Oturdu, başını kaldırdı ve diğerleriyle birlikte haykırdı.

Cuando terminaron los aullidos, Buck salió de su refugio rocoso.

Ulumalar sona erdiğinde Buck kayalık sığınağından dışarı çıktı.

La manada se cerró a su alrededor, olfateando con amabilidad y cautela.

Sürü etrafını sardı, hem şefkatle hem de tedirginlikle kokluyorlardı.

Entonces los líderes dieron un grito y salieron corriendo hacia el bosque.

Bunun üzerine liderler çığlık atarak ormana doğru koştular.

Los demás lobos los siguieron, aullando a coro, salvajes y rápidos en la noche.

Diğer kurtlar da onu takip ediyor, gecede çılgınca ve hızlı bir şekilde uluyorlardı.

Buck corrió con ellos, al lado de su hermano salvaje, aullando mientras corría.

Buck da vahşi kardeşinin yanında onlarla birlikte koşuyor, koşarken uluyordu.

Aquí la historia de Buck llega bien a su fin.

İşte Buck'ın hikayesinin sonuna gelmek çok güzel.

En los años siguientes, los Yeehat notaron lobos extraños.

İlerleyen yıllarda Yeehatlar garip kurtların varlığını fark ettiler.

Algunos tenían la cabeza y el hocico de color marrón y el pecho de color blanco.

Bazılarının başlarında ve ağızlarında kahverengi, göğüslerinde beyazlık vardı.

Pero aún más temían una figura fantasmal entre los lobos.

Ama daha da önemlisi kurtların arasında hayaletimsi bir figür olmasından korkuyorlardı.

Hablaban en susurros del Perro Fantasma, líder de la manada.

Sürünün lideri Hayalet Köpek'ten fısıltıyla bahsediyorlardı.

Este perro fantasma tenía más astucia que el cazador Yeehat más audaz.

Bu Hayalet Köpek, en cesur Yeehat avcısından bile daha kurnazdı.

El perro fantasma robó de los campamentos en pleno invierno y destrozó sus trampas.

Hayalet köpek kışın ortasında kamplardan hırsızlık yapıyor ve tuzaklarını parçalıyordu.

El perro fantasma mató a sus perros y escapó de sus flechas sin dejar rastro.

Hayalet köpek onların köpeklerini öldürmüş ve iz bırakmadan oklarından kurtulmuştur.

Incluso sus guerreros más valientes temían enfrentarse a este espíritu salvaje.

En cesur savaşçıları bile bu vahşi ruhla karşılaşmaktan korkuyordu.

No, la historia se vuelve aún más oscura a medida que pasan los años en la naturaleza.

Hayır, yıllar geçtikçe hikaye daha da karanlıklaşıyor.

Algunos cazadores desaparecen y nunca regresan a sus campamentos distantes.

Bazı avcılar kaybolur ve bir daha uzaklardaki kamplarına geri dönmezler.

Otros aparecen con la garganta abierta, muertos en la nieve.

Diğerleri ise boğazları yırtılmış, karda öldürülmüş halde bulunuyor.

Alrededor de sus cuerpos hay huellas más grandes que las que cualquier lobo podría dejar.

Vücutlarının etrafında, herhangi bir kurdun bırakabileceğinden daha büyük izler var.

Cada otoño, los Yeehats siguen el rastro del alce.

Her sonbaharda Yeehat'lar geyiklerin izini sürüyor.

Pero evitan un valle con el miedo grabado en lo profundo de sus corazones.

Ama bir vadiden, yüreklerine derin bir korku kazınarak kaçınıyorlar.

Dicen que el valle fue elegido por el Espíritu Maligno para vivir.

Kötü Ruh'un bu vadiyi kendine ev olarak seçtiğini söylüyorlar.

Y cuando se cuenta la historia, algunas mujeres lloran junto al fuego.

Ve hikaye anlatılırken bazı kadınlar ateşin başında ağlıyorlar.

Pero en verano, un visitante llega a ese tranquilo valle sagrado.

Ama yazın, o sessiz, kutsal vadiye bir ziyaretçi gelir.

Los Yeehats no saben de él, ni tampoco pueden entenderlo.

Yeehatlar onu tanımıyor ve anlayamıyorlardı.

El lobo es grande, revestido de gloria, como ningún otro de su especie.

Kurt, türünün hiçbir örneğine benzemeyen, ihtişamla kaplı büyük bir kurttur.

Él solo cruza el bosque verde y entra en el claro.

O, yeşil ormandan tek başına geçip orman açıklığına girer.

Allí, el polvo dorado de los sacos de piel de alce se filtra en el suelo.

Orada geyik derisinden yapılmış çuvallardan çıkan altın rengi tozlar toprağa sızıyor.

La hierba y las hojas viejas han ocultado el amarillo al sol.

Otlar ve yaşlı yapraklar güneşin sararmasını gizlemiş.

Aquí, el lobo permanece en silencio, pensando y recordando.

Kurt burada sessizce duruyor, düşünüyor ve hatırlıyor.

Aúlla una vez, largo y triste, antes de darse la vuelta para irse.

Gitmek üzere dönmeden önce bir kez uzun ve hüzünlü bir şekilde uluyor.

Pero no siempre está solo en la tierra del frío y la nieve.

Ama soğuk ve karlı topraklarda her zaman yalnız değildir.

Cuando las largas noches de invierno descienden sobre los valles inferiores.

Uzun kış geceleri alçak vadilere indiğinde.

Cuando los lobos persiguen a la presa a través de la luz de la luna y las heladas.

Kurtlar ay ışığında ve donda avlarını takip ettiğinde.

Luego corre a la cabeza del grupo, saltando alto y salvajemente.

Sonra sürünün başında koşar, yükseklere ve çılgınca sıçrar.

Su figura se eleva sobre las demás y su garganta está llena de canciones.

Diğerlerinden çok daha uzun boyluydu, boğazı şarkıyla canlanıyordu.

Es la canción del mundo más joven, la voz de la manada.

Genç dünyanın şarkısıdır, sürünün sesidir.

Canta mientras corre: fuerte, libre y eternamente salvaje.

Koşarken şarkı söylüyor; güçlü, özgür ve sonsuza dek vahşi.

www.ingramcontent.com/pod-product-compliance
Lightning Source LLC
Chambersburg PA
CBHW011730020426
42333CB00024B/2818